Ripley's
Einfach unglaublich!

Ripley's
Einfach unglaublich!

Witziges Wissen -
Bizarre Bilder - Faszinierende Freaks

ERSTAUNLICHES AUS ALLER WELT

Lesen Sie ein Interview mit Eiliv Ruud, der auf einem Gummiseil über Hunderte von Metern tiefe Abgründe spaziert, treten Sie ein in die Knochenkapelle von Sedlec und erfahren Sie, wie Bob Bloomer köstliche Gerichte auf dem Motor seines Toastermobils brutzelt.

SEITE 18-47

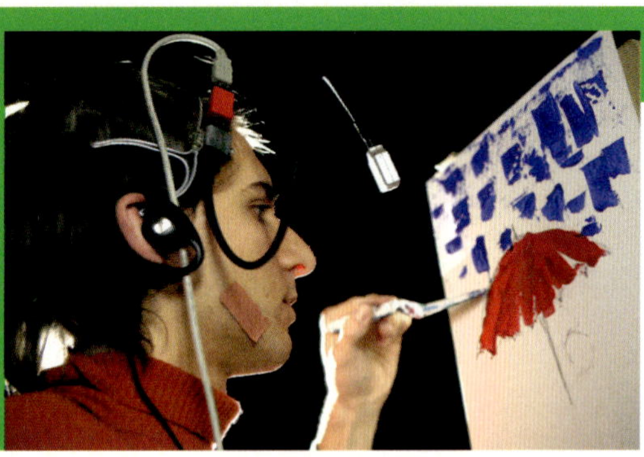

DAS WUNDER MENSCH

Staunen Sie über die unglaublichen Fähigkeiten des Menschen: Lernen Sie alles über Schwertschlucker, die Kunst der Schlangenmenschen oder das Mädchen mit den Röntgenaugen und erfahren Sie, wie man Farben hört!

SEITE 48-77

DIE GRENZEN DES MÖGLICHEN

Begegnen Sie Menschen, die das Unfassbare gewagt haben, z. B. Chen Jianmin, der 49 Tage ohne Nahrung überlebte, dem fliegenden Raketenmann Eric Scott oder dem Großen Throwdini, einem waghalsigen Messerwerfer.

SEITE 78-107

DIE UNGLAUBLICHE WELT DER TIERE

Treffen Sie auf Bruce, den gewaltigen Goldfisch, und Marin Tellez, den todesmutigen Bienenmann, und erfahren Sie alles über die Schweine-Olympiade und Red, den wohl klügsten Hund der Welt - oder betreten Sie einfach Ripley's erstes Museum in Europa!

SEITE 108-137

INHALTSVERZEICHNIS

Dieser Roboter in Hundegestalt ist mit einer speziellen Software ausgestattet und kann laufen, bellen sowie sich durch eine eingebaute Kamera in seiner Umgebung orientieren. Er war eines von zahlreichen Exponaten der Ausstellung: "Die Roboter kommen! Mensch - Maschine - Kommunikation" in Berlin im Jahr 2007.

Einfach unglaublich!

EINFACH STARK!

Der Österreicher Franz Müllner, bekannt als „Strongman", kann einen 60 Tonnen schweren LKW über eine Strecke von 20 m ziehen. Auch einen 250 Tonnen schweren Zug hat er schon zehn Meter weit gezogen.

MICROGOLF
In Frankfurt fand 2006 das erste Microgolf-Turnier aller Zeiten statt. Der Erfinder des kleinen Plastik-Golfers „Pit Green" ist Axel Hildenbrand. Mit einem mitgelieferten Mini-Schläger-Sortiment kann der Freizeit-Minigolfer sogar individuelle Schlägertypen an dem Schlagarm von „Pit Green" montieren.

STRONGMAN
Franz Müllner: Wenn ihm langweilig ist, dann rollt er eben mit bloßen Händen eine Bratpfanne zusammen.

ZWECKENTFREMDUNG
Dass Handys nicht mehr einfach nur zum Telefonieren da sind, ist mittlerweile wohl jedem klar. Dass sie sich aber auch als Sportgeräte eignen, ist eine eher unbekannte Tatsache. Wer es nicht glauben will, kann sich bei einem Wettkampf im Handy-Weitwurf mit eigenen Augen davon überzeugen: Jedes Jahr findet in Österreich ein Wettbewerb in dieser merkwürdigen Disziplin statt - bisher ungeschlagen war dabei der Finne Ville Piippoo mit einer Wurfweite von 94,97 m.

BREAKDANCE-KÜNSTLER
Patrick Grigo aus Jena, Thüringen, kann innerhalb einer Minute 63 „One-Hand-Jumps", also Sprünge im Handstand mit nur einer Hand, hinlegen. Kein Wunder, dass er mehrfach Europa- und Weltmeister im Hip Hop und Breakdance wurde.

DEUTSCHER FAKIR
Rainer Schröder aus Altenburg zeigt unter dem Künstlernamen „Kharou" die unglaublichsten Kraft- und Fakir-Nummern. Als erster Artist weltweit schaffte er es, eine Last von über 1.000 kg auf seinem Körper zu halten, während er mit dem Rücken auf Glasscherben lag. 2002 trug er 1.011,50 kg, mehr als jemals ein Mensch zuvor.

STRONGMAN
Der Extremsportler Franz Müllner hält sieben Sekunden lang einen Lamborghini mit ca. 600 PS beim Vollgasstart fest.

STRONGMAN
Franz Müllner lässt einen Hubschrauber auf seinen Schultern landen.

CLEVERE KLEINE
Eifrig lauschen die Mini-Studenten den Vorträgen an der Kinderuni.

KINDERUNI

2002 öffnete die Universität Tübingen als erste Universität in Deutschland ihre Tore für Kinder. Insgesamt 400 Kinder und zahlreiche Medienvertreter nahmen an der ersten Vorlesung des Geowissenschaftlers Prof. Gregor Markl teil.

KLEINE STUDENTEN

Von wegen Kinder wollen nur spielen! Mehr als 10.000 Kinder nehmen jedes Jahr an den Veranstaltungen für Kinder der deutschen Universitäten teil.

POKEMON-GELEHRTER

Der 7-jährige Benedict aus Völkling im Saarland ordnete in der ZDF-Show „Wetten, dass..?" in Hannover fünf von insgesamt 151 Pokemon-Figuren fehlerfrei ihren Steckbriefen zu. Selbstbewusst ratterte der Junge Eigenschaften wie Typ, Größe und Entwicklungsstufe der niedlichen kleinen Monster herunter.

MINI-MÜNCHEN

In Mini-München regieren die Kinder die Welt! Die Ferienspielstadt wird jeden zweiten Sommer im ehemaligen Radstadion im Münchner Olympiapark aufgebaut. Die Kleinen können hier arbeiten und sich damit Mimüs, die stadteigene Währung, verdienen. Mit dem Spielgeld können sie dann ins Gasthaus oder ins Kino gehen, Taxi fahren, im Kaufhaus einkaufen oder auf der Bank ein Sparkonto eröffnen. Sogar der Bürgermeister ist hier ein Kind!

KINDERFERNSEHN

Im thüringischen Gera gibt es den einzigen offenen Kinderkanal Deutschlands. Im so genannten Pixel-Fernsehen des Bürgerkanals von Gera können Kinder ihre eigenen Sendungen gestalten und selbst recherchierte Filmbeiträge einbringen. Betreut werden die Jungredakteure von professionellen Journalisten, die auch die Verantwortung für das Programm tragen. Mitmachen können Kinder und Jugendliche zwischen sechs und 17 Jahren.

ZAUBERWAHN

In Berlin haben sich die Fans des bebrillten Zauberers Harry Potter zu einer Feier für den bundesweiten Verkaufsstart des letzten Bandes *Harry Potter und die Heiligtümer des Todes* versammelt. Ab der Nacht zum Samstag, den 27.10.2007, wurde das Buch in Läden im ganzen Land verkauft. Die Geschäfte hatten Hunderte von Vorbestellungen registriert, und viele Buchläden öffneten früher als üblich oder legten Nachtschichten ein, damit sie die „Pottermanie" so schnell wie möglich stillen konnten.

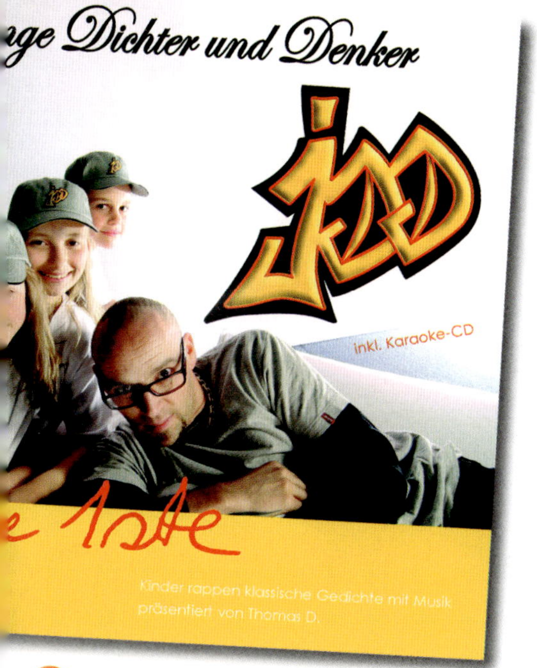

POESIE NEU ENTDECKT!
Für die meisten Kinder sind Gedichte eine langweilige Angelegenheit. Nicht so für die „Jungen Dichter und Denker". Unter diesem Namen verbirgt sich ein offenes Projekt aus dem Süden Hamburgs. Die Mitglieder, insgesamt mehr als 20 Kinder zwischen acht und 14 Jahren, singen und rappen deutsche Gedichtklassiker. Gefördert wird das Projekt von dem bekannten Hip Hopper Thomas D. von den Fantastischen Vier.

COOLE KIDS

NEW KIDS ON THE BLOCK In der Skatehalle Berlin im Stadtteil Friedrichshain versammelt sich seit 2006 einmal im Jahr der jüngste Nachwuchs der Skatergemeinde zu einem einmaligen Contest:

Unter Betreuung von Skateboard-Profis wie dem Europameister Jürgen Horrwarth können die kleinen Fahrer und Fahrerinnen, die zwischen acht und 14 Jahre alt sind, ihr Talent mit Tricks wie Ollies, Nosegrabs und Boardslides unter Beweis stellen.

© Adam Sello

SPRUNGBRETT NACH OBEN
Hier sind die Kleinen ganz groß: Bei "NEW KIDS ON THE BLOCK - Kids im Team mit Pros" hat der Skaternachwuchs die Chance, öffentliche Aufmerksamkeit zu erregen.

SKATEBOARDEN

Das Skateboarden entwickelte sich in den 1960er Jahren aus dem Wellenreitsport: So konnten die Surfer ihrem Hobby an Tagen, an denen das Meer nicht so recht mitspielen wollte, einfach auf dem Asphalt nachgehen. Aber erst Anfang der 1980er Jahre wurde aus dem Skateboarden eine ernstzunehmende Sportart mit Contests, Sponsoren und professionellem Equipment.

SCHRÄGE GESCHICHTEN

POST FÜR DEN MALER
Der Maler Stephan Lochner bekommt regelmäßig Post - und das, obwohl er schon seit über 550 Jahren tot ist! Die Briefe gehen an Norbert Feldhoff, den Domprobst des Kölner Doms. Unter den Werbeschreiben befand sich unter anderem ein Angebot für eine Gold Card von American Express für den toten Künstler.

UNGEWÖHNLICHE BRAND-URSACHE Der Tatort: eine völlig ausgebrannte Schrebergarten-Hütte in Troisdorf bei Bonn. Hier hat, darin sind die Experten sich einig, ein kleiner Meteorit sein Unwesen getrieben. Alle anderen Ursachen für das Feuer konnten nach den Ermittlungen ausgeschlossen werden.

GRÄBER-SHUTTLE Auf dem Hauptfriedhof von Frankfurt am Main gibt es seit 2007 einen ganz speziellen Service: das Friedhofstaxi. Das mit einem der Pietät angemessenen, leisen Elektromotor angetriebene Gefährt soll nach dem Willen der städtischen Initiatoren vor allem Senioren den Weg zum Grab von Freunden und Verwandten erleichtern.

MACHT DER GEWOHNHEIT
Ungewöhnlich dumm hat sich ein Tankstellenräuber in Bielefeld angestellt: Er suchte sich für einen Raubüberfall ausgerechnet die Tankstelle aus, in der er Stammkunde war.

UNTER STROM
Nach einer aufwendigen Zahnbehandlung, bei der verschiedene Metalle zum Einsatz kamen, litt eine Sekretärin aus Bonn unter einem messbaren Stromfluss in den Zähnen. Die Frau konnte sich nicht mehr in der Nähe von Computern und anderen elektrischen Geräten aufhalten, ohne Schmerzen zu leiden.

RIESE IM SCHILDERWALD
Unter dem Motto: „Wissen wo's lang geht" präsentierte 2007 die österreichische Zeitung *Kurier* den größten Wegweiser der Welt!
Der Pfahl ist 18,50 Meter groß und zeigt den Weg in die schönsten Orte Österreichs.

BRIEFE AN DEN OSTERHASEN
Alle Jahre wieder bekommt der pensionierte Postbeamte Hans-Hermann Dunker Berge von Briefen aus aller Welt. Die Post gilt aber nicht ihm, sondern dem Osterhasen. Im niedersächsischen Ostereistedt kommen all die Briefe an, die Kinder aus der ganzen Welt an Hanni Hase schicken. Zuletzt erreichten Dunker 31.000 Briefe und Postkarten.

WER LIEBE SÄT...
Der Landwirt Josef Kückmann-Kemper wollte seiner Geliebten einen ganz besonderen Heiratsantrag machen. Auf einem abgeernteten Feld in Lippstadt in Nordrhein-Westfalen säte er die Frage "Willst Du mich heiraten?" aus. Mit ihren drei Metern Breite waren die Buchstaben aus der Luft gut zu erkennen. Einige Wochen nach der geheim gehaltenen Aktion lockte er seine 28-jährige Freundin unter einem Vorwand in ein Flugzeug. Als sie den Antrag sah, gab sie ihm unter Tränen das Jawort.

KLEINER GANZ GROSS
Dieses Sondermodell der altbekannten und doch auf deutschen Straßen selten gewordenen Automarke „Trabant" ist eine ganz besondere Rarität: Das Fahrzeug hat eine Länge von acht Metern und fährt auf sechs Reifen. Gesichtet wurde der Riesen-Trabant in Quilow, Vorpommern.

NÄCHTLICHER AUSFLUG
Ein 12-jähriger Junge aus Freudenstadt, Baden-Württemberg, plante einen Ausflug der etwas anderen Art. Er wollte gemeinsam mit seiner 9-jährigen Schwester mit dem VW-Bus seiner Eltern eine Spritztour machen. Obwohl der Bus bald streikte, gaben die beiden Ausreißer nicht auf. Sie holten kurz entschlossen den Zweitwagen ihrer Eltern, um das stehengebliebene Auto abzuschleppen, was jedoch misslang. Beendet wurde der Ausflug von der Polizei.

SKURRILE BEGEGNUNG
Eine 85-jährige Frau aus Düsseldorf wurde in die Psychiatrie eingewiesen, weil sie behauptete, dass sie im Flur ihres Hauses einem Wintersportler begegnet sei. Als sie ihrem Arzt von der Begegnung erzählte, war für ihn die Diagnose klar: ein Fall für die Klapse. Er konnte ja nicht wissen, dass die rüstige Rentnerin tatsächlich zum Opfer ihres sportbegeisterten Mieters geworden war. Dieser hatte sich nach seinem feucht-fröhlichen Einzug in das Haus seine Skier untergeschnallt und war nach Herzenslust das Treppenhaus heruntergebrettert. Bei der zwölften „Abfahrt" öffnete die alte Frau vom Lärm geweckt ihre Wohnungstür, und der junge Mann fuhr an ihr vorbei in ihren Flur.

EIN-MANN-ORCHESTER
Mit seinen Extrem-Musik-Maschinen sorgt Klemens Kopka aus Rheinstetten bei Karlsruhe, bekannt auch als „Dr. Musikus", für Stimmung. Mit seinen rund 100 Instrumenten und Utensilien ist Kopka der Überzeugung, das größte Ein-Mann-Orchester der Welt zu führen.

AUF DAS EI GEKOMMEN
Ein rohes Ei soll aus 15 Meter Höhe fallen und unbeschadet am Boden ankommen? Eine schier unlösbare Aufgabe! Doch im Sommer 2007 wurden in verschiedenen deutschen Städten Studenten, Professoren und Mensa-Chefs dazu aufgefordert, mit Kreativität und Erfindergeist mittels einer „Ei-Ummantelung" das Gesetz der Schwerkraft zu überlisten. Jeder, der glaubte, Newton eine Nase zeigen zu können, durfte sich am Red Bull Gravity Challenge *beteiligen.*

AN DIE WAND GESETZT
In München konnte man 1997 diese Frau beobachten, die auf einem Stuhl an der Außenmauer eines Hauses saß. Die Kölner Performance-Künstlerin Angie Hiesl hatte an 13 verschiedenen Hauswänden in luftiger Höhe Stühle befestigt und Senioren Platz nehmen lassen. Die Aktion lief unter dem Motto: „x-mal Mensch Stuhl" und war schon in 28 Städten in 13 Ländern zu bewundern.

SAMMELMANIE
Der Karlsruher Martin Wacker sammelt alles rund um die Duck-Familie aus Entenhausen. Hunderte von Figuren, Drucken und natürlich auch Comics von Duck-Zeichner Carl Barks hat er in jahrelanger Kleinarbeit in Europa und Übersee zusammengetragen. Der Radiomoderator und Kabarettist verschmäht aber auch Kurioses und Kitschiges von der Armbanduhr bis zur Zahnbürste nicht. Seine Wohnung gleicht einem Museum für Entenhausener Comic-Kunst.

DIE GESCHICHTE DER DUCKS
Der bekannteste Zeichner der US-amerikanischen Disney-Comics ist Carl Barks. Im Alter von etwa zehn Jahren entdeckte er sein Interesse fürs Zeichnen. Abgesehen von einem Fernkurs der Landon School of Cartooning erhielt er jedoch nie eine formelle Ausbildung. Er ist der geistige Vater des reichsten Mannes der Entenhausenwelt Dagobert Duck (im Englischen heißt er Scrooge McDuck). Die ersten Entenhausen-Comics zeichnete Charles Al Taliaferro in den 1930er Jahren.

BEGRÜSSUNGSKOMITEE
4.000 Gartenzwerge standen 1998 auf dem Max-Josef-Platz in München. Der Künstler Ottmar Hörl nannte seine Kunstinstallation „Welcome". Die Zwerge sollten die Besucher der Opernfestspiele des Jahres begrüßen.

ANS LICHT BEFÖRDERT
Im brandenburgischen Lichterfeld wurde im Oktober 2003 eine Lichtinstallation der ganz besonderen Art eröffnet: Der "Liegende Eiffelturm von Lichterfeld", eine ehemalige Förderbrücke, wurde von dem Berliner Künstler Hans Peter Kuhn in ein leuchtendes Kunstwerk verwandelt: Nachts strahlte das gewaltige Metallkonstrukt im bunten Schein von insgesamt 2.100 m Lichtfasern und zahlreichen Spots.

DER DUFT DER KUNST
Fischgeruch ist sicher nicht nach jedermanns Geschmack, aber Nils Kramer und seine Kommilitonen von der Fachhochschule für Architektur in Lübeck scheinen ihn zu mögen: Im August 2003 errichteten sie am Travemünder Fischereihafen ein Kunstwerk aus rund 700 bunten Fischkisten. Die Kistenmauer sollte als Besucher-Leitsystem für die Gäste eines Segelschiffrennens an der Trave dienen.

GEBURT DER ROBOTER
Roboter sind stationäre oder mobile Maschinen, die nach einem bestimmten Programm festgelegte Aufgaben erfüllen. Der Begriff Roboter wurde von Josef und Karel apek Anfang des 20. Jahrhunderts durch die Science-Fiction-Literatur geprägt. Sein Ursprung liegt in dem slawischen Wort *robota*, das mit "Arbeit", "Fronarbeit" oder "Zwangsarbeit" übersetzt werden kann.

DIE ROBOTER KOMMEN
265 verschiedene Spielzeugroboter aus den Jahren 1971 bis 1997 waren von April bis September 2007 im Museum für Kommunikation in Berlin zu sehen. Im Rahmen der Ausstellung "Die Roboter kommen! Mensch - Maschine - Kommunikation" konnte man alles über die Geschichte der Maschinen erfahren und um die 125 Exponate aus Robotertechnik und Roboterkunst bewundern.

KUNST AM WASSER
Bei der Aquamediale 3 *staunten die Besucher nicht schlecht, denn im beschaulichen Städtchen Lübben in Brandenburg hatten im August 2007 insgesamt 13 Künstler aus sechs Ländern ihre Kunstobjekte und Installationen auf den Spreearmen um die Insel Spreewaldfließe verteilt. Im Rahmen der Aktion schwammen auf dem Fluss unter anderem schon Unmengen riesiger Glasaugen und leerer Plastikflaschen.*

KUNSTVOLLE ANGELEGENHEITEN

GULLIVERS BERLIN

Wem das Sightseeing in Berlin zu anstrengend ist, der kann die Stadt auch einfach im Legoland Discovery Centre am Potsdamer Platz erkunden. Auf 3.500 m^2 Fläche sind hier seit 2007 die wichtigsten Gebäude der Stadt als Nachbauten aus Legosteinen zu bewundern, unter anderem der Reichstag, der Berliner Dom und das Brandenburger Tor. Für das so genannte MINILAND Berlin wurden zwischen vier und fünf Millionen Legosteine verbaut.

PUPPENHAUS

Über 5.000 Puppenköpfe wurden 2002 im Rahmen einer Kunstaktion in einem gläsernen LKW durch Deutschland kutschiert. Die Künstlerin Claudia Rogge wollte mit ihrer Aktion die Kunst den Menschen näher bringen.

SOLARKUNST

Über 100 Styropor-Köpfe bevölkerten im März 2003 den Pariser Platz um das Brandenburger Tor in Berlin. Gespeist von Sonnenenergie und je einem kleinen Motor mit 1,50 Watt starken Solarzellen drehten sich die Köpfe im Kreis. Die Installation des Künstlers Christof Huth trug den Namen "Sonnenwende Turning Heads" und sollte die Besucher auf die Vorzüge von Solarenergie aufmerksam machen.

KUNST AUS KORKEN

Ein Gewand aus über 1.000 Korken war Anfang 2001 im Kunstkaufhaus Leipzig zu bewundern. Der Weimarer Tischler Gabriel Wiese, auch bekannt unter dem Namen "Maxim Korki", hat neben seinem Kork-Maßanzug auch Wandbilder, Tisch und Stühle gefertigt.

MINI-KULI
Zu den Prachtstücken aus Hans-Georg Schrieven-Abelns Sammlung zählt auch dieser angeblich kleinste Kuli der Welt, der nur 23 mm lang, aber voll funktionsfähig ist und als Ohrstecker getragen werden kann.

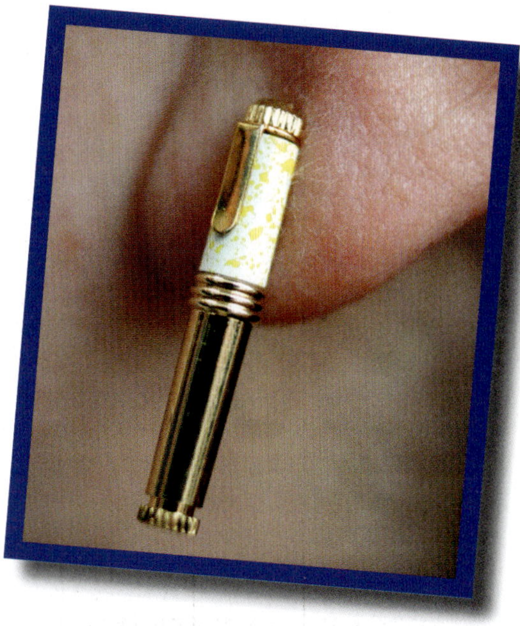

VERRÜCKT NACH KULIS

Hans-Georg Schrieven-Abeln aus Stuhr bei Bremen besitzt über 60.000 Kugelschreiber! Er sammelt sie schon seit 17 Jahren und ist stolzer Besitzer der wohl größten Sammlung dieser Art.

GROSSER REICHSTAG GANZ KLEIN
Dieses Berliner Wahrzeichen steht zwar auch in der deutschen Hauptstadt, besteht im Gegensatz zu seinem großen Vorbild aber nur aus Legosteinen.

TIERISCH INTERESSANT

DREI-GEHÖRNT
Zu den Exponaten einer Sonderausstellung, mit der die Martin-Luther-Universität Halle-Wittenberg Johann Wolfgang von Goethe anlässlich seines 250. Geburtsjahres ehrt, zählt ein knapp 200 Jahre altes Skelett eines dreihörnigen Ziegenbocks. Das Tier soll einst den späteren Großherzog Carl Alexander von Sachsen-Weimar-Eisenach, als dieser noch ein junger Prinz war, getragen haben.

TIERISCHE BESETZUNG

Zwei Rottweiler besetzten 2007 in der Nähe von Hildesheim vorübergehend einen Kleinbus der Polizei. Wie es dazu kam? Die freilaufenden Hunde hatten zuvor Passanten angebellt und Anwohner daran gehindert, ihre Wohnungen zu verlassen. Den herbeigeeilten Polizisten gelang es zwar, die Hunde in ihr Auto zu locken und die Türen zu schließen, doch die Hunde machten es sich kurzerhand auf Fahrer- und Beifahrersitz bequem.

AGGRESSIVER SCHWAN

Bremer Passanten trauten ihren Augen nicht. Ein ausgewachsener Schwan rammte aufgeregt seinen Schnabel immer und immer wieder in den blitzenden Kotflügel eines Wagens. Das rüpelhafte Tier war derart aggressiv, dass es sich von keinem der Passanten stoppen ließ. Der Schwan nahm sein Spiegelbild im Kotflügel des PKWs offenbar als Konkurrenten wahr und versuchte diesen zu attackieren und so aus seinem Revier zu vertreiben.

FERKELEI

Insgesamt 14 Ferkel kuscheln sich in einem Stall bei Tennenbronn im Schwarzwald unter der wärmenden Rotlichtlampe zusammen. Ein dreieinhalb Jahre altes Zuchtschwein hatte in der Nacht zum 17. Februar 2003 unglaubliche 25 Ferkel geworfen. Sechs starben kurz nach der Geburt. Weil die Muttersau nur 14 Ferkel stillen konnte, wurden die restlichen Jungtiere in einen anderen Stall gebracht. Der große Wurf gilt unter Fachleuten als Sensation.

KUH AUF REISEN

Eine Kuh hat in Hannover 2007 mehrere Stunden lang Polizei und Feuerwehr auf Trab gehalten. Das trächtige Tier war von einem Bauernhof an der Stadtgrenze der niedersächsischen Landeshauptstadt geflüchtet. Bei der Verfolgung beschädigte die Kuh mehrere Polizeifahrzeuge und rannte einen Polizisten auf einem Fahrrad um. Schließlich wurde ihrem Freiheitsdrang ein Gartenzaun zum Verhängnis.

SPRACHTALENT

Dass Papageien gerne sprechen, ist den Meisten ja bekannt, doch der Java-Beo Orlando krächzt in mehreren Sprachen vor sich hin! Er kann nicht nur seinen eigenen Namen verraten, er ist auch jederzeit zu einer gepflegten Konversation bereit. „Oh my God!", „Bonjour", „Guten Tag" und vieles mehr gehört zur mehrsprachigen Bildung des begabten Tieres. Außerdem kann er die Marseillaise pfeifen, lachen und die Geräusche eines startenden Autos nachahmen. Gelernt hat Orlando sein umfangreiches Repertoire bei einer Berliner Familie. Zu sehen ist der begabte Vogel im Fasanerie-Gehege des Berliner Zoos.

UNGEWÖHNLICHE LEIDENSCHAFT

Der Hamburger Schwan „Swanee" hat sich in ein Tretboot verliebt. Der stolze Wasservogel weicht dem Plastikgefährt nicht mehr von der Seite. Sogar ein Nest hat das 10-jährige Schwanen-Männchen seiner Angebeteten gebaut.

UNSTERBLICHE LIEBE

Schwanenpaare bleiben ihr Leben lang zusammen. Bei einer Gruppe von Höckerschwänen konnte festgestellt werden, dass von den erfolgreich brütenden Tieren 97 % im Folgejahr mit demselben Partner brüteten. Trennungen sind sehr selten. Zwergschwäne, die eine Lebensdauer von bis zu 27 Jahren haben, bleiben meist mindestens 19 Jahre lang mit ihrem Partner zusammen.

DIE SCHIEGE

Auf einem Bauernhof in Schwerte im Ruhrgebiet lebt seit kurzem eine so genannte „Schiege": ein Mischling aus Schaf und Ziege. Lisas Mutter ist ein Schaf, der Vater ein Ziegenbock, und ihr Besitzer ist gespannt, ob sie später Schafs- oder Ziegenmilch geben wird. Dass Schiegen überlebensfähig sind, ist vor allem deswegen so erstaunlich, weil Schafe und Ziegen nicht nur verschiedenen Arten, sondern sogar verschiedenen Gattungen ange-hören.

NICHT VERWECHSELN!

Der Beo (*Gracula religiosa*), auch als Mynah bekannt, ist eine Vogelart, die zur Familie der HYPERLINK "http://de.wikipedia.org/wiki/Stare" \o "Stare"Stare (Sturnidae) gehört. Er zählt also nicht zu den Papageien, wie aufgrund seiner Sprachfähigkeit häufig angenommen wird.

DER RASSELBOCK

So soll er aussehen, der Rasselbock, den bislang kaum einer zu Gesicht bekommen hat. Augenzwinkernd behauptet so mancher Ostthüringer, dass der gehörnte Rammler mit ein bisschen Glück tatsächlich im Schiefergebirge zu finden sei.

Anlässlich der jährlichen Feierlichkeiten zum St. Patricks Day färbten Arbeiter den Chicago River am 17. 3. 2006 grün. Der Brauch entstand im Jahr 1962, als Angestellte der Verschmutzungs-Überwachung Färbemittel verwendeten, um illegale Abflüsse aufzuspüren. Daraufhin kamen sie auf die Idee, jedes Jahr den St. Patricks Day mit dessen Symbolfarbe im Fluss zu feiern. Damals sorgten 45 kg Farbe eine Woche lang für einen grünen Strom durch Chicago. Heute werden nur 18 kg verwendet – die Färbung lässt nach einigen Stunden nach.

Einfach unglaublich!

CRAZY-HORSE-MONUMENT

Das fein gearbeitete Gesicht von Crazy Horse ist 26,70 m hoch und wurde über einen Zeitraum von 50 Jahren hinweg angefertigt. Die Ausarbeitung der Lippen alleine dauerte zwei Jahre, und die Nase ist 8,20 m lang!

Mehr als acht Millionen Tonnen Stein wurden von dem Berg in South Dakota weggesprengt, um eine Skulptur des amerikanischen Indianerhäuptlings Crazy Horse anzufertigen, der den Stamm der Oglala-Indianer, der westlichen Sioux, in der Schlacht von Little Big Horn im Jahr 1876 anführte. Im Auftrag der örtlichen Indianergemeinde arbeitete der aus Boston stammende Bildhauer Korczak Ziolkowski seit 1948 am Berg Thunderhead. Die Arbeiten werden seit seinem Tod von seinen Kindern und Enkeln fortgeführt.

Das Team benutzt Präzisionssprengsätze, um Felsteile zu entfernen und den Stein vorzuformen. Die Sprengkörper werden in bis zu elf Meter tiefe Löcher eingeführt. Die Feinbearbeitung der Oberfläche erfolgt durch eine Hochleistungs-Lötlampe, die eine Hitze von bis zu 1.815°C erzeugt.

Nun, da das Gesicht des Häuptlings vollendet ist, wird an dem Kopf seines Pferdes weitergearbeitet, das 66,70 m hoch werden soll, also so hoch wie ein 22-stöckiges Gebäude, und für den weitere vier Millionen Tonnen Granit entfernt werden müssen.

Die Skulptur von Crazy Horse, der mit der Hand auf sein Heimatland weist und auf seinem Hengst sitzt, erstreckt sich über eine Länge von 195 m und eine Höhe von 172 m. Im Vergleich dazu sind die Präsidentenköpfe am Mount Rushmore mit 18 m Höhe wahre Winzlinge.

Juni 1988

April 1990

Juni 1991

August 1993

August 1996

SCHARFSCHÜTZEN
Seit 1971 wird in dem englischen Dorf Witcham die Weltmeisterschaft im Erbsenschießen abgehalten. Einige der Teilnehmer nehmen die Veranstaltung so ernst, dass sie ihre Blasrohre mit Lasern und Teleskopen ausstatten, um besser zielen zu können.

SKURRILE GESETZESLAGE
In Sadieville in Kentucky ist es Landbesitzern gesetzlich verboten, ihren Rasen zu mähen. Nackt zu angeln ist dafür aber erlaubt.

SCHLAMMSCHLACHT
In Südkorea vergnügen sich jeden Sommer Familien, Freunde und Fremde gemeinsam bei stundenlangen Schlammschlachten. Sie feiern das jährliche Poryong Schlamm-Festival, eine verrückte und dreckige Angelegenheit, zu der Schlammbäder, Schlammskulpturen und sogar ein Schlamm-Schönheitswettbewerb gehören. Hunderte von willigen Teilnehmern suhlen sich im Dreck. Ein wichtiger Grund für diesen Eifer ist sicher der hohe Gehalt an wohltuenden Mineralien im Schlamm, die angeblich Falten vermindern und überschüssigen Talg aus der Haut entfernen.

RASANTER SERVICE
Im Lambert's Café in Sikeston, Missouri, werden den Gästen die Brötchen nicht etwa in einem Brotkorb serviert – man bewirft sie lieber mit ihnen! Die Tradition entstand im Jahr 1976, als der Laden so überfüllt war, dass der Eigentümer Norman Lambert nicht zu dem Tisch durchkam, an den er die Brötchen bringen sollte. Der Kunde rief ihm zu, er solle sie einfach werfen. Gesagt, getan.

DU FLASCHE!
William T. Mullens Ehefrau warnte ihren Mann, dass sie ihn noch nach seinem Tod demütigen würde, wenn er nicht aufhörte, zu trinken. Aber er ignorierte sie. Als er im Jahr 1863 starb, hielt sie ihren Schwur ein und ließ einen Grabstein für ihn anfertigen, der die Form einer Whiskeyflasche hat und bis heute in Clayton, Alabama, zu bewundern ist.

BELLENDER STRAND
Unglaublich, aber wahr: Auf der Hawaii-Insel Kauai gibt es einen Strand, der wie ein Hund bellt! Die trockenen Sandkörner kläffen los, sobald man barfuß den Strand entlanggeht.

SCHOKOLADEN-ELCH
Lenny der Elch besteht aus 771 kg feinster Milchschokolade! Der lebensgroße Schokoladen-Elch steht im Len Libbys Geschäft für hausgemachte Süßwaren in Scarborough, Maine. Er wurde 1997 im Auftrag der Miteigentümerin Maureen Hemond von dem örtlichen Bildhauer Zdeno Mayercak innerhalb von vier Wochen vor Ort angefertigt. Der Elch ist 2,40 m hoch und von der Schnauze bis zum Schwanz über 2,70 m lang. Sein „Leben" begann in einer metallenen Gussform, in die 4,50 kg schwere Schokoladenblöcke gefüllt wurden. Um die Blöcke zusammenzuhalten, wurde geschmolzene Schokolade verwendet.

VIEL ZU VIELE HUFE
Dieses sechsbeinige Kalb wurde im Februar 2005 auf einem Bauernhof in Polen geboren. Es gehört dem Bauern Jaroslaw Garbal, der ihm den schönen Namen „Stern" gab.

EIN RÜSSEL ZU VIEL

Dieser konservierte Elefantenkopf kam im August 2005 in den Besitz von Ripley's. Das Tier war am 9.11.2004 in Simbabwe geschossen worden und damals schätzungsweise fünf Jahre alt. Der Kopf wurde konserviert, und eine DNA-Analyse hat ergeben, dass die beiden Rüssel identische DNA enthalten und damit tatsächlich von ein und demselben Tier stammen.

SKURRILE TOTE UND IHR ZUBEHÖR

★ Der Schotte Alexander, Herzog von Hamilton, gab mehr als £ 11.500 (€ 16.700) für einen einzigartigen antiken ägyptischen Sarg aus. Nach seinem Tod im Jahr 1852 stellte sich aber heraus, dass er zu groß für den Sarg war und seine Beine abgesägt werden mussten, damit er hineinpasste.

★ Im Jahr 1876 versuchten einige amerikanische Grabräuber ohne Erfolg, die Leiche von Abraham Lincoln zu stehlen. Sie hatten sie im Austausch gegen die Freilassung des verurteilten Geldfälschers Ben Boyd herausgeben wollen.

★ Als der Körper des englischen Königs George IV. in seinem Sarg stark anschwoll, fürchteten seine Höflinge, dass er explodieren könnte. Also bohrten sie schnell ein Loch in den Sarg, damit die verrottete Luft wenigstens teilweise entweichen konnte.

KOMM, SCHÖNER TOD!
Verrückte Grabsteine sind in Japan der letzte Schrei! Die außergewöhnlichen Skulpturen werden auf die Hobbys und Interessen der Toten abgestimmt. Ein Grabsteinunternehmen in Fuji führt so unkonventionelle Steinskulpturen wie Godzilla, ein Nilpferd oder ein Dinosaurierbaby, das gerade aus dem Ei schlüpft. Bei einem Grabstein-Designwettbewerb im Jahr 2005 gab es, wie die Fotos beweisen, wirklich für jeden Geschmack etwas.

SELBSTLEUCHTEND
Eine österreichische Firma verkauft solarbetriebene selbstleuchtende Grabsteine. Bei Tageslicht nehmen sie die Sonnenenergie auf, und im Dunkeln beginnen sie zu leuchten. Das bisher größte Projekt war ein Familiengrab mit Platz für zwölf Leichen. Die Version für ein Einzelgrab besteht aus einem leuchtenden Grabstein, einem Solardach und einem digitalen Display, in das die Hinterbliebenen Namen und Todesdatum des Verstorbenen sowie persönliche Nachrichten eingeben können.

ERLEUCHTETES GOLFSPIEL

Auf einem Minigolfplatz in Lexington, Kentucky, ist das Fluchen verboten - denn der 54-Loch-Platz ist nach biblischen Themen gestaltet. Die ersten 18 Löcher stellen das Alte Testament dar, die nächsten 18 das Neue Testament, und die letzten und schwersten 18 die Wunder Christi. Wo sonst kann man mit dem Golfschläger einen Ball durch Jesus' Grab, Jonathans Walfisch oder auf den Berg Sinai schlagen?

LUXUS-LEICHENWAGEN

Ein australischer Bestattungsunternehmer bietet einen höchst ungewöhnlichen Leichenwagen mit eigener Minibar, DVD-Player und einer Kaffeemaschine an. Das luxuriöse mintgrüne Gefährt, das bei den Tobin Brothers in Melbourne gemietet werden kann, ist außerdem mit Chromgriffen, getönten Scheiben, Becherhaltern und atmosphärischer Beleuchtung ausgestattet. Es passen bis zu zwölf Trauernde und natürlich ein Sarg hinein.

SÄRGE MAL ANDERS

Der Sargmacher Vic Fearn aus dem englischen Nottingham möchte jede Beerdigung zu etwas Besonderem machen. Er fertigt ausgefallene Särge an, die zu jedem Geschmack und Interesse passen, zum Beispiel in der Form von Sporttaschen, Sportdrachen, einem Kanalboot oder einer Gitarre.

LIEBER GOTT

Das Postamt im israelischen Jerusalem erhält jedes Jahr bis zu 3.000 Briefe, die an Gott adressiert sind, und leitet sie weiter an die Klagemauer, wo sie in die Mauerritzen gesteckt werden.

DELFIN-WUNDER

Im August 2003 meldeten einige Anwohner des Gasparilla-Sees in Florida eine merkwürdige Beobachtung: einen Delfin! Doch der See ist komplett von Land umschlossen und hat keinen Zufluss zum Golf von Mexiko!

ENTENMARSCH

Die Gäste des Peabody-Hotels in Memphis, Tennessee, werden zweimal am Tag Zeugen eines wirklich seltsamen Rituals. Um elf Uhr vormittags und um fünf Uhr nachmittags marschiert eine Horde Enten aus ihrem Häuschen auf dem Dach des Hotels in den Fahrstuhl und fährt zum Marmorbrunnen in die Hotelhalle hinunter. Die Tradition existiert schon seit mehr als 70 Jahren. Sie entstand, als der damalige Geschäftsführer Frank Shutt betrunken von einem Jagdausflug zurückkehrte und es lustig fand, einige der lebenden Köderenten in den Brunnen zu setzen.

ABENDESSEN AUF DEM KLO

Diese Familie hat sich in Kaohsiung in Taiwan in dem Toiletten-Restaurant Martun (deutsch: „Toilette") niedergelassen. Die Gäste sitzen auf Toilettenschüsseln, und das Essen wird in Schüsseln serviert, die wie europäische Toiletten oder die asiatischen „Plumpsklos" aussehen.

TEURE HAARPRACHT
Früher mussten Filipinos eine jährliche Gebühr von 78 Cent bezahlen, wenn sie ihr Haar lang tragen wollten.

RIESENKAPPE
Die Besucher von Rocanville in Saskatchewan staunen nicht schlecht, wenn sie vor der gewaltigen Baseball-Kappe stehen, die über dem Ort thront. Sie ist etwa 13-mal so groß wie eine normale Kappe und wurde im Jahr 1988 aus Fiberglas hergestellt. Sie sitzt hoch oben auf einem Pfahl.

WELT AUS MAIS
In den letzten fünf Jahren haben Ernst und Nelly Hofer auf ihrem Bauernhof Riesenmais angepflanzt. 2005 säten sie die Pflanzen in Form einer Weltkarte aus. Die Samen wurden mithilfe eines GPS-Systems platziert. Die Landmassen bestehen aus Futtermais, und die Ozeane aus Sojabohnen. Ein Schritt auf dem Maisfeld steht für 69 km auf der Erde - es würde also nur 54 Schritte brauchen, um Amerika zu überqueren!

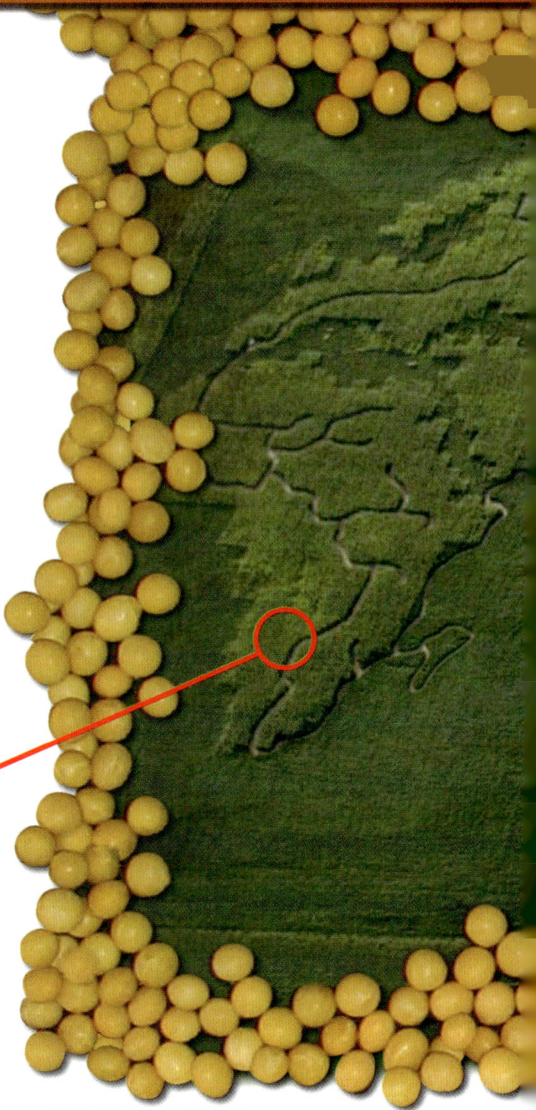

KOSTENLOSE ELEKTRIZITÄT
John Lorenzen aus Woodward in Iowa, der nie in seinem Leben Geld für Strom bezahlte, hat seinen 40,50 ha großen Bauernhof 60 Jahre lang mit Windmühlen betrieben.

BADEWANNENRENNEN
Im Sommer 2005 fand in Nanaimo auf Vancouver Island zum 39. Mal eines der seltsamsten Ereignisse Kanadas statt: die große internationale Weltmeisterschaft im Badewannenrennen. Motorbetriebene Fiberglas-Badewannen, die bis zu $ 3.000 kosten, rasen mit bis zu 58 km/h über das Wasser. Im Jahr 1968 war das Wasser des Sees so bewegt, dass nur 47 der 200 Teilnehmer antreten konnten.

TEURER WIND
Im 18. Jahrhundert zwang die Regierung die Windmühlenbesitzer aus dem holländischen Städtchen Zaanse, Steuern für den Wind zu bezahlen.

FEUERRAD
Im deutschen Kaltendorf geriet 1928 eine Windmühle auf einem Bauernhof bei starkem Wind so sehr in Schwung, dass sie schließlich Feuer fing und bis auf die Grundmauern abbrannte.

RENTIER-PARKEN
In einem Hotel in der sibirischen Stadt Nadym durften im März 2005 Rentiere kostenlos parken. Das Hotel hoffte, auf diese Weise Geld mit dem Hauptwirtschaftszweig der Gegend machen zu können - der Rentierzucht.

PARKEN UND BETEN
Daytona Beach in Florida rühmt sich mit seiner eigenen befahrbaren Kirche. Die Kirchengemeinde parkt mitten im Hauptschiff und lauscht dann der Predigt, die von einem Balkon aus gehalten wird. Während der Choräle hupen manche Gemeindemitglieder, anstatt zu klatschen.

VERLORENE KNEIPE
In der englischen Stadt Stafford ist ein komplettes Pub verloren gegangen! Die Arbeiter nahmen im Jahr 1978 das historische White Lion Inn auseinander, um Platz für eine Straße zu schaffen. Als sie es an einem neuen Standort wieder aufbauen wollten, hatten sie vergessen, wo die Bauteile lagerten!

LAND ZU MIETEN
Das gesamte Land Liechtenstein in den Schweizer Alpen kann für Konferenzen gemietet werden. Es hat eine Fläche von nur 160 km².

FLUGZEUG-VERPFLEGUNG
In Kanada wurde ein abgestürztes Flugzeug zu einem Restaurant umgebaut. Es heißt Super Connie's Airplane Bar und befindet sich in Mississauga, Ontario.

UNSICHT-BAR
Jahrelang ist die Stadt Nothing (deutsch: „Nichts") ihrem Namen gerecht geworden. Sie hatte vier Einwohner und bestand nur aus einer Tankstelle auf dem Highway 93 zwischen Phoenix und Las Vegas. Doch dann baute Ben Kenworthy seine unsichtbare Bar. Bei Tageslicht erkennen Autofahrer das Gebäude nicht, da es mit Tausenden von Glühbirnen getarnt ist. Die Vorbeifahrenden halten es für eine Reflexion des Sonnenlichts.

VERSTECKTE FISCHE
Am Flughafen von Melbourne wurde im Jahr 2005 eine Frau, die gerade aus Singapur eingeflogen war, verhaftet, nachdem die Flughafenangestellten „klatschende und flapsende Geräusche aus dem Bereich ihrer Taille" wahrgenommen hatten. Sie trug 51 lebende tropische Fische in 15 wassergefüllten Tüten mit sich, die an einer nur zu diesem Zweck angefertigten Schürze unter ihrem Rock hingen.

GALERIE
Aus den Archiven

ROTES APFELHAUS
Dieses apfelförmige Gebäude, das ein Lager und ein Restaurant enthielt, befand sich an einer Schotterstraße in Missouri. Die Fenster umzogen das gesamte Gebäude, und der Schornstein bildete einen Apfelstängel nach. Es war neun Meter hoch und hatte einen Umfang von 30 m.

MAMMUTHEIM
Jim Ryan lebte in der Nähe von Dyerville in Kalifornien in einem gewaltigen Mammutbaum namens „Herkules". Das Haus bestand aus einem einzigen runden Raum, der einen Durchmesser von 4,60 m hatte.

ROTER RIESENFLÜGEL
Der Eingang der kalifornischen Piano Supply Company in Los Angeles war rot, wie ein riesiger Flügel geformt und spielte über Lautsprecher Klaviermusik.

HAUS AUF RÄDERN
John Martie, der bei einem Unfall sein Augenlicht verlor, baute sich selbst ein Haus auf Rädern und fuhr darin insgesamt 80.465 km durch die USA.

RADIOLADEN
Diese Fassade eines Radiogeschäfts in Niles, Michigan, ähnelte einem alten Atwater-Kent-Radio. Sie war 4,30 m hoch, 2,70 m breit und 1,50 m tief.

FLASCHENFABRIK
Das in den 1930ern erbaute Gebäude der Firma Asseline Dairy in Norway, Michigan, hatte die Form einer riesigen Milchflasche. Darin befanden sich drei Stockwerke mit Büroräumen, die durch eine Wendeltreppe miteinander verbunden waren.

KLETTERKURS
40 Jahre lang wurde dieser Magnolienbaum in Kent, Ohio, als Trainingsgerät für die Auszubildenden der Davey Tree Expert Company genutzt. Wer den Baum nicht ohne Hilfsmittel besteigen konnte, bekam keinen Abschluss.

PAPIERHAUS
Die Wände und Möbel dieser Zweizimmerwohnung in Rockport, Massachusetts, bestanden vollständig aus über 100.000 Tageszeitungen.

FAHRZEUGBRIEF
Dieses Auto wurde von seinem Besitzer E. G. Hadley aus Casper in Wyoming mit 37.770 ausländischen Briefmarken aus 60 verschiedenen Ländern bedeckt.

EIN BLICK ZURÜCK

Am 25.10.1799 veranstaltete der englische Kapitän Lord Edward Russell eine Party, für die er seinen Brunnen zur Punschbowle umfunktionierte, in die 2.120 l Weinbrand, 25.000 Zitronen und 590 kg Zucker gefüllt wurden.
Am 28.12.1929 wurde bei einer Boilerexplosion in Canton, Ohio, ein Mann durch sein Haus und 366 m weit geschleudert.

GROSSER STIEFEL
Ein 12 m hoher Cowboystiefel, der mehr als 40 Tonnen wiegt, überragt das kleine Städtchen Edmonton in Alberta. Er wurde 1989 als Werbung für die dortige Westernstiefelfabrik errichtet und kostete umgerechnet knapp € 140.000.

ZIEGEN AUF DEM DACH
Auf dem Dach eines Geschäfts in Coombs auf Vancouver Island in British Columbia haust eine Ziegenherde! Die Tiere verbringen den Sommer in luftiger Höhe, werden im Winter aber nach unten gebracht.

BIERBAD
2005 hatten die Gäste einer österreichischen Ferienanlage die Möglichkeit, in einem Pool voller Bier zu schwimmen. Starkenberg war der erste Ort in Tirol mit einem Bierschwimmbad. Es wurden etwa 20.000 l Bier in sieben Pools gefüllt. Das Baden in Bier soll verschiedene Hautkrankheiten lindern.

GRÜNES DENKMAL
Als in Pakistan 1971 ein Krieg ausbrach, bedeckten einige Archäologen das berühmte indische Taj Mahal mit grünem Stoff, um es zu verbergen und so vor Angriffen zu schützen.

AUGENCHIRURGIE
Die Augenklinik von Dr. Agarwal im indischen Chennai, Bangalore, ist wie ein menschliches Auge geformt.

ALTE TREPPE
Archäologen haben im österreichischen Hallstatt eine antike Holztreppe entdeckt, die in einer Salzmine konserviert wurde und über 3.000 Jahre alt ist.

PARFÜMIERTES ESSEN
In einem argentinischen Restaurant gehören Designerparfüms zu den üblichen Kochzutaten. „Sifones and Dragones" in Buenos Aires bezeichnen ihre Küche als Pop Food. Auf der Karte stehen Gerichte wie Austern mit Anaïs Anaïs und Chanel-No.-5-Eiscreme.

BATMAN-HOTEL
Im Hilton Hotel in Buenos Aires, Argentinien, kann man in einer Nachbildung von Batmans Höhle übernachten. Es verfügt sogar über einen Geheimgang, der von der Höhle in das nächste Zimmer führt.

UMGEDREHT
Diese Statue mit dem Namen „Charles La Trobe" steht auf dem Kopf, um Zweck und Bedeutung von öffentlichen Denkmälern in der heutigen Gesellschaft in Frage zu stellen. Sie wurde 2005 in Melbourne, Australien, von Peter Corlett erschaffen.

NACKTE KUNST
Um Werbung für seine Kunstausstellung „Die nackte Wahrheit" zu machen, garantierte das Leopold Museum in Wien im Jahr 2005 jedem freien Eintritt, der nackt erschien.

NACHGEFRAGT

AUF DÜNNER LINIE

Der norwegische Slackliner Eiliv Ruud, 30, spaziert in Hunderten von Metern Höhe über Gletscherspalten und Felsschluchten. Dabei balanciert er auf einem elastischen Seil, das nur 2,50 cm breit ist.

WIE SIND SIE ZUM SLACKLINING GEKOMMEN?
„Ich bin Bergführer von Beruf und klettere auf der ganzen Welt. 1999 beobachtete ich in Australien einige Bergsteiger, die ein Kletterseil zwischen zwei Bäume gespannt hatten und darauf balancierten. Das Gummiseil ist höchstens 2,50 cm breit. Es wird Slackline (deutsch: 'Schlaffes Seil') genannt, weil es nicht straff gespannt ist, sondern nachgibt und schwankt, wenn man darauf tritt."

WAS IST EINE HIGHLINE?
„Eine Highline ist eine Slackline, die weit über dem Boden befestigt wird. Slacklining wurde in den späten 1980er Jahren von amerikanischen Kletterern erfunden, auch wenn das Prinzip des Seiltanzens schon seit Ewigkeiten aus der Zirkusarena bekannt war. Der einzige Unterschied zwischen dem Gehen auf einer Slackline und einer Highline findet im eigenen Kopf statt."

WO SIND SIE DAS ERSTE MAL AUF EINER HIGHLINE GELAUFEN?
„Das war über einer Gletscherspalte im französischen Chamonix. Wenn ich auf einer Highline laufe, muss ich mich von allen Gedanken befreien. Man muss vollkommen im Augenblick leben, sonst fällt man. Highlining ist fast wie meditieren. Auf einer Slackline niedrig über dem Boden zu laufen ist eher wie Turnen - man ist mutiger, weil man keine Angst vor dem Fall hat."

WIE HOCH HING IHRE HÖCHSTE HIGHLINE?
„Das war die Lost-Arrow-Spitze im kalifornischen Yosemite National Park. Ich bin 20 m weit über einen 1.000 m tiefen Abgrund gelaufen. Wir haben zwei Tage für die Aufhängung gebraucht. Ich glaube, dass das die höchste Highline aller Zeiten war. Ich hatte die Distanz in weniger Höhe trainiert und mich vollkommen sicher gefühlt, aber als ich in dieser Höhe auf die Highline trat, waren meine Beine wie Pudding. Ich konnte kaum stehen, aber ich habe nicht aufgegeben, und schließlich hat es funktioniert. Das war echt großartig."

WIE BEREITEN SIE SICH VOR?
„Man kann die Grundlagen des Slacklinings innerhalb weniger Tage lernen. Und danach muss man üben, üben, üben. Für große Höhen muss man seinen Geist stählen und in seine eigenen Fähigkeiten vertrauen. Bevor ich einen Highline wage, überprüfe ich wieder und wieder die Aufhängung."

HABEN SIE JEMALS IHRE KONZENTRATION ODER DAS GLEICHGEWICHT VERLOREN?
„Ein Mal habe ich mich zu früh entspannt und dachte: 'Ich bin ja schon fast drüber'. Dabei habe ich das Gleichgewicht verloren. Manche Leute machen Kunststückchen wie Rückwärtslaufen, Drehungen, sich Hinsetzen oder -legen oder sogar Saltos und Handstände, aber ganz gleich, wie geübt man ist: Man muss sich immer konzentrieren, sonst fällt man."

WAS IST DAS SCHLIMMSTE, DAS BEIM HIGHLINING PASSIEREN KANN?
„Wenn die Aufhängung nicht stimmt, kann das Material versagen. Auf einer Highline kann das tödliche Folgen haben. Wenn ich falle, bleibe ich mit der Kniekehle am Seil kopfüber hängen. Meistens verletzt man sich auf niedrigen Seilen schlimmer, weil sie nachschwingen und man mit dem Kopf an den Boden stößt."

GIBT ES EINEN ORT, AN DEM SIE IHRE HIGHLINE NOCH SPANNEN WOLLEN?
„Ich würde gerne über die 1.060 m hohen Spitzen der norwegischen Trollwand laufen. Aber eigentlich ist es egal, wo man ist, Hauptsache, es macht Spaß. Ich bin über Seen, Flüsse, Gletscher, Schluchten und Wasserfälle gelaufen. Das Wichtigste dabei ist, in einer überwältigenden Landschaft mitten in der Natur zu sein. Aber wenn man erstmal hoch oben auf der Slackline steht, hat man meistens sowieso kein Auge mehr für die Schönheit der Umgebung, weil man sich so auf seine Aufgabe konzentrieren muss."

EIFFELTURM MAL ANDERS

Wer nach Paris fährt, erwartet, den Eiffelturm zu sehen - aber doch nicht einen, der nur 18 m hoch ist. Dieses Miniexemplar gibt es in Paris, Tennessee, zu bewundern - eine Nachbildung des französischen Originals von Dr. Tom Morrison aus 6.000 Stahlträgern und 500 Douglastannenscheiten. Der amerikanische Turm stand ursprünglich auf dem Gelände der Christian Brothers University in Memphis und wurde 1992 nach Paris verlegt.

GERICHT DES TAGES

Wie alle anderen einfach auf dem Herd zu kochen, war Bob Bloomer einfach zu langweilig. Der Koch der surrealen Küche aus Hollywood ist ein Meister in der Zubereitung von Folienfisch und -fleisch auf Automotoren. Seine Rezepte beginnen mit Anweisungen wie: „Erhitzen Sie den Motor 20 km lang ...". In seinem „Toastermobil" ist er durch die Vereinigten Staaten gereist und hat Werbung für seine Rezepte gemacht. Das Toastermobil ist ein Wohnwagen, der mit einer Profiküche ausgerüstet ist und auf dem Dach zwei 2,40 m hohe Toastscheiben spazieren fährt.

KUSCHELHÄSCHEN

William Schultz aus Grants Pass, Oregon, erwärmt sein Gewächshaus mit der Körperwärme von 350 im Käfig gehaltenen Hasen!

MILITÄR-MASKERADE

Während des Zweiten Weltkrieges rekrutierte man den britischen Magier Jasper Maskelyne, um einen kompletten falschen Seehafen zu erschaffen, der den Suezkanal verstecken sollte, und Ködertruppen zu bilden, die die Aktivitäten der Armee verbergen sollten. Die gewaltige Täuschung erreichte er durch die Verwendung von Spiegeln, Blitzlichtern und verschiedenen Holzrequisiten.

SACKGASSE

Das Städtchen Alliance in Ohio ist der einzige Ort in den USA, dessen Hauptstraße an beiden Enden in eine Sackgasse mündet.

BRIEFBESCHWERER-MUSEUM

In einem Museum in Cambridge, Ohio, wurden mehr als 4.000 Briefbeschwerer angesammelt. Das Degenhart-Briefbeschwerer-Museum beheimatet die Sammlung der ehemaligen Glasfabrikbesitzerin Elisabeth Degenhart, die die Briefbeschwerer zwischen 1947 und ihrem Tod im Jahr 1978 angesammelt hatte.

IRGENDWO IM NIRGENDWO

Der exzentrische britische Großindustrielle Joseph Williamson hat vor 200 Jahren unter der britischen Stadt Liverpool ein Geflecht von Tunneln graben lassen. Die meisten von ihnen führen ins Nirgendwo.

BANANENBRIEFMARKE

Das Königreich Tonga im Südpazifik gab einst eine offizielle bananenförmige Briefmarke heraus.

BERGARBEIT

Im August 2005 ließ sich die Geschäftsführung der ImageNet Company eine ganz besondere Herausforderung für ihre Bewerber einfallen: Die Einstellungsgespräche wurden in 3.776 m Höhe auf der Spitze des Berges Fuji-san abgehalten! Mit dieser Maßnahme sollte getestet werden, ob die neuen Angestellten alle Eigenschaften mitbringen, die man braucht, um an der Spitze der Geschäftswelt zu arbeiten.

Einstellungsgespräch mit einem Bewerber auf dem Berg Fuji-san.

DREHENDES GEFÄNGNIS
In Council Bluffs, Iowa, steht ein ausgefallenes dreistöckiges Gefängnis, das als „Squirrel Cage" (deutsch: „Eichhörnchenkäfig") bekannt ist. Die Zellen des 1885 erbauten Hauses drehten sich permanent, sodass die Aufseher die Gefangenen ständig beobachten konnten.

SCHNECKENPOST
Ein Brief, der im Jahr 1718 in der deutschen Stadt Ostheim vor der Rhön aufgegeben wurde, ist im Jahr 2004 zugestellt worden und damit 286 Jahre lang in den Tiefen des Postarchivs verschwunden gewesen.

ROCKENDE BRIEFMARKE
Elvis Presley, der „King des Rock 'n' Roll", ist der einzige Mensch, dessen Bild nach öffentlicher Abstimmung auf US-amerikanischen Briefmarken zu sehen war.

BAUMHOTEL
Das Woodpecker-Hotel im schwedischen Västerås liegt 13 m über dem Boden auf einem Eichenbaum mitten in einem Park. Um zu ihren Zimmern zu gelangen, müssen die Gäste eine Leiter hochklettern, die anschließend entfernt wird. Das Essen wird in Körben serviert, die per Flaschenzug nach oben gezogen werden.

LUXUSHÖHLE
Kokopellis Cave Bed-and-Breakfast ist die wohl luxuriöseste Höhle der Welt. Sie liegt in einem Berg in Farmington in New Mexico und ist mehr als 153 m^2 groß. Sie ist mit allen modernen Errungenschaften wie fließendem kaltem und warmem Wasser, Teppichen und einer Küche ausgestattet.

KREUZGARTEN
William C. Rice, der im Jahr 2004 verstarb, hat auf seinem Land in Prattville, Alabama, Hunderte von Kreuzen errichtet. Er hat über 20 Jahre lang an seinem Garten des Glaubens gearbeitet. Abgesehen von den Kreuzen hat er Erlösungsbotschaften auf Klimaanlagen-Abdeckungen, Kühlschranktüren und Autoteile geschrieben.

STAATENBLICK
An einem klaren Tag kann man von der Spitze des Empire State Building in New York aus fünf amerikanische Staaten sehen: New York State, New Jersey, Connecticut, Massachusetts und Pennsylvania.

KANALISATIONSSCHLANGE

Im Oktober 2005 erschien in der Toilettenschüssel eines Mietshauses im englischen Manchester eine drei Meter lange Boa Constrictor. Man legte einen Zementblock auf den Toilettendeckel, damit die Schlange nicht entkommen konnte, bevor die Feuerwehr und der Klempner eintrafen. Mit hochmodernen faseroptischen Geräten wurden die Abwasserleitungen untersucht, aber man fand die Schlange nicht. Stattdessen fing ein anderer Bewohner des Hauses das Tier, das es sich auf seinem Badezimmerboden gemütlich gemacht hatte. Die Schlange hatte wohl im Abwassersystem des Hauses ein schönes Leben geführt!

KNOCHENGEKLAPPER

Eine Kapelle in der Tschechischen Republik ist mit wunderschönen Verzierungen und Einrichtungsgegenständen ausgestattet. Das Besondere: Sie bestehen alle aus menschlichen Gebeinen.

Vor vielen Jahrhunderten war die Abtei Sedlec ein Zentralfriedhof. Um 1400 errichtete man in der Mitte des Friedhofs eine Kirche und verwendete eine kleine Kapelle als Beinhaus für die während der Bauarbeiten ausgehobenen Massengräber. Die Exhumierung der Skelette und das Stapeln der Knochen wurden einem halb blinden Mönch aufgetragen.

Detailaufnahme einer Zierzinne aus Knochen. Jede Zinne in der Kapelle wird von einer Engelsfigur gekrönt.

Im Jahr 1870 gab die Schwarzenberg-Familie, der die Kirche gehörte, dem Holzschnitzer František Rint den Auftrag, die Knochenstapel neu anzuordnen. Aus den 40.000 Skeletten erschuf er erstaunliche Kunstwerke wie Kreuze, Säulen und Knochenkelche. In der Mitte des Hauptschiffs hängt ein gewaltiger Kerzenleuchter von der Decke, der aus mehreren vollständigen menschlichen Skeletten angefertigt wurde. Knochengirlanden schmücken die Gewölbe, und vier glockenförmige Knochenhügel zieren die Ecken der Kapelle.
Der Altar wird von Knochenmonstranzen flankiert, und es gibt sogar eine Knochennachbildung des Familienwappens der Schwarzenbergs.

Auf dem Bild unten ist einer der Knochenkelche aus der Kapelle zu sehen. Die Verwendung von Knochen für diese und andere Gegenstände in der Kapelle sollte dem Besucher die Vergänglichkeit des Lebens und die Unausweichlichkeit des Todes vor Augen führen.

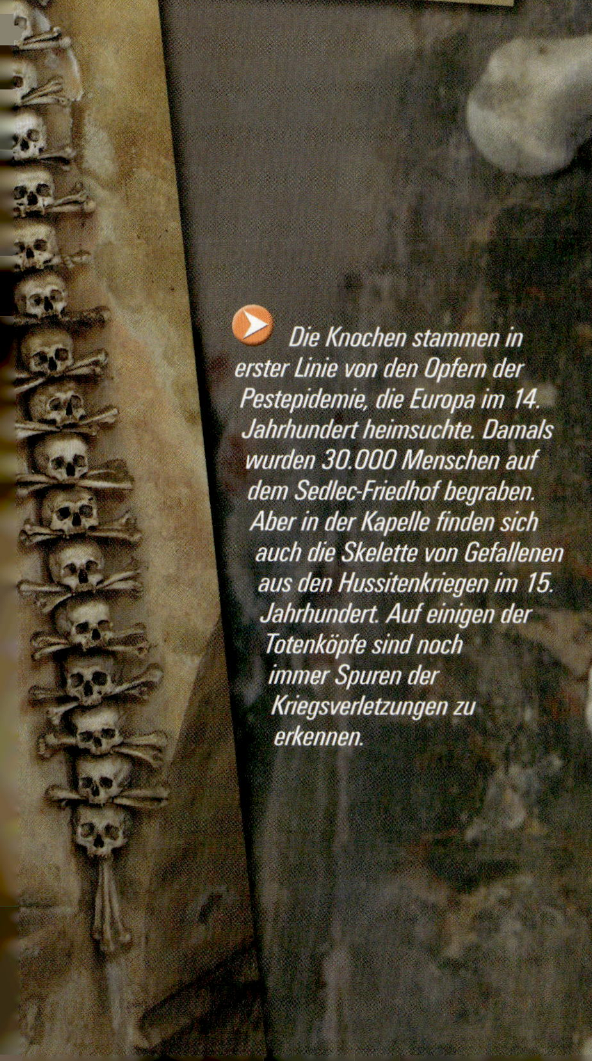

Das Bild zur Linken zeigt eine kreuzförmige Verzierung über dem Kapelleneingang. Unten ist eines der Sonnenkreuze zu sehen, die in den Einbuchtungen neben dem Altar hängen.

Die Knochen stammen in erster Linie von den Opfern der Pestepidemie, die Europa im 14. Jahrhundert heimsuchte. Damals wurden 30.000 Menschen auf dem Sedlec-Friedhof begraben. Aber in der Kapelle finden sich auch die Skelette von Gefallenen aus den Hussitenkriegen im 15. Jahrhundert. Auf einigen der Totenköpfe sind noch immer Spuren der Kriegsverletzungen zu erkennen.

KLIMAWANDEL

Auf dem Berg Waialeale auf der Hawaii-Insel Kauai regnet es häufig 350 Tage im Jahr. Nur einige Kilometer entfernt, in einer Region, die auf Meereshöhe liegt, beträgt der jährliche Regenfall dagegen nur 50 cm.

HÖHEN UND TIEFEN

Der Mount Whitney in Kalifornien ist, außerhalb von Alaska, der höchste Berg der USA. Zabriskie Point im Death Valley ist die tiefste Landmarke. Erstaunlicherweise liegen beide Orte nur 130 km auseinander.

BIERBOOT

Der japanische Seemann Kenichi Horie segelte im Alter von 60 Jahren drei Monate lang alleine über den Pazifik - auf einer Jacht, die aus Bierfässern bestand!

ZERSTREUTE SAMMLUNG

Manche Leute sammeln Briefmarken und andere Münzen. Aber Andrea Ludden haben es die Salz- und Pfefferstreuer angetan. Ihre schon 20 Jahre andauernde Obsession wird im Salz- und Pfeffermuseum in Gatlinburg, Tennessee, ausgestellt. Mit mehr als 17.000 Streuern aus der ganzen Welt kann sich ihre Sammlung wirklich sehen lassen!

KNOCHENJOB

Eine Stellenausschreibung in den 1860er Jahren für die Pony Express Company lautete: „Sie müssen sehr gut reiten können und willens sein, täglich Ihr Leben zu riskieren. Waisen werden bevorzugt."

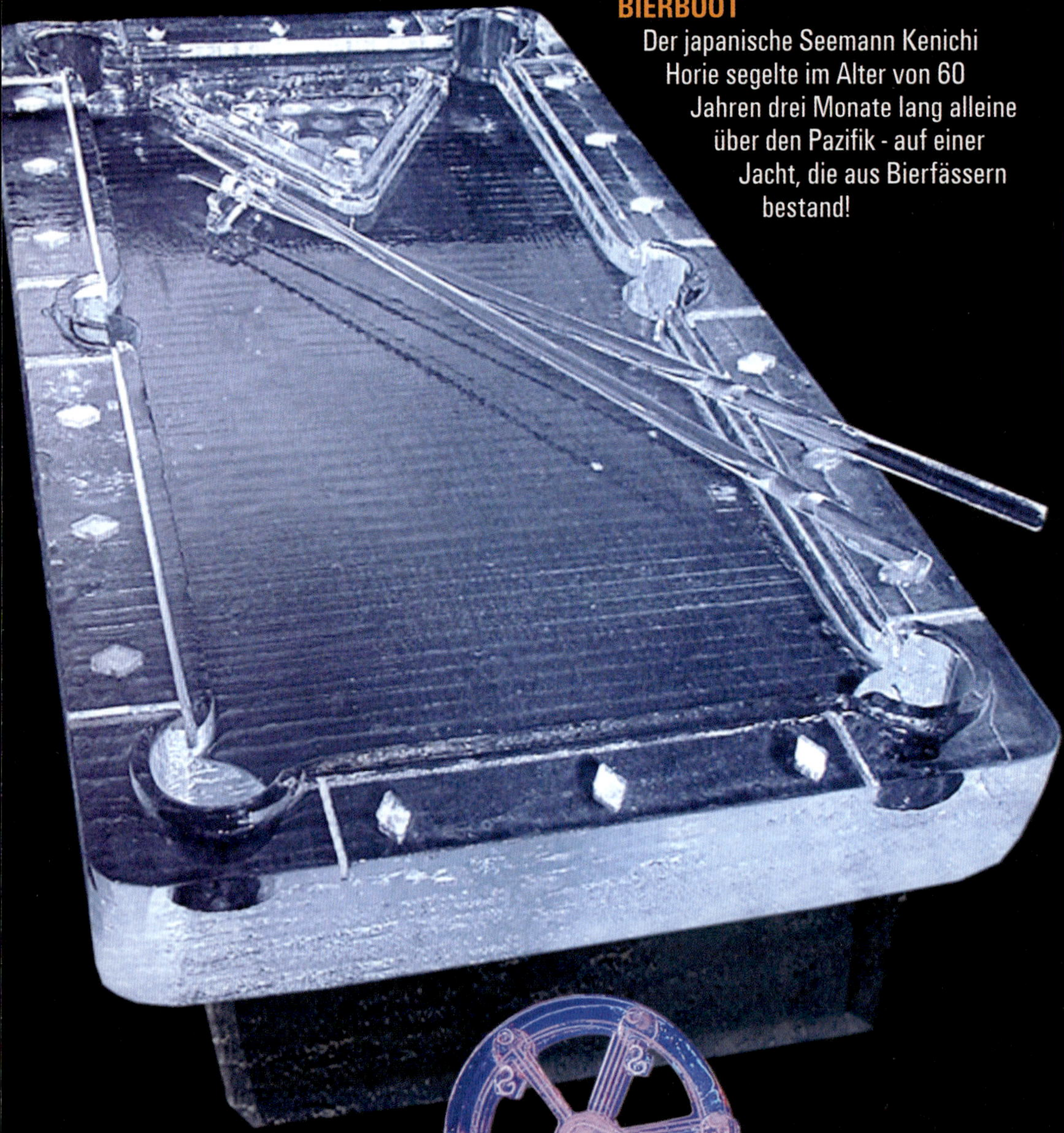

KEINE KINDEREI

Wenn Sie glauben, dass auf Bäume zu klettern etwas für kleine Jungs sei, sollten Sie ihre Meinung nochmals überdenken. Im August 2005 versammelten sich anlässlich der Internationalen Klettermeisterschaft in Nashville, Tennessee, 52 Baumkletterer aus der ganzen Welt und bestiegen mit atemberaubendem Tempo Bäume. Die Regeln sind strikt: Es gibt Abzüge für unsichere Manöver und Bonuspunkte für Kreativität, Selbstvertrauen und den Einsatz von Ausrüstung. Der Hauptpreis von $ 1.000 (€ 680) ging an die neuen Weltmeister Dan Krause aus Seattle, Washington, und Chrissy Spence aus Neuseeland.

EISSKULPTUR
Randy Finch aus Grand Rapids in Michigan hat ein doppeltes Riesenrad aus Eis gebaut, das tatsächlich funktioniert! Die Skulptur besteht aus über 30 einzelnen Eisstücken. Die meisten sind nicht dicker als 2,50 cm. Jede einzelne Kabine dreht sich an einer eigenen Eisachse. Finch baute, wie oben zu sehen, außerdem einen Billardtisch mit realen Ausmaßen inklusive Eiskugeln und Billardstöcken.

WINDMÜHLENKÖNIG

Frank Medina galt als der König der Windmühlen. In Stockton, Kalifornien, hat er eine Sammlung von über 2.000 Windmühlen zusammengetragen. Im Alter von 96 Jahren besaß er außerdem noch alle Zähne und hatte noch nie ein Loch im Zahn gehabt!

HÖHLENMUSIK
Die große Stalaktitenpfeifenorgel in den Lurayhöhlen in Virginia ist ein riesiges Musikinstrument, das eine Fläche von 1,40 ha bedeckt. Sie wurde 1954 gebaut und nutzt natürlich gewachsene Stalaktiten anstelle von Metallpfeifen, die wunderschöne Musik machen. Ihr Erfinder, der Mathematiker und Wissenschaftler Leland Sprinkle, ist die Höhlen abgelaufen und wählte sorgfältig Stalaktiten aus, die nun zusammen eine vollkommene Tonleiter ergeben.

FLASCHENTRETEN

Seit 1771 wird in Leicestershire in England am Ostermontag ein Wettbewerb um Hasenpastete und kleine hölzerne Bierfässer ausgefochten. Nach einer Prozession mit Musik kämpfen die Einwohner von Hallaton und Medbourne bei dem oft schmerzhaften Wettbewerb um Brötchen, Hasenpastete und drei Bierfässer, von denen mindestens zwei durch „Treten", Rollen und Werfen in das eigene Dorf gebracht werden müssen. Die Ziellinien sind zwei über einen Kilometer weit auseinander liegende Flüsse.

LANGE ÜBERFÄLLIG

Padma Maya Gurung aus Nepal saß sechs Jahre länger als nötig im Gefängnis, weil der Entlassungsbrief vom Obersten Gericht, der 1997 losgeschickt wurde, in der Post verloren ging.

SCHLÜSSELRESTAURANT

Die Hauptattraktion im Baldpate Inn in Estes Park, Colorado, ist eine Sammlung von mehr als 20.000 Schlüsseln. Zu den wichtigsten Exemplaren zählen die alten Schlüssel zu Mozarts Weinkeller, zum Pentagon und zur Westminster Abbey.

UNTERGRUNDKIRCHE

Die überwältigende 750 Jahre alte Kirche von St. George in dem Dorf Lalibela in Äthiopien ist vertikal nach unten gebaut! Sie wurde kreuzförmig aus dem Stein gehauen und ist von einem Graben umgeben. Die Spitze der Kirche befindet sich auf ebener Erde. In der Gegend gibt es noch zehn weitere Untergrundkirchen, von denen viele durch Tunnel verbunden sind.

UNERWARTETE GÄSTE
Die Besucher dieses luxuriösen Herrenhauses in Kenia können sich beim Abendessen auf unerwartete Gäste gefasst machen - eine Giraffenherde! Das Giraffen-Manor liegt in einem 49 ha großen Wald im Randgebiet von Nairobi und hatte bereits Berühmtheiten wie Mick Jagger, Johnny Carson, Brooke Shields und Lee Remick zu Gast. Aber die Hauptattraktion sind die seltenen Rothschild-Giraffen, die im Jahr 1974 auf das Gelände gezogen sind.

MUSEEN
St. Augustine

Ripley's erstes, ältestes und größtes Museum St. Augustine, Florida, wurde am 9.12.1950 eröffnet. Es befindet sich in einem historischen Gebäude aus dem Jahr 1887, das früher ein Hotel war, in dem Robert Ripley in den 1940er Jahren mehrmals übernachtete. In dem Museum befindet sich unter anderem ein Riesenrad in Originalgröße aus Meccano, der amerikanischen Version von fischertechnik-Baukästen.

SCHLANGENMASKE
Die farbenfrohe Maske aus Sri Lanka dient dazu, böse Geister auszutreiben.

EISERNE JUNGFRAU
Dieses deutsche Foltergerät aus dem Mittelalter wurde verwendet, um Ketzern einen qualvollen Tod zu bereiten.

MUMIFIZIERTE KATZE
Diese konservierte Katze lebte vor über 2.000 Jahren in der antiken ägyptischen Stadt Bubastis.

MECCANO-ZUG
Um 1940 wurde dieser Zug aus Tausenden von kleinen Metallstückchen der Marke Meccano, der amerikanischen Version von fischertechnik-Baukästen, gebastelt.

SCHÄDELSCHALE
Aus dieser Schüssel, die aus einem menschlichen Schädel angefertigt wurde, tranken tibetanische Mönche Blut und Wein.

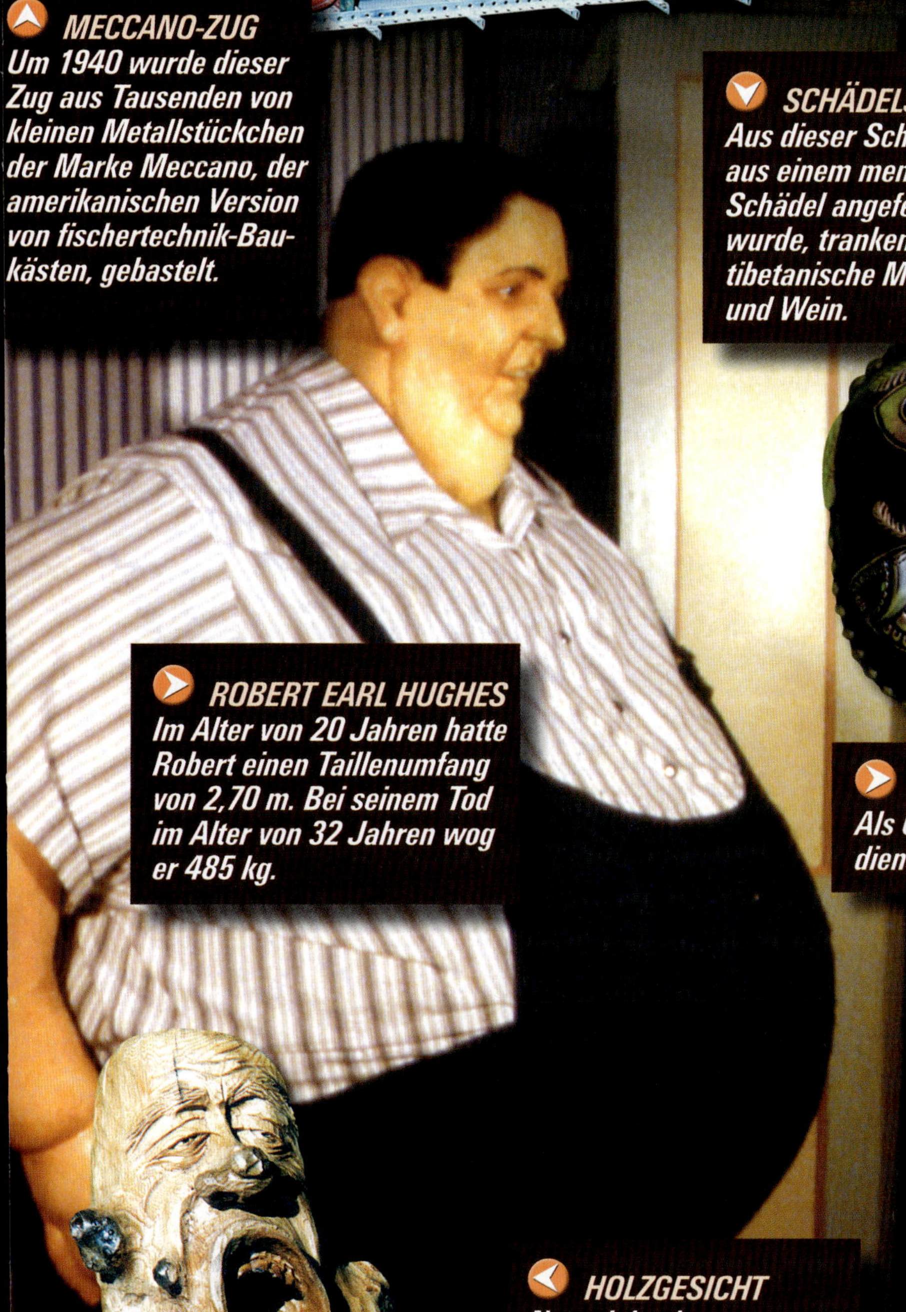

ROBERT EARL HUGHES
Im Alter von 20 Jahren hatte Robert einen Taillenumfang von 2,70 m. Bei seinem Tod im Alter von 32 Jahren wog er 485 kg.

MANN AUS GELD
Als Grundlage für diese Skulptur von George Washington diente Pappmaschee - aus eingeweichten Geldscheinen!

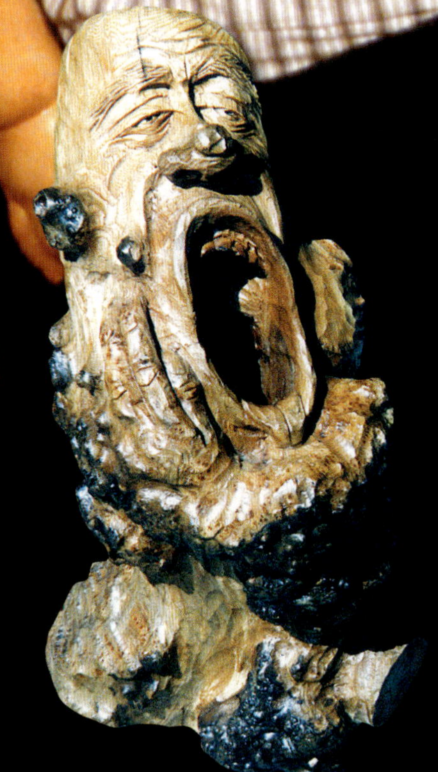

HOLZGESICHT
Nur minimale Schnitzkorrekturen waren nötig, um aus den Linien und Mustern, die bereits im Holz vorhanden waren, dieses Gesicht zu erschaffen.

NICHT VERPASSEN!

- Die ausgewachsene sechsbeinige Kuh
- Die Fiji-Meerjungfrau
- Das orientalische Kabinett aus Ripleys Haus
- Die Papa-Doc-Duvalier-Voodoopuppe aus Wachs
- Das Jadeschiff
- Kamelknochen-Schnitzereien
- Ripleys persönliche Bierkrüge
- Der Tyrannosaurus-Rex-Schädel
- Die Standuhr aus Wäscheklammern

TIERFRIEDHOF

Jean Pyke hat in ihrem Garten auf der Insel Hayling in England ihre 22 Haustiere beerdigt. Auf ihrem privaten Friedhof befindet sich aber auch die Asche ihres verstorbenen Ehemannes.

ENTENTANZ
Im Abflusskanal des Pymatuning Reservoirs nahe Linesville in Pennsylvania leben so viele Karpfen auf so wenig Raum, dass Enten über die Rücken der Fische spazieren können, ohne nasse Füße zu bekommen.

HOCH DIE TASSEN!
Über der Stadt Davidson in Saskatchewan thront eine 7,30 m hohe Kaffeetasse, in deren Bauch der Inhalt von 150.000 normalen Kaffeetassen passen würde. Sie soll die Gastfreundlichkeit und die friedliche Gesinnung des Städtchens symbolisieren.

UHRENHAUS
Im Jahr 1960 rettete Ray Thougen eine alte Standuhr von einem Müllwagen und kaufte für fünf Dollar drei weitere. Das war der Beginn einer Uhrensammlung, die heute aus beinahe 1.000 voll funktionsfähigen Stücken besteht. 17 Jahre lang reparierte Thougen liebevoll beschädigte Uhren, ehe die Sammlung 1977 von Ray Sweeney aufgekauft wurde. Die beiden Rays konnten dem Lauf der Zeit nicht entgehen und sind heute tot - doch ihr Erbe tickt im Uhrenhaus in Waukon, Iowa, weiter.

PAPIERKRIEG

In Kahului auf Hawaii befindet sich ein Museum, in dem nur Papierflieger ausgestellt werden. Das kleinste der über 2.000 Modelle hat Briefmarkengröße, das größte eine Flügelspanne von mehr als 1,80 m.

SEEHUND
Unter den 500 schwimmenden Teilnehmern am jährlichen Alcatraz Invitational, einem Schwimmwettbewerb, der vom South End Rowing Club veranstaltet wird, gab es im Jahr 2005 einen besonderen Teilnehmer: Jake, den Golden Retriever. Der einzige vierbeinige Wettkämpfer sprang in der Nähe von Alcatraz von einem Boot, schwamm die 1,90 km bis zur Küste von San Francisco und kam auf den beachtlichen 72. Platz.

UNGLAUBLICHE GEBÄUDE

- Die große Moschee von Djenné in Mali ist 100 m lang, 40 m breit und besteht aus Schlamm!
- In der Kongressbibliothek in Washington D.C. stehen auf insgesamt über 853 km Regalen mehr als 130 Millionen Bücher.
- Im englischen Huddersfield wurde eine altmodische rote Telefonzelle in eine winzige Bierschenke umgebaut.

KNOCHENHÜTTE
In der Nähe von Medicine Bay in Wyoming steht eine Hütte, die vollständig aus Dinosaurierknochen gebaut wurde. Thomas Boylan sammelte seit 1916 Knochenfragmente, die auf einer nahe gelegenen Ausgrabungsstätte aussortiert wurden. Siebzehn Jahre später hatte er erstaunliche 5.796 Knochen zusammengetragen, die zusammen 46.319 kg wogen. Aus seinen seltsamen Fundstücken baute er eine 8,80 m lange und 5,80 m breite Hütte.

EIN BISSEN ZU VIEL

Ein burmesischer Python von vier Metern Länge hat den Mund ein bisschen zu voll genommen, als er einen 1,80 m langen amerikanischen Alligator im Stück verschlang. Beide Tiere wurden tot im Wasser aufgefunden. Experten glauben, dass der Alligator noch lebte, als die Schlange ihn mit dem Maul voran hinunterwürgte, und dass die wiederholten Tritte mit den Hinterbeinen die Magenwände des Python zerrissen.

GÖTTLICHE KANNE
Die Siedlung der religiösen Sekte „Königreich des Himmels" im malaysischen Kampung Batu wurde bis zu ihrer Zerstörung im Jahr 2005 von einem zweistöckigen Gebäude geschmückt, das die Form einer riesigen rosafarbenen Teekanne hatte. Der Bau wurde offenbar durch einen Traum eines der Sektenmitglieder inspiriert.

GEWEIHBAUM
Unglaublich, aber wahr: In Junction, Texas, steht ein Weihnachtsbaum, der komplett aus Hirschgeweihen besteht!

PUPPEN-NON(N)SENS
In Indian River in Michigan befindet sich ein Museum, in dem 525 Puppen ausgestellt sind, die alle Nonnentracht tragen. Die Idee hinter dem Woods-Nonnenpuppen-Museum stammt von Sally Rogalski. Sie kleidete bereits 1945 als junges Mädchen ihre Puppen in Nonnentracht, um die Tradition der katholischen Kirche zu bewahren. Die Rogalskis erhielten von Papst Johannes Paul II. einen besonderen Segen für ihre Arbeit „für die Förderung der Berufung zur Priesterschaft und zum religiösen Leben durch ihre Puppensammlung".

BIERDOSENSCHLOSS
Angesichts eines wachsenden Haufens von leeren Bierdosen beschloss der Vietnamveteran Donald Espinoza aus Anonito, Colorado, seinen Müll sinnvoll zu verwenden. Er verbrachte 25 Jahre mit dem Bau seiner Festung namens Cano's Castle aus Dosen, Radkappen und Aluminiumstreifen.

SCHIFFSBAU
Eine Autowaschanlage in Eau Claire, Wisconsin, ist wie ein Kreuzfahrtschiff geformt und hat sogar zwei Schornsteine.

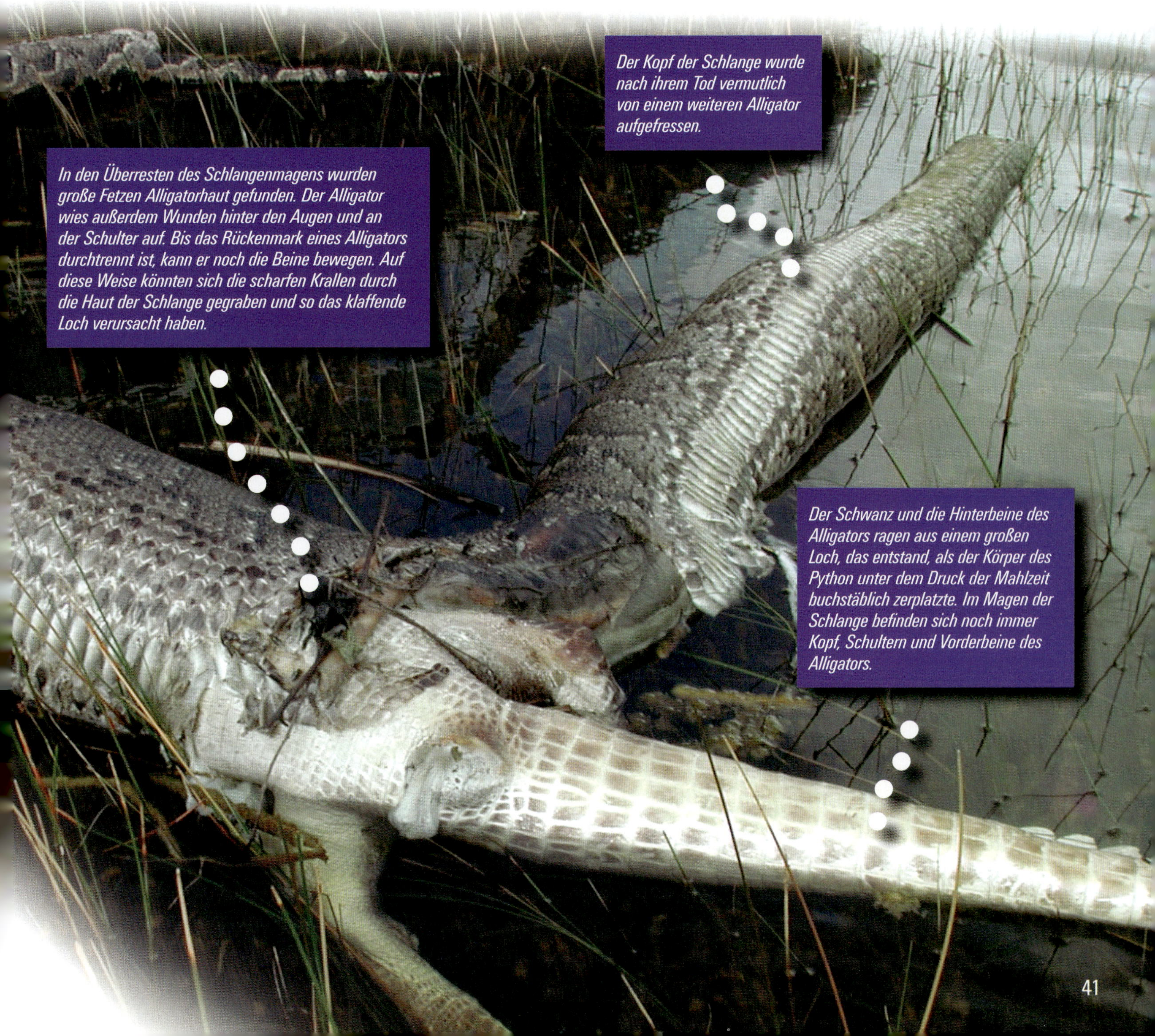

Der Kopf der Schlange wurde nach ihrem Tod vermutlich von einem weiteren Alligator aufgefressen.

In den Überresten des Schlangenmagens wurden große Fetzen Alligatorhaut gefunden. Der Alligator wies außerdem Wunden hinter den Augen und an der Schulter auf. Bis das Rückenmark eines Alligators durchtrennt ist, kann er noch die Beine bewegen. Auf diese Weise könnten sich die scharfen Krallen durch die Haut der Schlange gegraben und so das klaffende Loch verursacht haben.

Der Schwanz und die Hinterbeine des Alligators ragen aus einem großen Loch, das entstand, als der Körper des Python unter dem Druck der Mahlzeit buchstäblich zerplatzte. Im Magen der Schlange befinden sich noch immer Kopf, Schultern und Vorderbeine des Alligators.

EIL-LAND
Der wohl schnellste Ort der Welt ist die im Südpazifik gelegene Insel Niuatoputapu. Sie bewegt sich 25 cm im Jahr.

FISCHPARADE
In der Stadt Aitkin in Minnesota findet jedes Jahr eine Fischhaus-Parade statt. Die zum Eisfischen notwendigen Fischhäuser werden fantasievoll thematisch dekoriert und vor bis zu 6.000 begeisterten Zuschauern acht Straßenblöcke weit durch die Stadt getragen.

TRAUBENZEIT
In Binissalem auf Mallorca tollen die Feiernden beim jährlichen Traubenkampf fröhlich in riesigen Bottichen mit Traubenmus herum. Die Stadt feiert ihre Weintradition jedes Jahr zum Ende der Traubensaison mit dieser ausgelassenen Fiesta.

STILLE TRAUER
Die Frauen des australischen Stammes Warramunga sprechen nach dem Tod ihrer Ehemänner ein Jahr lang nicht. Sie kommunizieren in dieser Zeit nur durch Gesten mit Händen und Armen.

MINIKIRCHE
In Drumheller, Alberta, befindet sich eine Holzkirche, die nur 3,40 m lang und sieben Meter breit ist. Sie wurde 1968 erbaut und verfügt über Sitzplätze für sechs Personen und eine kleine Kanzel.

BANK-HAUSTIERE
Die Kunden der Union Federal Savings and Loan Bank in Kewanee, Illinois, wundern sich nicht wenig, wenn sie im Foyer der Bank auf die beiden Otter Andy und Oscar treffen, die in einem klimatisierten Becken mitten im Gebäude wohnen. Sie wurden 1991 vom Bankdirektor angeschafft.

FESTER BISS
Der australische Rugbyspieler Shane Millard wurde nach einem Spiel wegen einer ungewöhnlichen Kopfverletzung behandelt. Die Ärzte fanden in seinem Schädel einen Zahn eines seiner Gegner.

PYRAMIDENHAUS
Jim und Linda Onan wollten ein außergewöhnliches Haus und entwarfen ein sechsstöckiges Gebäude, das wie eine Pyramide geformt ist und aus 24-karätigen Goldplatten besteht. Die Goldpyramide steht in Wadsworth, Illinois, und hat eine Wohnfläche von atemberaubenden 1.580 m². Sie ist im Stil des alten Ägyptens eingerichtet und enthält einen Nachbau des Grabes von König Tutanchamun. In den Außenanlagen befinden sich eine Garage in Form einer dreispitzigen Pyramide und eine 19,50 m hohe Statue des ägyptischen Königs Ramses.

WRACK-HENGE
Die wohl seltsamste Stonehenge-Nachbildung der Welt befindet sich in der Nähe von Alliance, Nebraska, und besteht aus alten Autowracks. „Carhenge" wurde 1987 von Jim Reinders errichtet und besteht aus 38 Autos, die wie die Steine von Stonehenge in einem Kreis mit einem Durchmesser von 29 m aufgestellt sind.

FLUGZEUG AM STRASSENRAND
Im Jahr 1930 errichteten die Brüder Elmer und Henry Nickle in Powell, Tennessee, am Straßenrand eine Tankstelle in Form eines Flugzeugs, um die Aufmerksamkeit der Kunden zu erregen. Heute dient das Flugzeuggebäude als Parkplatz.

SCHROTTHAUS
Der exzentrische Bildhauer Art Beal kaufte 1928 ein Hügelgrundstück in Cambria, Kalifornien, um darauf ein Haus aus Schrott zu bauen. Es dauerte 50 Jahre, bis er sich seinen Traum erfüllen konnte. In den 1940er und 1950er Jahren arbeitete er als Müllsammler, um genügend Schrott für sein Haus zusammenzutragen. Beal gab dem Haus den Namen Nitt Witt Ridge und bezeichnete sich selbst als Captain Nitt Witt.

ELEFANTENHOTEL
Im Jahr 1881 ließ James T. Lafferty ein Hotel in Elefantenform errichten. Die historische Sehenswürdigkeit mit dem Spitznamen Lucy steht heute in Margate, New Jersey. Lucy ist 19,80 m hoch und wiegt 90 Tonnen.
Für vier Dollar kann man sich die rosafarbenen Räume ansehen und durch das Elefantenauge einen Blick auf die Stadt werfen.

ABC - LEICHT GEMACHT
Rotokas, eine südpazifische Sprache, hat ein Alphabet mit nur zwölf Buchstaben. Es setzt sich aus sieben Konsonanten und fünf Vokalen zusammen.

AUSTRALISCHES SCHWIMMWUNDER
Eine Gruppe von 60 Schwimmern ist in einem Pool, der auf einem Lastwagen befestigt war, durch ganz Australien geschwommen - mit einer Geschwindigkeit von 90 km/h!

VERSTEINERTER HUND
Einige Holzfäller aus Waycross in Georgia erschraken fast zu Tode, als sie in einen hohlen Baumstamm blickten und darin einen mumifizierten Hund fanden. Vermutlich war das Tier 20 Jahre zuvor gestorben, als es in dem Baum stecken blieb. Der versteinerte Hund ist zur Touristenattraktion geworden und wird heute in einem Holz-Querschnitt ausgestellt.

TIEFER SCHLAF

In der Nähe von Västerås in Schweden liegt ein Hotel, in dem die Gäste in einem Unterwasserzimmer übernachten können. Das Schlafzimmer im Utter Inn war eine Idee des Künstlers Mikael Genberg. Es liegt 13 m unter der Oberfläche des Sees Mälar und hat ein Panoramafenster mit Blick auf die vorbeiziehenden Unterwasserwelten.

FISCHHOTEL

Das neueste Hotel in der Innenstadt von Chicago schert sich wenig um Menschen, denn hier sind Fische die Gäste. Das „Fischhotel" besteht aus mehreren kleinen Gärten mit Wasserpflanzen, in denen sich die schuppigen Bewohner des Chicago River so richtig wohlfühlen. Einige Gärten schwimmen auf der Oberfläche, andere liegen unter Wasser, und alle „Räume" sind mit Unterwasserkameras ausgerüstet, damit die Menschen die seltsamen Gäste beobachten können.

ABGESTEMPELT

In Cleveland, Ohio, steht ein gewaltiger Bürostempel mit der Aufschrift „FREE". Er wurde 1985 von dem Künstler Claes Oldenburg errichtet. Die Stahlkonstruktion ist 8,50 m hoch und 14,60 m lang!

RAUCHIGE ANGELEGENHEIT

Diese riesige Zigarre wurde 1994 in Miami, Florida, hergestellt und ist 1,80 m lang, hat einen Durchmesser von 28 cm und wiegt 25 kg. Sie enthält genug Tabak, um 3.000 normal große Zigarren herzustellen. Zwei Männer haben sie über einen Zeitraum von zwei Wochen hinweg von Hand gerollt.

VERLASSENE INSEL

Die unbewohnte Bouvet-Insel im Südatlantik ist die wohl abgelegenste Insel der Welt. Das nächstgelegene Festland, Queen Maud Land in der Antarktis, ist 1.690 km weit weg und ebenfalls unbewohnt.

SUPERSCHILDKRÖTE

In Dunseith in North Dakota wurde aus über 2.000 stählernen Radfelgen eine riesige Schildkröte zusammengeschweißt. Allein der Kopf wiegt mehr als eine Tonne.

WER SPRICHT DENN DA?

Im Vent Haven weiß man nie, wer mit einem spricht, denn das Museum in Fort Mitchell, Kentucky, ist das Zuhause von über 600 Bauchrednerpuppen. Sie sind das Erbe von William S. Berger, der seit Anfang des 20. Jahrhunderts bis zu seinem Tod im Jahre 1972 alles rund ums Bauchreden sammelte.

SCHAUMHEIM

In Centralia, Washington State, steht ein Haus, das von oben bis unten mit Styropor bedeckt ist. Sein Eigentümer, der ehemalige Kunstlehrer Richard Tracy, hat mehr als 20 Jahre lang an seinem Heim gearbeitet.

RIESENSTUHL

Ein Stahlstuhl von über zehn Metern Höhe steht neben einem Möbelgeschäft in Anniston, Alabama. Er wurde 1981 errichtet und widersteht einer Windgeschwindigkeit von bis zu 137 km/h.

ÜBERDACHTER STRAND

Mit 2.800 m² weißem Sandstrand ist der Ocean Dome Beach im japanischen Miyazaki einer der schönsten Strände der Welt. Wirklich bemerkenswert ist aber, dass er sich in einem geschlossenen Raum befindet und damit der größte Indoor-Strand der Welt ist. Zur Einrichtung gehören Plastikpalmen, die sich in künstlichem Wind wiegen, 13.500 Tonnen künstliches Meer und sogar einige nachgebaute Vulkane. Eine Maschine sorgt für bis zu 3,40 m hohe Wellen, und selbst bei geöffnetem Glasdach beträgt die Temperatur 30°C. Das Beste: Es besteht keine Gefahr, sich einen Sonnenbrand zu holen oder von Haien gebissen zu werden. Das wohl Merkwürdigste am Ocean Dome Beach ist die Tatsache, dass der echte Strand und das echte Meer nur 275 m entfernt liegen.

EISIGES WETTER
Orkanartige Nordostwinde haben dem Genfer See in der Schweiz im Januar 2005 eisige Temperaturen und seltsames Wetter beschert. Bei 120 km/h Windgeschwindigkeit und Temperaturen von -12°C schwappten Wellen über das Seeufer. Das Wasser gefror auf der Stelle auf jeder Oberfläche.

BEWEGLICHES THEATER
Das 2.908 Tonnen schwere Shubert-Theater in Minneapolis, Minnesota, wurde 1999 in einem Stück an seinen drei Straßenblöcke entfernten neuen Standort transportiert. Das Gebäude wurde auf Gummireifen gehievt und brauchte für die kurze Strecke zwölf Tage.

PROPHETISCHER NAME
Als Nancy Araya im Jahr 2005 in Santiago, Chile, ein neues Restaurant eröffnete, beschloss sie, es „Car Crash" (deutsch: „Autounfall") zu nennen, weil die Gegend bekannt war für die vielen Unfälle, die sich dort ereigneten. Innerhalb weniger Tage musste das Restaurant aber schließen, da ein vorbeifahrendes Auto durch die Eingangstür krachte.

KAMPF DER HUMMER
In Aiken in South Carolina findet jeden Mai ein Hummerrennen statt. Die Strecke, bekannt unter dem Namen „Lobster Downs" (deutsch: „Hummertiefen") besteht aus mehreren wassergefüllten Tanks. Das Rennen läuft häufig unerträglich langsam ab, und es heißt, dass der eine oder andere Hummer schon während des Wettkampfes gestorben ist.

KANADISCHES MUHLETTE
Ein beliebter Zeitvertreib in den ländlichen Regionen Nordamerikas ist das so genannte Kuhfladen-Bingo. Dazu wird ein Feld in Quadrate aufgeteilt, auf die die Mitspieler wetten. Der Preis geht an den Spieler, auf dessen Feld die Kuh ihr Geschäft verrichtet. Im Jahr 2003 führte eine kanadische Firma eine Variante dieses Spiels ein, die als Muhlette bekannt wurde. Hierbei wird anstelle eines Feldes ein 15 m langes Roulettetuch verwendet. Gegner des Spiels finden es aber unmenschlich, die Kühe aus ihrem natürlichen Umfeld aus Gras und Schlamm zu reißen.

MADEN IM MAGEN
Ein Restaurant in Deutschland verbuchte einen enormen Anstieg der Reservierungen, nachdem es Maden auf die Speisekarte gesetzt hatte. Das Dresdner Restaurant Espitas serviert Delikatessen wie Maden-Eiscreme, frittierte Maden mit Kaktus und Mais, Madensalat und Madencocktails. Der Eigentümer Alexander Wolf behauptet: „Wir sind seit Wochen voll ausgebucht. Die meisten Leute finden unser Essen anfangs eklig, aber sie probieren es aus Neugierde oder weil sie eine Wette verloren haben, und sind dann ganz erstaunt, wie gut die Maden schmecken."

ZAUN IN DUR

Der Musiker Simon Dagg aus dem englischen Kent ist so besessen von seiner großen Liebe zur Musik, dass er den Riesenbetrag von £ 60.000 (umgerechnet über € 80.700) in die Feinabstimmung des Zaunes um sein Haus steckte, den man nun wie ein riesiges Glockenspiel spielen kann. Fünf Jahre lang arbeitete er zwölf Stunden am Tag, um die Metallstangen so zu stimmen, dass sie einen perfekten Klang ergeben.

Simon Daggs musikalischer Gartenzaun ist 36,50 m lang.

BAUMDORF

Unglaublich, aber wahr: Die Außenanlagen des Schlosses Alnwick in England, der Kulisse der Harry-Potter-Filme, sind das Zuhause nicht nur eines bemerkenswerten Baumhauses. Ein Baumdorf liegt 18,30 m hoch und erstreckt sich über die Zweige von 16 Lindenbäumen. Die Idee stammt von Jane, der Herzogin von Northumberland. Die Anlage wurde im Januar 2005 eröffnet. Der Bau kostete € 4,40 Millionen. Es besteht aus fünf Räumen, unter denen sich auch ein Restaurant befindet, und insgesamt 557 m² Hängebrückenfläche.

365-TAGE-SCHNEEMANN

In der Nähe von Beardmore in Ontario steht ein 10,60 m hoher Schneemann. Er besteht aus Holz, das auf einen Stahlrahmen gezogen wurde, und wurde 1960 errichtet, um für die Gemeinde und das örtliche Skigebiet zu werben. Er wird je nach Jahreszeit angezogen - im Sommer trägt er eine Sonnenbrille und eine Angelrute, im Winter dagegen einen Schal und einen Curlingbesen.

GRENZGÄNGER

Das Hotel Arbez in Les Rousses erstreckt sich über die französisch-schweizerische Grenze. Die Gäste können wählen, in welchem der beiden Länder sie wohnen möchten.

VERDREHTES BETT

Möchten Sie einmal in einem auf dem Kopf stehenden Raum schlafen, in dem die Möbel von der Decke hängen? Oder fühlen Sie sich im Symbolraum wohler, der aus 300 quadratischen Holzplatten besteht, die mit jeweils einem schwarz-weißen Symbol versehen sind? Wie wäre es mit dem Sargzimmer oder der Gummizelle? Im Propeller Island City Lodge Hotel in Berlin hat jedes der 30 Zimmer sein eigenes verrücktes Thema.

RÜCKWÄRTS RADELN

Einigen Menschen reicht es nicht, auf konventionelle Art Rad zu fahren - sie fahren lieber verkehrt herum. Bei diesem seltsamen Sport sitzt der Fahrer nicht auf dem Sitz, sondern auf dem Lenker, blickt nach hinten und lenkt und tritt rückwärts! Die Fahrräder sind nicht mit Spiegeln oder anderen Sonderausstattungen versehen. 2002 legte der Holländer Pieter de Hart, Spezialist für Rückwärtsradfahren, erstaunliche 26,90 km in einer Stunde zurück.

AUTOSPIESS

Der Parkplatz des Cermak-Plaza-Einkaufszentrums in Berwyn, Illinois, sieht aus wie eine riesige Unfallstelle, denn dort wurden acht Autos auf eine zwölf Meter hohe Spitze gespießt! Aber zum Glück handelt es sich dabei nur um eine Skulptur namens „Die Spindel", die 1989 von dem kalifornischen Künstler Dustin Shuler erschaffen wurde.

MAGNETBERG

Auf dem Magnetberg in der Nähe von Moncton in New Brunswick rollen Autos von selbst bergauf. Das Phänomen wurde erstmals im 19. Jahrhundert beobachtet, als den örtlichen Bauern auffiel, dass ihre Pferde die Karren nur mit Mühe den Berg hinunterziehen konnten, die Wagen den Tieren bergauf aber fast in die Hacken rollten. Heutzutage fahren Touristen ihre Autos an den Fuß des Berges, legen den Leerlauf ein und fahren wie von Geisterhand nach oben.

FROSCHRENNEN

Seit 1946 findet in Rayne in Louisiana jedes Jahr ein Froschrennen statt. Die Mädchen aus der Stadt kleiden Frösche in Jockeyuniformen und lassen sie einen Parcours entlang hüpfen.

BAUMTUNNEL

In Leggett in Kalifornien kann man durch Bäume fahren, denn die Füße der dortigen Mammutbäume wurden durchtunnelt, um Platz für Straßen zu schaffen.

GESCHLIFFENES MUSEUM

Two Harbours in Minnesota ist der wohl einzige Ort der Welt, an dem es ein Museum gibt, in dem nur Schleifpapier zu sehen ist. Die Sammlung befindet sich im Haus von John Dwan, einem der Gründer der 3M-Company. Die Besucher bekommen sogar Ansichtsexemplare des Schleifpapiers geschenkt.

AFFIGER BÜRGERMEISTER

Als die Bewohner der englischen Ortschaft Hartlepool 2002 einen neuen Bürgermeister wählten, stimmten sie für einen Mann im Affenkostüm! H'Angus der Affe, das Maskottchen der städtischen Fußballmannschaft, leitete seine erfolgreiche Kampagne mit dem Werbespruch „kostenlose Bananen für Schulkinder"!

DER ZIEGENKÖNIG

Drei Tage im Jahr wird Irland von einer Ziege regiert! Kurz vor dem Puck-Volksfest in Killorglin, Kerry, wandert der Ziegenfänger Frank Joy jeden August in die umliegenden Berge und fängt eine wilde Bergziege. Das Tier wird feierlich zum König Puck gekrönt und auf eine Tribüne in der Stadtmitte gestellt, von der aus es aus einer Höhe von 15 m für das dreitägige Volksfest auf seine Untertanen herabblickt.

Der Künstler Marco Figgen malt in seinem Studio in Pattaya City in Thailand mit seinem eigenen 1,10 m langen Bart. Figgen beschreibt seinen einzigartigen Pinsel als Verlängerung seiner Seele. Er lässt ihn seit nunmehr 13 Jahren wachsen.

Einfach
unglaublich!

BROTKÖPFE

Kittiwatt Unarrom stellt essbare menschliche Köpfe und Körperteile aus Teig her! Sein Arbeitsplatz, eigentlich eine einfache Bäckerei, ähnelt einer Leichenhalle oder dem Keller eines Serienmörders.

An Unarroms Arbeitsplatz in der Nähe von Bangkok liegen Köpfe und Körper auf den Regalen herum, und eine Vielzahl Arme und Hände hängen an Fleischerhaken von der Decke herab. Der thailändische Kunststudent, dessen Familie eine Bäckerei führt, lässt sich bei der Herstellung von menschlichen Körperteilen von Anatomiebüchern und Besuchen im forensischen Museum inspirieren. Aus Brot, Schokolade, Rosinen und Cashewnüssen formt er nicht nur Menschenköpfe, sondern auch Arme und Füße, Hühner- und Schweineteile. Für eine besonders blutige Wirkung verwendet er rote Lebensmittelfarbe. „Wenn die Leute das Brot sehen, wollen sie es zunächst nicht essen", sagt er. „Aber sobald sie es probieren, merken sie, dass es normales Brot ist. Die Lektion dabei ist, dass man nicht nach dem Äußeren urteilen sollte." Sein makaberes Projekt begann als Hauptteil seines Masterabschlusses in Kunst, aber als sich das Gerücht um seine Schock-Brote verbreitete, erhielt er von Neugierigen oder Spaßvögeln, die ihre Freunde erschrecken wollten, die ersten Aufträge.

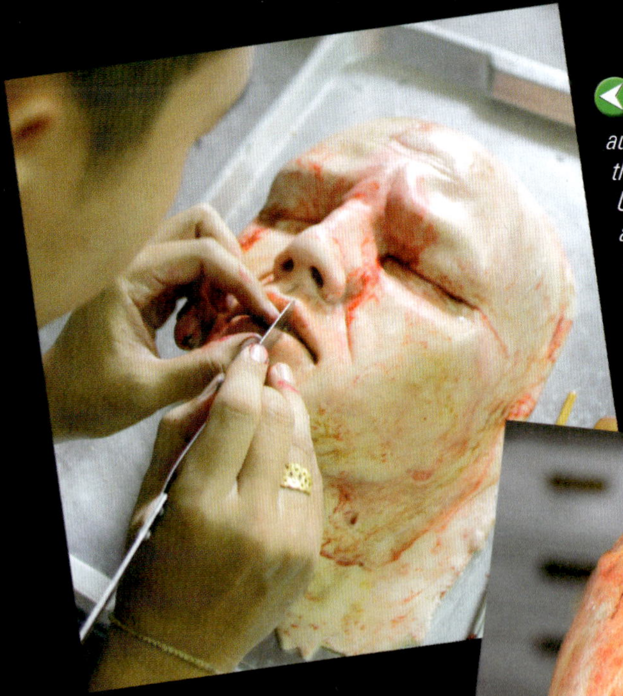

Nach dem Vorbild von Bildern aus dem Anatomiebuch bäckt der thailändische Kunststudent Kittiwatt Unarrom lebensechte Menschenköpfe aus Teig. Es überrascht nicht, dass die meisten Leute etwas zögern, ehe sie die merkwürdigen Brote essen.

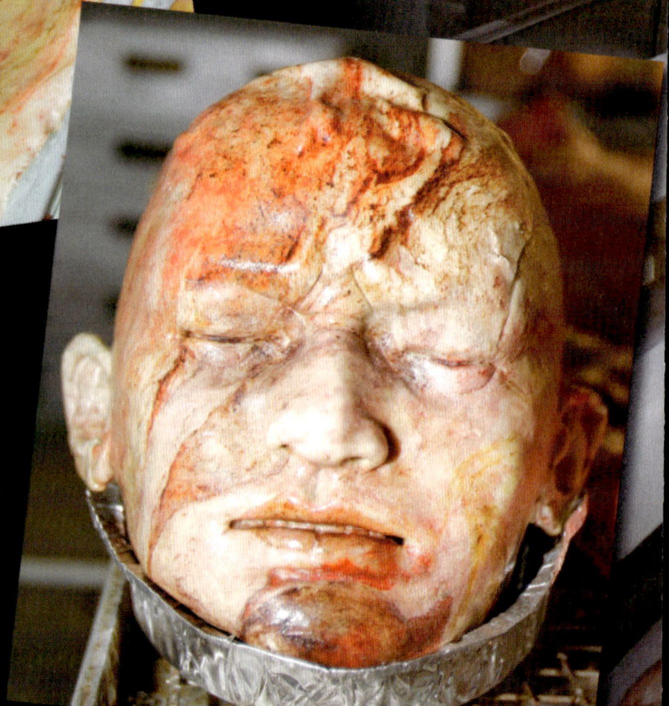

Einige von Kittiwatts Schöpfungen sind wirklich grauenhaft und würden gut in ein Horrorkabinett passen. Wenn sie nicht blutig genug geworden sind, gibt er rote Lebensmittelfarbe hinzu, um den Effekt zu verstärken.

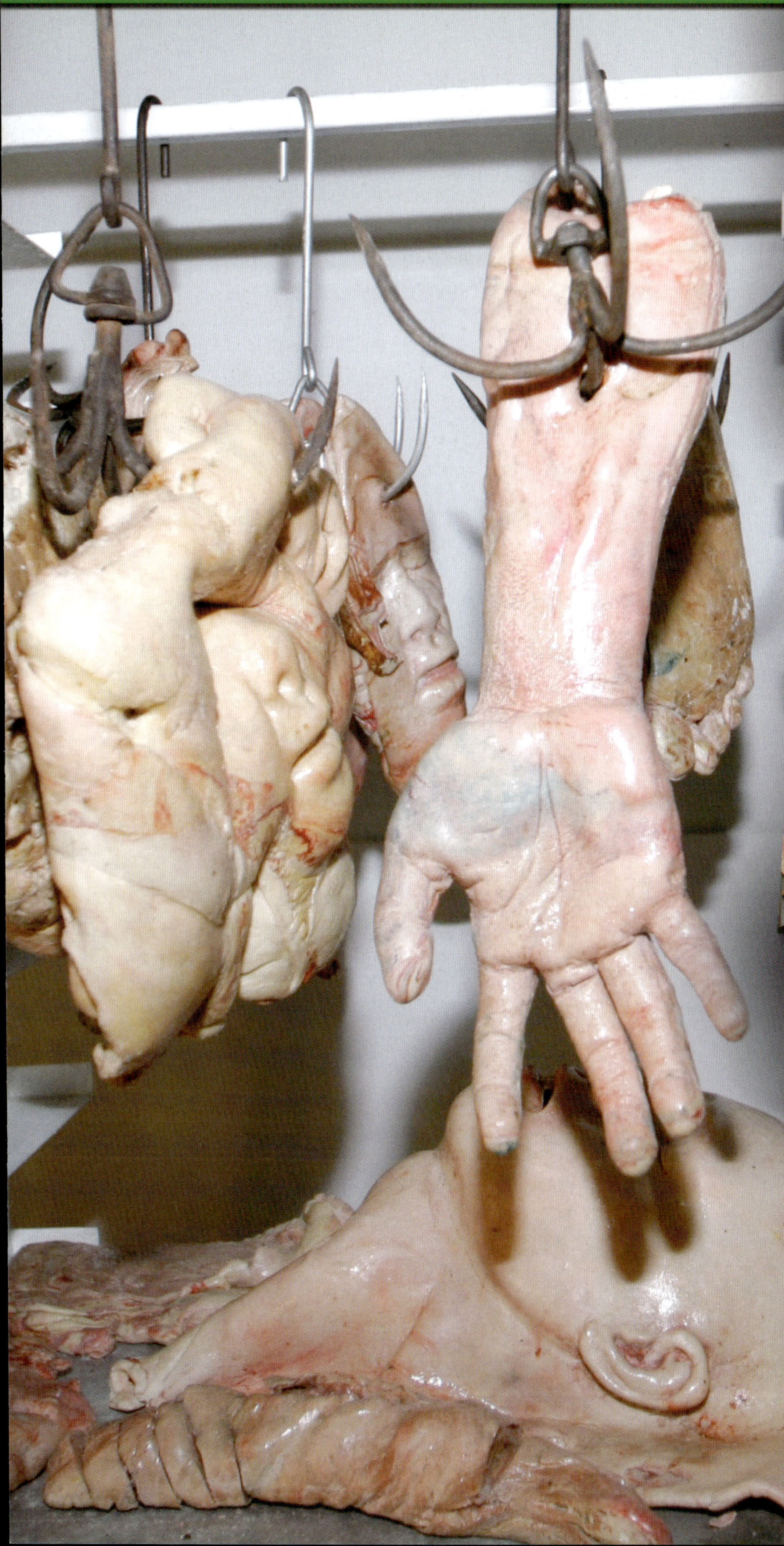

Als die Kunden Kittiwats Raum voller realistisch aussehender menschlicher Körperteile zum ersten Mal sahen, waren sie schockiert. Sie hielten ihn für verrückt.

LET IT BE

Dieses Toilettenpapier wurde mit einem Eingangspreis von £ 40.000 (€ 53.800) versteigert. Es wurde aus den Toiletten in den Musikstudios von EMI in der Abbey Road in London entfernt, nachdem sich die Beatles geweigert hatten, es zu benutzen, weil es zu hart und zu rau war. Angeblich beschwerten sie sich auch, weil auf jedes Blatt EMI gedruckt war.

Das Toilettenpapier befindet sich noch auf der Originalhalterung aus den 1960er Jahren und wurde in Glas gerahmt.

SELBST-FETTABSAUGUNG

Unglaublich, aber wahr: Der in Jugoslawien geborene plastische Chirurg Dimitrij Panfilov hat an sich selbst eine Fettabsaugung vorgenommen, um sein Doppelkinn zu entfernen.

WINZIGE BUCHSTABEN

Im Jahr 2004 gelang es Physikern am Boston College in Massachussetts, winzige Buchstaben in ein einzelnes menschliches Haar zu ritzen. Sie verwendeten dabei einen Laser, der Buchstaben brennen kann, die nur 15 Mikrometer groß sind. Mit dieser Technik lassen sich Objekte formen, die 1.000-mal kleiner sind als der Durchmesser eines menschlichen Haares.

WUNDERGEBURT

Nhlahla Cwayita kam im Jahr 2003 in Kapstadt in Südafrika als gesundes Baby zur Welt, obwohl sie sich in der Leber ihrer Mutter entwickelt hatte. Sie war erst das vierte Baby der Welt, das eine derartige Schwangerschaft überlebte.

ZIRKUS-CLUB

In einem der seltsamsten Nachtclubs der Welt, dem California Institute of Abnormal Arts, kann man die Nacht in Gesellschaft der Überreste eines toten Clowns, dem ausgestopften Kadaver einer Chihuahua-Ferkelkreuzung, einem mumifizierten Arm oder solch seltsamen Ausstellungsstücken wie dem Tintenfischmädchen durchtanzen. Die Mischung aus Nachtclub und Museum wird von Carl Crew und Robert Ferguson geleitet, die beide Zirkus-Erinnerungsstücke sammeln.

BÄRTIGE DAME

Vivian Wheeler ist auf eine seltsame Art berühmt geworden - sie ist die Frau mit dem längsten Bart der Welt. Sie stammt aus Wood River in Illinois und wurde mit Gesichtsbehaarung geboren. Die genetische Hormonstörung wurde von ihrer Mutter weitervererbt. Ihr Vater wollte den Bart nicht akzeptieren und zwang sie, als sie sieben Jahre alt war, ihn abzurasieren. Später aber trat sie auf Jahrmärkten als Nebenattraktion unter dem Namen Melinda Maxie auf und färbte ihre von Natur aus roten Haare schwarz, um den Effekt zu verstärken. Ihr Vollbart ist mittlerweile 28 cm lang, sie bindet ihn aber meist zusammen.

PERLENKUNST

Liza Lou aus dem kalifornischen Topanga erschuf eine Küche und einen Garten aus 40 Millionen Glasperlen, die 1998 erstmals im Kemper Museum für zeitgenössische Kunst in Kansas City ausgestellt wurden. Wären die Perlen aneinandergereiht, würden sie eine Kette mit einer Länge von 610 km ergeben, was der Entfernung zwischen Hamburg und München entspricht.

AM SCHNÜRSENKEL

In der kalifornischen Big Bear City steht ein Schuhbaum. Keiner weiß so recht, wie es dazu kam, aber auf dem Baum sammeln sich Schuhe über Schuhe. Die örtliche Polizei versuchte, den Baum vor den Übergriffen zu schützen, indem sie die Schuhe entfernte und den Baum umzäunte, aber am nächsten Morgen sah er wieder aus wie zuvor.

ZWEIGESICHTIGES KÄTZCHEN

In Glide in Oregon wurde im Juni 2005 ein Kätzchen mit zwei Gesichtern geboren. Die kleine Gemini erstaunte den Tierarzt und ihren Besitzer Lee Bluetear mit ihren je zwei Mäulern, Zungen und Nasen und ihren vier Augen. Leider starb sie innerhalb einer Woche.

SENTIMENTALER WERT

Ezekiel Rubottom bewahrte seinen linken Fuß auf, nachdem ihm dieser im Jahr 2005 amputiert worden war! Er lagerte ihn auf der Vorderveranda seines Hauses in Kansas. Nachdem sich die Nachbarn beschwert hatten, sagte er: „Ich bin nicht krank. Ich wollte nur einfach meinen Fuß behalten!"

LEICHENBESCHAU

Mark Hostetler, Ökologe an der Universität von Florida, hat ein Buch darüber geschrieben, wie man zerquetschte Insekten an der Windschutzscheibe identifizieren kann. Das Buch trägt den Namen *That Gunk On Your Car* (deutsch: *Die Schmiere an deinem Auto*).

BRENNENDE LEIDENSCHAFT

Als Liebesbeweis für seine Freundin setzte sich Todd Grannis selbst in Brand, bevor er auf die Knie ging und ihr einen Heiratsantrag machte. Der 38-Jährige trug einen mit Benzin getränkten Umhang und stieg im Juli 2005 in Grants Pass, Oregon, auf ein drei Meter hohes Baugerüst. Nachdem er sich in Brand gesetzt hatte, sprang er in einen Swimmingpool und sagte zu seiner erstaunten Liebsten Malissa Kusiek: „Süße, du machst mich ganz heiß. Ich stehe in Flammen." Nach solch einem Stunt musste sie einfach „Ja" sagen.

TOILETTENLIEBE

Bill Jarrett, ein pensionierter Künstler aus Grand Rapids in Michigan, hat in den letzten 30 Jahren Toilettenpapier untersucht und besitzt nun eine gewaltige Sammlung von Erinnerungsstücken rund ums Toilettenpapier.

VERRÜCKTE HOCHZEIT

1998 heirateten im kanadischen Calgary eine Schwertschluckerin und ein Bienenzüchter. Megan Evans und Jim Rogers, der „Bienenmann" von Calgary, heirateten vor 200 Musikern und Freak-Show-Künstlern. Die Trauzeugin Brenda Fox verdiente sich ihr Geld damit, lebende Käfer und Würmer zu essen.

VOGELDRECK

Unglaublich, aber wahr: Eine amerikanische Firma bietet individuell gefertigte Vogelmodelle aus echten kalifornischen Pferdeäpfeln zum Verkauf an.

LUSTIGE FÄLSCHUNG

Chaucey Shea aus St. Catherine's in Ohio hat ein eher illegales Hobby: Er hat mehr als 2.000 Fälschungen von Unterschriften angefertigt, unter anderem von dem englischen Dramatiker William Shakespeare und mehreren Präsidenten der Vereinigten Staaten.

DIE HALBE JEANIE

Jeanie Tomaini wurde ohne Beine geboren und als Nebenattraktion auf Jahrmärkten als „Das halbe Mädchen" bekannt. Auf Tournee heiratete Jeanie, die nur 76 cm groß ist, Al, der 2,54 m groß ist und Schuhgröße 48,50 trägt. Zusammen traten sie erfolgreich als „Das seltsamste Paar der Welt" auf.

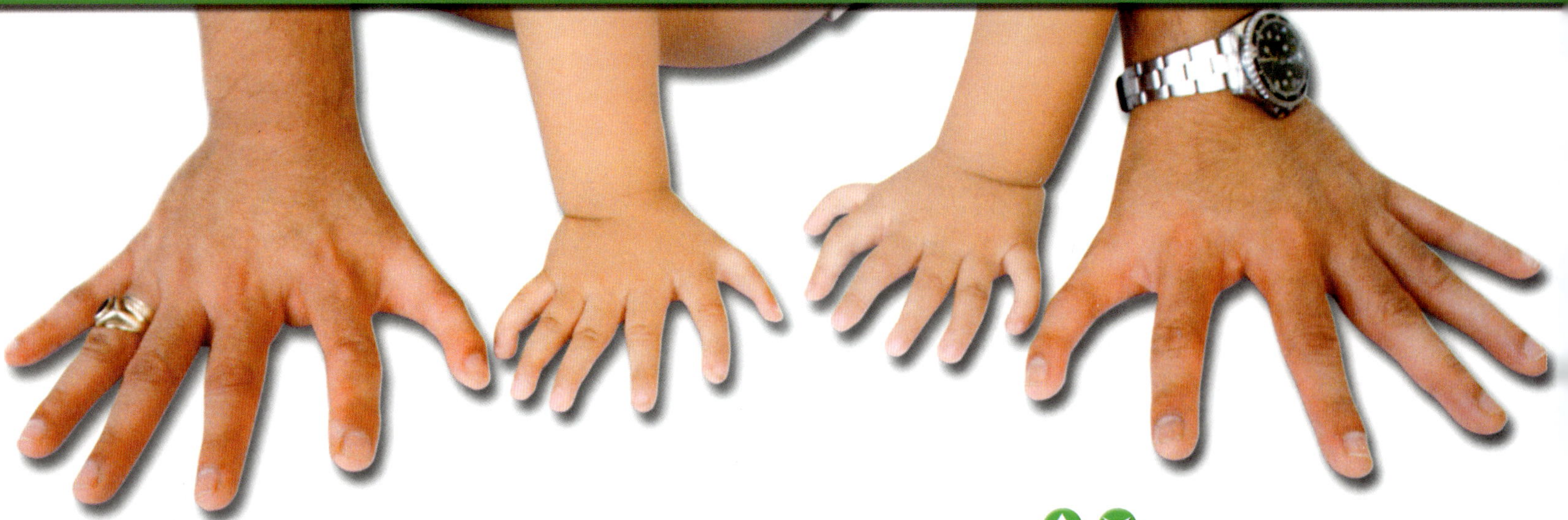

LONGFOOD
Im June, einem neuen Restaurant in Lakewood Ranch, Florida, gibt es kein Fast Food, sondern Neun-Gänge-Menüs. Der Genuss eines solchen Diners dauert vier Stunden!

ASCHENKUNST
Bettye Jane Brokl verarbeitet die Asche Verstorbener zu abstrakten Gemälden. Die Künstlerin aus Biloxi, Mississippi, verstreut die Asche auf den Kunstwerken, um ein bildliches Andenken an die Toten zu erschaffen.

WÜSTENRENNMAUS GANZ GROSS
Sally Madge, Künstlerin aus dem englischen Newcastle, machte ihre Wüstenrennmaus zum Star ihrer Ausstellung im Jahr 2005. „The Gerbils Guide to the Galaxy" (deutsch: „Der Wüstenrennmaus-Führer durch das Universum") zeigt den kleinen Nager dabei, wie er sich durch eine Ausgabe des New Illustrated Universal Reference Book von 1933 knabbert und dabei einige Worte offenbar besonders gerne frisst.

GLASFASER-PANZER
Nachdem in Lutz in Florida einer Klappschildkröte bei einem Autounfall 1982 der Panzer in acht Teile zerbrochen wurde, ließ man ihr einen neuen aus Glasfasern anfertigen.

MÜLLAUSSTELLUNG
Auf einer Ausstellung in London im Jahr 2005 stellte der japanische Künstler Tomoko Takahashi 7.600 Stücke Müll aus. Unter den Ausstellungsstücken befanden sich alte Waschmaschinen, kaputtes Spielzeug, ein verrosteter Miststreuer und drei ausgestopfte Amseln.

LIEBESNEST
Im April 2005 wurde anlässlich des jährlichen Auckland-Festivals in Neuseeland ein Haus mit 6.000 Liebesbriefen bedeckt. Unter den Absendern befanden sich einige Berühmtheiten.

HÖHENFLUG
Für ihr Kunstwerk „100 Gedanken in der Atmosphäre" ließ die kanadische Performance-Künstlerin Marie-Suzanne Désilets 1999 insgesamt 100 Heliumballons vom Dach eines Einkaufszentrums in Montreal fliegen. An den Ballons hingen an sie selbst adressierte Postkarten mit der Bitte um Antwort.

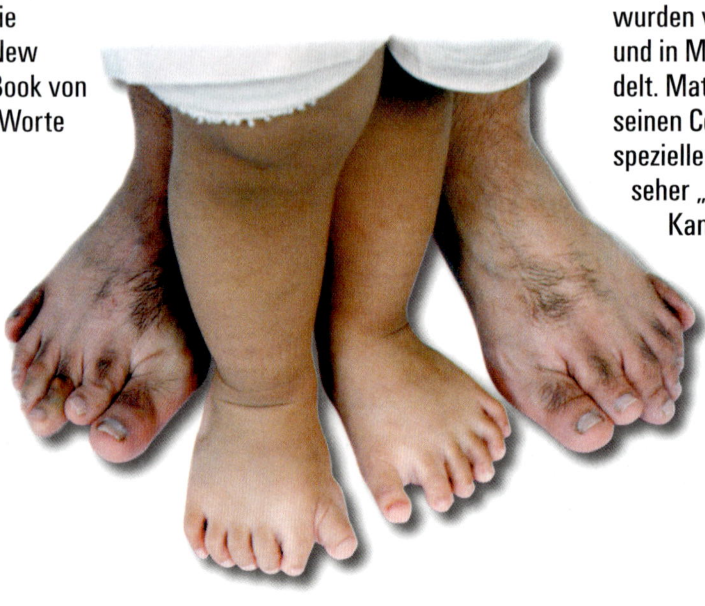

ZEIGT HER EURE HÄNDE ...
Die Philippinos Albert M. Perculeza und sein Sohn Karl Cedric haben beide an jeder Hand sechs Finger und an jedem Fuß sechs Zehen. Alle 48 Gliedmaßen sind voll funktionsfähig.

GEDANKENLESER
Matthew Nagle aus Weymouth, Massachusetts, hatte einen Chip im Gehirn, der seine Gedanken las. Nach einem Messerangriff, der ihn im Nacken traf, war er gelähmt und bekam das revolutionäre Implantat als einer der ersten Patienten eingesetzt. Es half ihm, sich durch bloßes Denken im Alltag zurechtzufinden. Nachdem ihm ein Loch in den Kopf gebohrt worden war, implantierten die Chirurgen ihm den Chip einen Millimeter tief unter seine Gehirnhaut. Hauchdünne Elektroden an dem Chip nahmen die elektrischen Impulse auf, die seine Gedanken auslösten, und übertrugen sie per Kabel auf einen Computer. Die Gehirnsignale wurden von dem Computer ausgewertet und in Mausbewegungen umgewandelt. Matthew bediente aber nicht nur seinen Computer, sondern konnte durch spezielle Software auch seinen Fernseher „an- und ausdenken" und die Kanäle wechseln. Er starb im Jahr 2007 im Alter von 17 Jahren, als er einem Freund in einem Tumult beistehen wollte.

DER ELASTISCHE MANN

Moses Lanham, der den Spitznamen „Mr. Elastic" trägt, kann seine Füße um 180° drehen und anschließend rückwärts laufen!

Lanham hat sein einzigartiges Talent der Tatsache zu verdanken, dass er mit zusätzlichen Bändern und Knorpeln in den Knöchel-, Knie- und Hüftgelenken geboren wurde. Auf diese Weise kann er seine Knochen frei in den Gelenkschalen kreisen lassen. Erstaunlicherweise bemerkte er sein Talent erst mit 14 Jahren, als er im Sportunterricht hinfiel und ungünstig landete. Als er sich wieder aufrichtete, fiel ihm auf, dass er seine Füße nach hinten drehen kann. Lanham, der aus Monroe in Michigan stammt, hat herausgefunden, dass sein Sohn Trey seine Fähigkeit geerbt hat. Bereits im Alter von elf Jahren konnte er seine Füße nach hinten verdrehen wie sein Vater! „Er kann zwar noch nicht rückwärts laufen", sagte Moses, „aber er übt fleißig".

Moses Lanhams Körper verfügt über zusätzliches Gelenkgewebe, das es ihm ermöglicht, seine Füße nach hinten zu drehen. Moses ist sogar in der Lage, rückwärts zu gehen!

Moses macht es Spaß, sich zu verrenken. Er tritt sogar bei örtlichen Wohltätigkeits-Veranstaltungen auf!

KNACKENDES GELENK

Dass K. S. Raghavendra dazu in der Lage ist, 13 Eier in 30 Sekunden zu zerschlagen, klingt nicht sonderlich aufregend. Aber er zerquetscht sie nicht einfach in der Faust, sondern biegt seine Hand über sein Handgelenk zurück!

GUTER ESSER

„Hungry" Charles Hardy aus Brooklyn in New York bezeichnet sich selbst als den „Michael Jordan des Wettessens". 2001 aß er innerhalb von zwölf Minuten 23 Hotdogs und wurde Matzo-Ball-Weltmeister im Essen. Aber seine Begabung hat auch Nachteile, wie Hardy findet: „In Manhattan habe ich ein Restaurant aufgestöbert, in dem man für $19,95 Sushi essen kann, soviel man möchte. Aber die Kellnerinnen werfen mich nach 90 Minuten einfach hinaus."

MENSCHLICHE SEIFE

Im Jahr 2005 wurde für fast € 14.000 eine Seife verkauft, die angeblich aus Körperfett bestand, das dem italienischen Premierminister Silvio Berlusconi abgesaugt worden war. Der Künstler Gianni Motti behauptet, dass er das Fett einer Schweizer Privatklinik abgekauft habe, in der Berlusconi Berichten zufolge eine Fettabsaugung hatte vornehmen lassen. Motti sagt, dass das Fett „geleeartig war und schrecklich stank".

KNOPFKÖNIG

Dalton Stevens aus Hartsville in South Carolina hat seinen Sarg mit unglaublichen 600.000 Knöpfen verziert. Im Inneren des Sarges befinden sich weitere 60.000 Knöpfe. Er besitzt außerdem mit Knöpfen verzierte Schuhe, Musikinstrumente und sogar eine Toilette.

SCHWEINCHENSIEGER

Olivier Roussel und sein Sohn Yohann gewannen im Jahr 2005 einen der wohl begehrenswertesten Preise Europas - den ersten Platz im französischen Schweine-Grunz-Wettbewerb. Als Schweinchen verkleidet, überzeugten die Roussels Juroren und Publikum mit Quieken, Grunzen und Schnauben, die die vier wichtigsten Stationen im Leben eines Schweins darstellen sollten: Geburt, Säugen, Paarung und den Tod unter dem Messer.

EINEN ARZT!

★ Dr. James T. Clack aus Wadley, Alabama, behandelte in den 1940er Jahren Patienten, obwohl er selber blind war.

★ Der Allergologe Dr. Edwin Dombrowski aus Stamford in Connecticut wählte als Autokennzeichen die Buchstabenkombination „AH-Choo", englisch für „Hatschi".

★ Dr. Anna Perkins aus Westerloo in New York verlangte im Jahr 1993 noch dieselben Arztgebühren, die sie 1928 festgelegt hatte: vier Dollar für einen Praxisbesuch, fünf Dollar für einen Hausbesuch und $ 25 (€ 19) für Geburtshilfe.

★ Als Dr. William Price aus Llantrisant in South Wales im Jahr 1893 starb, wurden, wie in seinem letzten Willen verfügt, mehr als 6.000 Eintrittskarten für seine öffentliche Verbrennung verkauft.

HARTER SCHMELZ
Der Straßenkünstler Lucky Rich aus dem australischen Melbourne trägt ein Gebiss aus einer Metalllegierung. Das Metallgebiss hilft ihm bei seinen weltweiten Jonglier- und Artistikauftritten. Seine Zähne sind jetzt stark genug, um ein Seil festzuhalten, an dem eine Frau an einem Trapez hängt. Er gehört auch zu den Personen, die die meisten Tattoos auf seinem Körper vereinen.

GALERIE
Aus den Archiven

HAARIG
Jo Jo alias „Der Junge mit dem Hundegesicht" trat in den 1880er Jahren in Zirkussen auf. Er litt unter Hypertrichosis, einer seltenen Krankheit, die das Gesicht und andere Körperteile mit einem übermäßigen Haarwuchs überzieht.

DER HALBE MANN
John „Der halbe Mann" Pecinovsky aus Bonair, Iowa, zog seine beiden Körperhälften in unterschiedlichen Farben an und teilte sein Gesicht durch einen halben Bart.

DER GLOTZER
Avelino Perez Matos aus dem kubanischen Baracoa konnte seine Augen aus den Höhlen lösen.

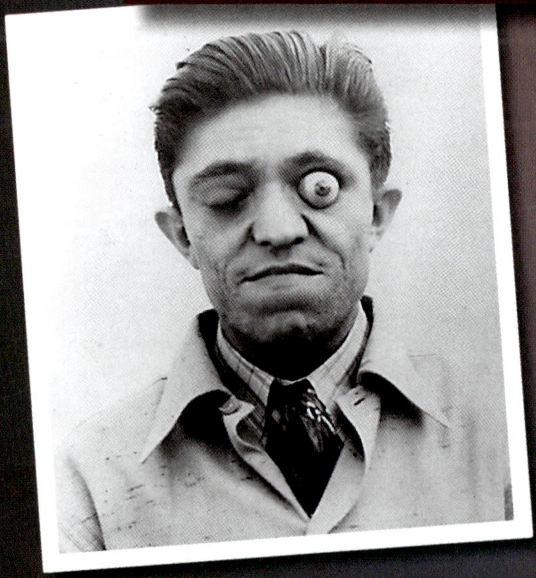

MINI-EHE
Im Jahr 1863 heiratete Charles „Der Däumling" Stratton Lavinia Warren. Lavinia war als Zwergwüchsige mit vollkommenen Proportionen berühmt geworden. Die Hochzeit war ein wichtiges Ereignis für die damalige New Yorker Gesellschaft.

DAS WUNDER MENSCH

KLEIN UND GROSS
Der walisische Riese George Auger und der Zwerg Tom Sordie traten beide im Barnum and Bailey Zirkus auf. Auger war 2,60 m groß, Sordie dagegen nur 74 cm.

HAUTDEHNUNG
Agnes Schmidt aus Cincinnati in Ohio, hier auf einem Bild aus dem Jahr 1934 zu sehen, hatte aufgrund einer seltenen Krankheit namens Ehlers-Danlos-Syndrom Gummihaut.

DER HUMMERMANN
Die Zehen und Finger dieses unbekannten Mannes aus der Gegend um New York sind so verformt, dass sie wie Hummerscheren aussehen. Grund für den Geburtsfehler war Inzucht.

SIAMESISCHE ZWILLINGE
Die Tocci-Zwillinge wurden mit einem Körper, aber zwei Köpfen und vier Armen geboren. Das Foto wurde 1892 aufgenommen, als sie zwölf Jahre alt waren.

EIN BLICK ZURÜCK

Am 15.02.1890 endete Frank Dameks Leidenschaft: das Aufsammeln von auf der Straße verlorenen Spielkarten. Nach 20 Jahren hatte er endlich ein vollständiges Blatt zusammengetragen. Am 9.9.1930 suchte Thurber Brockband neun Stunden lang nach einer Nadel im Heuhaufen. Am 2.5.1802 erschien Timothy Dexters Buch *A Pickle for the Knowing Ones* (deutsch: *Eine Essiggurke für die Wissenden*), das vor absichtlich falsch geschriebenen Wörtern wimmelte und keine Satzzeichen enthielt.

SPEZIES ZU VERKAUFEN!

Im Jahr 2005 wurde eine neue Nagetier-Spezies entdeckt - und zwar als Ware an einem Imbissstand in Laos. Gefunden wurde die Laotische Felsenratte von dem Artenschützer und Biologen Robert Timmins, der sofort wusste, dass er solch ein Tier noch nie gesehen hatte. Es ähnelt einer Kreuzung aus Ratte und Eichhörnchen, ist aber mit keinem anderen Nagetier verwandt.

EXTREM-BUCHHALTUNG
Konten ausgleichen oder Steuererklärungen machen, während man Tiefseetauchen betreibt, sind nur einige Formen des Extrem-Buchhaltens, das erstmals von Arnold Chiswick eingeführt wurde. Der Extremsport ist eine wirklich extravagante Art, seinem Bürojob nachzugehen.

DIE MARIA DER STRASSENTUNNEL
Tausende von Gläubigen pilgerten im April 2005 zu einem Straßentunnel in Chicago und errichteten einen Heiligenschrein aus Kerzen und Blumen, weil sie einen Wasserfleck an der Betonwand für ein Abbild der Heiligen Jungfrau Maria hielten. Die Besucher berührten und küssten den Fleck, der durch Salz verursacht worden war, das von der Kennedyschnellstraße herabgesickert war, die über dem Tunnel verläuft. Aber die Pilger bestanden darauf, Zeugen eines Wunders zu sein, das als Zeichen für den Tod von Papst Johannes Paul II. erschienen war.

SCHLANGENSPEISE

Der Inder Neeranjan Bhaskar behauptet, dass er schon mehr als 4.000 Schlangen gegessen hat, darunter auch tödliche Kobras. Bhaskar, der eigentlich Vegetarier ist, geht am Ufer des Ghagra-Flusses jeden Morgen auf Schlangenjagd. Seine erste Schlange aß er im Alter von sieben Jahren.

HORROR-HAUT

Als Sarah Yeargain aus dem kalifornischen San Diego 2003 ein Antibiotikum gegen eine gewöhnliche Stirnhöhlenentzündung verschrieben wurde, ahnte sie nichts Schlimmes, bis sich ihre Haut in großen Fetzen vom Körper schälte. Nachdem sich ihr Zustand, der durch eine schwere allergische Reaktion auf das Medikament ausgelöst worden war, verschlimmerte, brachte ihre Mutter sie ins Krankenhaus. Schließlich hatte Sarah keine Haut mehr am Körper, auch nicht an den Schleimhäuten in Mund, Hals und Augen. Die Ärzte rechneten mit ihrem Tod, aber nachdem ihr Körper in einen künstlichen Hautersatz gewickelt worden war, erneuerte sich ihre Haut innerhalb weniger Tage.

HUNDETAUCHER

Dwane Folsom aus Boynton Beach in Florida nimmt seinen Hund mit zum Gerätetauchen! Folsom entwarf den ersten Tauchanzug für Hunde aus einer bleigefütterten Gewichtjacke, einem Helm und einem Luftschlauch, durch den der Hund Luft aus der Flasche seines Herrchens einatmen kann. Zusammen mit seinem Hund Shadow taucht er regelmäßig bis zu vier Meter tief.

NACHGEFRAGT

AUF MESSERS SCHNEIDE

Die New Yorkerin Natasha Veruschka, 32, ist die einzige bauchtanzende Schwertschluckerin der Welt und brach mit ihrer streng religiösen Erziehung, um ihrer Leidenschaft nachgehen zu können.

WANN ENTDECKTEN SIE IHRE FASZINATION FÜR SCHWERTER? „Meine britische Mutter starb, als ich zwei war. An meinen sibirischen Vater kann ich mich nicht mehr erinnern. Ich wurde von einer streng mennonitischen Familie aus dem Süden der Ukraine adoptiert. Ich durfte keine Musik hören, nicht in den Spiegel blicken und meine Haare nicht schneiden. Als ich vier Jahre alt war, sah ich in der Kirche ein Messer und war fasziniert. Ich weiß noch, dass ich mit der Messerspitze meine Zunge berührte, weil ich wissen wollte, wie sich das anfühlt."

UND WIE KAMEN SIE ZUM SCHWERTSCHLUCKEN? „Ich bin in Indien, Ägypten und im Iran aufgewachsen und habe später Bauchtanzen in New York gelernt. Ich wurde in Schwertakrobatik unterrichtet, und bei einem Auftritt küsste ich plötzlich das Schwert und bemerkte, dass ich eigentlich Schwertschluckerin werden wollte. Als ich es vor neun Jahren zum ersten Mal ausprobiert habe, fühlte ich mich, als wäre ich endlich ein ganzer Mensch."

UND WAS FÜR SCHWERTER SCHLUCKEN SIE? „Das Längste ist 70 cm lang. Das ist im Verhältnis zu meiner Körpergröße von nur 1,65 m und einem Gewicht von rund 50 kg sehr viel. Ich besitze 25 verschiedene Schwerter, unter anderem ein achtseitiges japanisches Sai-Schwert. Ich kann bis zu 13 Schwerter auf einmal schlucken."

UND WELCHES SCHWERT IST DAS GEFÄHRLICHSTE? „Das Neonschwert, das mit giftigen Gasen gefüllt und so zerbrechlich ist, dass es von der Bauchmuskulatur zerstört werden könnte. Es ist elektrisch und erwärmt sich. Einmal brannte es und blieb in meiner Kehle kleben. Seit 1942 sind schon sechs Menschen dabei gestorben."

HABEN SIE SICH JEMALS AN EINEM SCHWERT GESCHNITTEN? „Einmal wäre ich fast gestorben. Ich hatte damals 53% Blutverlust. Ich hatte drei Schwerter gleichzeitig geschluckt und wurde von einem Mann geschubst. Die Klingen schoben sich wie eine Schere auseinander und zerfetzten meine untere Speiseröhre. Nach dem Auftritt habe ich Blut erbrochen und hatte eine Nahtod-Erfahrung. Im Krankenhaus sagte man mir, dass ich den nächsten Tag wohl nicht mehr erleben würde. Aber einen Monat später schluckte ich schon wieder Schwerter."

AN WELCHER STELLE DES KÖRPERS ENDET DAS SCHWERT? „Im unteren Magenbereich. Ich kann eine Praline verschlucken und sie mit dem Schwert wieder aus meinem Magen holen. Man muss viel mehr als nur den Würgereflex überwinden. Das Schwert muss auch durch zwei Ringmuskeln hindurch, während es sich seinen Weg an den Lungen und dem Herzen vorbeibahnt."

HABEN SIE BESONDERE TECHNIKEN? „Ich bete vor jedem Auftritt und mache Yoga, um mich zu konzentrieren. Ich verwende kein Gleitgel und auch keine speziellen Schläuche. Man muss einen sehr kräftigen Oberkörper haben, denn die Schwerter wiegen über 5,50 kg, wenn ich sie alle zusammen schlucke. Außerdem ist ein großes Lungenvolumen nötig. Es ist kein Trick dabei - ich wurde geröntgt und man konnte das Schwert in meinem Körper sehen. Und das Neonschwert leuchtet durch meine Haut, sodass jeder den Beweis sehen kann."

WAS IST IHR ANTRIEB, UND WIE LANGE WOLLEN SIE NOCH ALS SCHWERT-SCHLUCKERIN ARBEITEN? „Meine Familie hat mich wegen meines Berufs verstoßen. Für sie bin ich tot. Ich denke, mein Antrieb ist der Wunsch, es ihnen allen zu beweisen. Ich werde erst glücklich sein, wenn ich die älteste bauchtanzende Schwertschluckerin der Welt bin!"

GRATIS-SCHWEIN

Im Jahr 2005 ließ sich ein britischer Bauunternehmer eine besondere Werbemaßnahme einfallen, um seine Umsätze in die Höhe zu treiben: Jeder Kunde, der ein Haus von ihm kaufte, bekam ein lebendes Schwein geschenkt. Jeremy Paxton, dessen Firma im englischen Gloucestershire liegt, versprach, dass die seltenen Gloucester-Old-Spot-Schweine stubenrein geliefert würden.

RIESENNAGER

Für ein Kunstfestival im Jahr 2004 fertigte der Holländer Florentijn Hofman eine Statue von einem Biber an, die 31 m lang und acht Meter hoch war. Dabei verwendete er keine anderen Materialien außer Holz und Schilf. Im Vorjahr hatte er einen elf Meter hohen Hasen angefertigt.

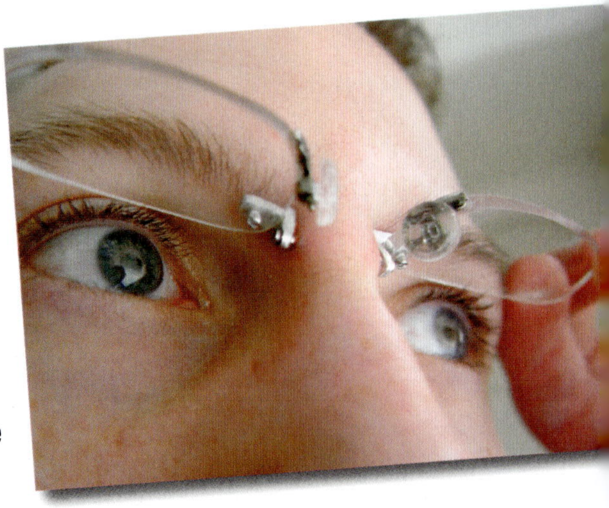

PIERCING-BRILLE
Der 23-jährige Künstler James Sooy aus Dallas, Texas, hat sich seine Brille durch den Nasenrücken piercen lassen. Diese Idee hatte er, weil ihm seine Brille andauernd die Nase herunterrutschte. Die Gläser werden mit Magneten an dem Piercing befestigt, sodass er sie abnehmen kann, wenn er badet oder schläft.

NASENGARTEN

Die Nigerianerin Madina Yusuf benötigte wegen einer schweren Krankheit ein neues Gesicht. Man züchtete auf ihrem Arm eine neue Nase! Die Krankheit hatte ihre Nase und den Großteil ihres Mundes weggefressen. Im Jahr 2001 ließ sie sich in Schottland von Dr. Peter Ayliffe behandeln, der auf ihrem Arm eine Nase aus überschüssiger Haut sowie Knochen und Knorpelgewebe aus ihrer rechten Rippe modellierte.

BALLON-SKULPTUR Im Jahr 2000 kreierte der US-amerikanische Ballon-Bildhauer Larry Moss im belgischen Mol zwei zwölf Meter große Fußballspieler aus mehr als 40.000 Luftballons.

PIZZADUFT Ducio Cresci aus dem italienischen Florenz ließ im Jahr 2003 eine Reihe von Kosmetikprodukten wie Seife, Körpercreme und Badeschaum herstellen, die alle nach Pizza rochen.

ASTRALRASUR Astronauten verwenden im Weltraum Rasierklingen, in denen sich winzige Vakuumreiniger befinden!

SUPERANZUG
Japanische Wissenschaftler haben einen Roboter-Anzug entworfen, der seinem Träger übermenschliche Kräfte verleiht. Wer das HAL(Hybrid Assistive Limb)-Außenskelett trägt, kann 40 kg mehr tragen als sonst. Es liest Nervenimpulse, die vom Gehirn zu den Arm- und Beinmuskeln geschickt werden. Bewegt sich der Träger, startet das Korsett die entsprechenden Motoren, um ihn zu unterstützen. Man hofft, dass der Anzug eines Tages Gehbehinderten beim Laufen helfen wird.

MÜLLAUSFLUG

Bis zu sieben Dollar zahlten die Anwohner von Chicago im Jahr 2005, um auf einer dreistündigen Bustour über Schrottplätze, Mülldeponien und Abwässerbecken die hässlichsten Orte der Stadt zu besichtigen. Anwohner und Besucher sollten auf diesen Touren sehen, was mit ihrem Müll passierte, wenn er erstmal ihre Mülleimer verlassen hatte.

SENSIBLES AUTO

Schweizerische Ingenieure haben ein Auto entwickelt, das auf die Stimmung des Fahrers reagiert. Der Rinspeed Senso setzt je nach Notwendigkeit entspannende Düfte frei oder schüttelt den Fahrersitz, wenn er merkt, dass man hinter dem Steuer Gefahr läuft einzudösen.

ZWERGENABWEHR

Der beste Abwehrspieler des Footballteams der Flint Southwestern Academy Highschool in Michigan war nur 90 cm groß. Willie McQueen hatte bei einem schweren Zugunglück im Jahr 1994 seine Beine verloren, erarbeitete sich mit Mut und Hartnäckigkeit aber dennoch einen Platz im Team. Er saß bei den Spielen nicht etwa im Rollstuhl oder trug Prothesen, sondern sauste auf dem Feld herum, um Chaos in der gegnerischen Verteidigung auszulösen.

HALLOWEEN GANZ GROß
Der belgische Künstler Michel Dircken sitzt in seinem geschnitzten Kunstwerk, das während eines Wettbewerbs um die am schnellsten geschnitzte Kürbislaterne im Oktober 2005 entstand. Der Kürbis wog 289 kg und hatte einen Umfang von 3,33 m.

ZWERGKÜHE

Um das Problem der kubanischen Milchknappheit zu lösen, wies Fidel Castro die kubanischen Wissenschaftler 1987 an, Zwergkühe zu züchten. Sie sollten die produktivsten Kühe klonen und auf Hundegröße schrumpfen, damit sich jede Familie eines der Tiere in der Wohnung halten konnte. Dort sollten die Kühe von unter speziellen Lampen gezogenem Gras ernährt werden.

SELTSAMER ZEITVERTREIB

Im italienischen Rieti findet jedes Jahr ein Badewannenrennen statt, dessen Teilnehmer in hölzernen Waschzubern eine 800 m lange Strecke zurücklegen müssen.

KAMPFSCHNITZEN

Im kanadischen Port Elgin wird ein jährliches Kürbisfest abgehalten, bei dem unter anderem Kürbisse unter Wasser geschnitzt werden müssen.

WICKELKLEID
Die finnische Künstlerin Virpi Vesanen-Laukkanen stellte im russischen St. Petersburg dieses Kleid mit dem Namen „Candy Princess" aus alten Bonbon-Wickelpapieren aus. Das Kleid erinnert sie angeblich an die Süßigkeiten, die sie auf ihren langen Reisen gegessen hat.

BUS(SE)LADUNG

1998 kam es in Grayslake, Illinois, zu einer Familienzusammenführung der ganz besonderen Art. Die Familie Busse, die 150 Jahre zuvor aus Deutschland in die USA immigriert war, zählte mittlerweile 2.369 Mitglieder, von denen einige sogar aus dem fernen Afrika angereist waren.

RÄUMLICHE DARSTELLUNG

Die kanadische Performancekünstlerin Julie Andrée T. suchte nach einer neuen Raumdefinition, indem sie mit verbundenen Augen sechs Stunden lang in einem Zimmer herumlief, die Wände beschmierte und dabei Kinderlieder sang.

DRACHENFLIEGER

Beim Frühlingsfest in Basant im pakistanischen Lahore gehört das so genannte Drachenkämpfen zur Tagesordnung. Geübte Drachenflieger aus dem ganzen Land versuchen, mit mit Klingen ausgestatteten Drachen oder in Chemikalien getränkten Schnüren die gegnerischen Drachen zu fangen und zum Abstürzen zu bringen.

GEBURTSKUNST

Anlässlich einer Ausstellung in einer deutschen Galerie gebar im Jahr 2005 eine Frau ihr Kind vor einem Dutzend Zuschauer. Ramune Gele bekam in der Berliner DNA-Galerie eine kleine Tochter namens Audra. Der Vater Winfried Witt bezeichnete die Erfahrung als „ein existenzielles Kunstwerk".

ZWEINASIG

Im Jahr 1913 wurde Bill Durks mit zwei Nasen, die je nur ein Nasenloch hatten, geboren. Zwischen seine Nasenrücken malte er sich ein drittes Auge auf einen Höcker, der möglicherweise eine verkümmerte Augenhöhle war, und wurde in den USA als „Der Mann mit den drei Augen" bekannt. Er heiratete Milly Durks, „Die Frau mit der Krokodilshaut aus New Jersey".

DER „FYRE"-SCHLUCKER

Feuer- und Schwertschlucken, mit Messern jonglieren oder sich Nägel in die Nase hämmern - all das ist Teil des Arbeitstages von Amazing Blazing Tyler Fyre!

Fyre, der mit bürgerlichem Namen Tyler Fleet heißt, wurde in Georgia geboren. Schon als Kind stellte er fest, dass er anders ist, denn er konnte Milch und Wasser und sogar Spaghetti und Frikadellen aus seiner Nase spritzen. Er lernte die Trapezkunst, Jonglieren, auf dem Hochseil tanzen und Feuerschlucken, bevor er zum menschlichen Vorschlaghammer wurde. In den letzten zehn Jahren ist Tyre, der außerdem Glas, Rasierklingen, lebende Grashüpfer und glühende Zigaretten isst und sich einen Nagel durch ein Loch in seiner Zunge geschlagen hat, mehr als 7.500-mal live aufgetreten, manchmal sogar 15-mal am Tag. Er gibt zu: „Körperlich ist das wirklich strapaziös. Bei der Coney Island Circus Sideshow war ich der menschliche Vorschlaghammer, der Schwert- und Feuerschlucker, und ich musste den umgekehrten Entfesselungstrick vorführen, bei dem man an den Füßen 1,80 m über dem Bühnenboden hängt."

Tyler lernte das Feuerschlucken von einem Mitschüler, während er für den Zirkus trainierte. Von all seinen artistischen Fähigkeiten ist diese hier seine liebste.

Früher hämmerte sich Tyler einen Nagel durch ein Loch in seiner Zunge. Noch heute steckt er sich gerne Zahnstocher hindurch.

Tylers Schwertschluck-Vorführungen gehören zum Besten, das die Branche zu bieten hat.

Bei seinen Entfesslungsvorführungen wurde Tyler in eine Zwangsjacke gesteckt und kopfüber an seinen Fußgelenken an die Decke gehängt - 1,80 m über dem Boden.

LEICHENBAUM

Fast 200 Jahre nach seinem Tod wurde die Leiche von Roger Williams im Jahr 1860 von der Rhode Island Historical Society exhumiert. Man fand heraus, dass er von einem Apfelbaum aufgefressen worden war! Abgesehen von den hereingewachsenen Baumwurzeln war der Sarg leer. Wo Williams' Kopf hätte liegen sollen, schlängelte sich eine dicke Wurzel entlang, die dann in einen brusthöhlen- und einen rückgratähnlichen Teil überging. Weiter unten teilte sich die Wurzel in zwei „Beine" und rollte sich dann fußfömig nach oben.

DURCH DIE NASE
Der Chinese Jin Guolong kann durch die Nase trinken. Auf diese Weise nimmt er sowohl Milch als auch Alkohol zu sich.

EISBILDHAUER

Der 44-jährige Richard Bubin aus Wilkins, Pennsylvania, ist schon seit über 20 Jahren Eisbildhauer und hat 60 Eisblöcke in weniger als viereinhalb Stunden behauen. Anlässlich der Pittsburgh-First-Night-Feierlichkeiten im Jahr 2005 verwandelte er zehn riesige Eisblöcke in eine Skulptur der Roberto-Clemente-Brücke.

ELEFANTENMÜLL

Der britische Künstler Anthony Heywood fertigte im Jahr 2004 eine lebensgroße Elefantenskulptur aus Sperrmüll an, darunter Fernseher, Heizungen, Lüfter, Radios und eine Toilettenschüssel.

TREPPENFAHRT

Beim Downhill-Stadt-Fahrradrennen 2005 im mexikanischen Taxco fuhren die Teilnehmer auf ihren Fahrrädern durch ein Haus! Sie rasten durch die Eingangstür hinein, dann eine Treppe hinunter und durch eine andere Tür wieder hinaus. Außerdem mussten sie durch enge Gassen fahren und sprangen auf der 3,20 km langen Strecke bis zu vier Meter hohe Abgründe hinab.

BEINDIEB

Als ein Mann im Jahr 2005 in Des Moines, Iowa, eine Beinprothese im Wert von $17.000 (€ 11.600) ausprobierte, lief er davon, ohne die Rechnung zu bezahlen. Der Dieb hatte bei dem Prothesen-Spezialisten darum gebeten, das Bein für einige Stunden ausprobieren zu dürfen, um sicherzugehen, dass es richtig passte.

RÖNTGENAUGEN

Die Russin Natalia Demkina scheint Röntgenaugen zu haben, mit denen sie in den menschlichen Körper hineinsehen kann. Sie verblüffte Wissenschaftler auf der ganzen Welt, indem sie detailliert das Innere von Körpern beschrieb und ihre Begabung nutzte, um korrekte medizinische Diagnosen über Fremde abzuliefern. Sie sagt, dass sie andere Menschen auf zwei Ebenen sieht, in ihren eigenen Körper aber nicht hineinblicken kann.

Natalia kann von normaler Sicht auf Röntgensicht umschalten, wenn sie sich zwei Minuten lang auf einen Menschen konzentriert.

HÜHNERPROTEST

Im Jahr 1997 sperrte der Performancekünstler Rob Thompson aus Ottawa einen Mann und eine Frau in einen Käfig, um gegen die Haltungsbedingungen von Bruthennen zu protestieren. Eric Wolf und Pam Meldrum verbrachten gemeinsam eine Woche in dem kleinen Holzgefängnis, tranken Wasser aus einem tropfenden Schlauch und aßen vegetarischen Brei.

VERLIEBTE VÖGEL

Im Mittelalter glaubten die Europäer angeblich, dass Vögel ihre Partner jedes Jahr am Valentinstag aussuchten.

HAUSTIERKISSEN Die Tierpräparatorin Jeanette Hall aus Nevada bot im Jahr 2005 an, Kuschelkissen aus verstorbenen Haustieren anzufertigen. Die Kissen waren handgemacht und kosteten zwischen $ 65 (€ 45) für eine Katze und $ 150 (€ 100) für ein Pferd. Hall beschrieb ihre Geschäftsidee als „einzigartige Möglichkeit, seine Haustiere auch nach ihrem Ableben bei sich zu behalten".

SHOPPING-PAUSE In der Mall of America in Minnesota können erschöpfte Shopper ihre müden Beine für umgerechnet 50 Cent die Minute ausruhen. Im Bloomington Shopping Center befindet sich ein Laden namens MinneNAPolis, in dem sich gelangweilte Ehemänner und Reisende, die nur einen Kurzaufenthalt haben, für ein Nickerchen hinlegen können.

BILDHÜBSCH
Ein Teilnehmer der 13. Internationalen Tattoomesse in Frankfurt führte auf seinem Hinterkopf dieses Tattoo spazieren.

ZIRKUS-GESCHICHTEN

★ Prince Randian, bekannt als „Der lebende Torso", hat keine Arme oder Beine. Trotzdem kann er ohne Hilfe eine Zigarette rollen, anzünden und rauchen - nur mit seinem Mund!
★ Myrtle Corbin, die vierbeinige Frau aus Texas, hatte einen missgebildeten siamesischen Zwilling, weswegen sie gleich zwei Paar Beine hatte. Bei ihren Auftritten galoppierte sie über die Bühne wie ein Pferd.
★ Edward Mordrake wurde als Zwillingspaar in einem Körper geboren: An seinem Hinterkopf befand sich das Gesicht eines wunderschönen Mädchens, das sogar die Augen bewegen konnte.

BÜRGERSTEIG-PICASSO Ben Wilson durchstreift die Straßen von London auf der Suche nach gebrauchten Kaugummis, die er in Kunstwerke verwandelt. Er brennt die Kaugummis mit einer Lötlampe an, gibt eine klare Lackfarbe als Lösungsmittel und Acrylfarben dazu und beendet sein Werk mit einer Schicht Firnis. In seiner Kaugummigalerie hängen Portraits, Bilder von Tieren und Gebäuden.

GRILLENGESCHOSS Danny Capps aus Madison, Wisconsin, spuckt mit seinem Mund tote Grillen über Distanzen von bis zu neun Metern. Capps, der seit seiner Kindheit von Insekten fasziniert ist, behauptet, dass die toten Grillen geschmacksneutral sind.

PINGUIN-PULLOVER Eine Gruppe Freiwilliger aus dem australischen Tasmanien strickte Rollkragenpullover für eine Kolonie seltener australischer Pinguine, um die Tiere vor Ölteppichen zu schützen.

ROBOTERREITER Im Jahr 2005 fand in Qatar im Mittleren Osten ein spektakuläres Kamelrennen statt, bei dem Roboterjockeys zum Einsatz kamen. Auf der Al-Shahaniyya-Rennstrecke wurden sieben Roboter auf sieben Kamele gesetzt, nachdem es Proteste gegeben hatte, weil die Jockeys bei dem beliebten Sport sonst meist Kinder gewesen waren.

SENSIBLES T-SHIRT Die italienische Designerin Francesca Rosella hat das perfekte Geschenk für Paare erfunden, die eine Fernbeziehung führen müssen: ein T-Shirt, das sich wie eine Umarmung anfühlt. Das mit Sensoren ausgestattete T-Shirt simuliert die Zärtlichkeiten des vermissten Partners, indem es Atem, Berührung und Herzschlag nachahmt. Es stützt sich dabei auf Informationen, die per Handy übertragen werden.

ZEITKAPSEL
Beim Tulsarama-Festival in Tulsa, Oklahoma, wurde im Jahr 1957 ein brandneuer Chrysler in einer Zeitkapsel vergraben, die 50 Jahre später wieder ausgegraben werden sollte. Bei der „Beerdigung" sollten die Leute schätzen, wie groß die Einwohnerzahl von Tulsa im Jahr 2007 sein würde. Wer am dichtesten geschätzt hatte, sollte das Auto bekommen. War der Schätzer bereits tot, sollte das Auto an seine Nachkommen gehen.

MUSEEN

Mexico City

Das Ripley's Museum in Mexico City ist eines der größten und befindet sich in einer Replik eines mittelalterlichen Schlosses. Es eröffnete im Jahr 1992 und enthält ein lebensgroßes Buckelwal-Skelett und einen gigantischen Buddha mit tausend Händen aus massiver Jade.

BESTECKKUNST
Eine Figur aus gewöhnlichen Messe Gabeln und Löffeln.

THEATERMASKE
Eine seltene indonesische Topeng-Maske eines Dämons mit hervorquellenden Augen.

TOASTKUNST
Diese Replik der Mona Lisa wurde mit einem Toaster auf 64 Weißbrotscheiben geröstet.

NICHT-VERPASSEN!

- Ein Gemälde auf einem Reiskorn
- Die Flagge von der Apollo 7
- Portraitmalerei auf Haaren
- Eine Halsfessel mit Stacheln
- Die Leo-Sewell-Müllkunstfiguren
- Metallobjekte aus einem menschlichen Magen
- Ein ägyptischer Mumienkopf
- Die kleinste funktionierende Kamera der Welt

KROKODILSKETTE
Diese Kette aus Neuguinea besteht aus Krokodilszähnen und wurde als Glücksbringer getragen.

LINCOLN-BLOCKHÜTTE
Diese Replik von Abraham Lincolns Geburtshaus wiegt 90 kg und wurde aus 18.000 Pennymünzen gebaut, auf denen Lincolns Kopf eingeprägt ist.

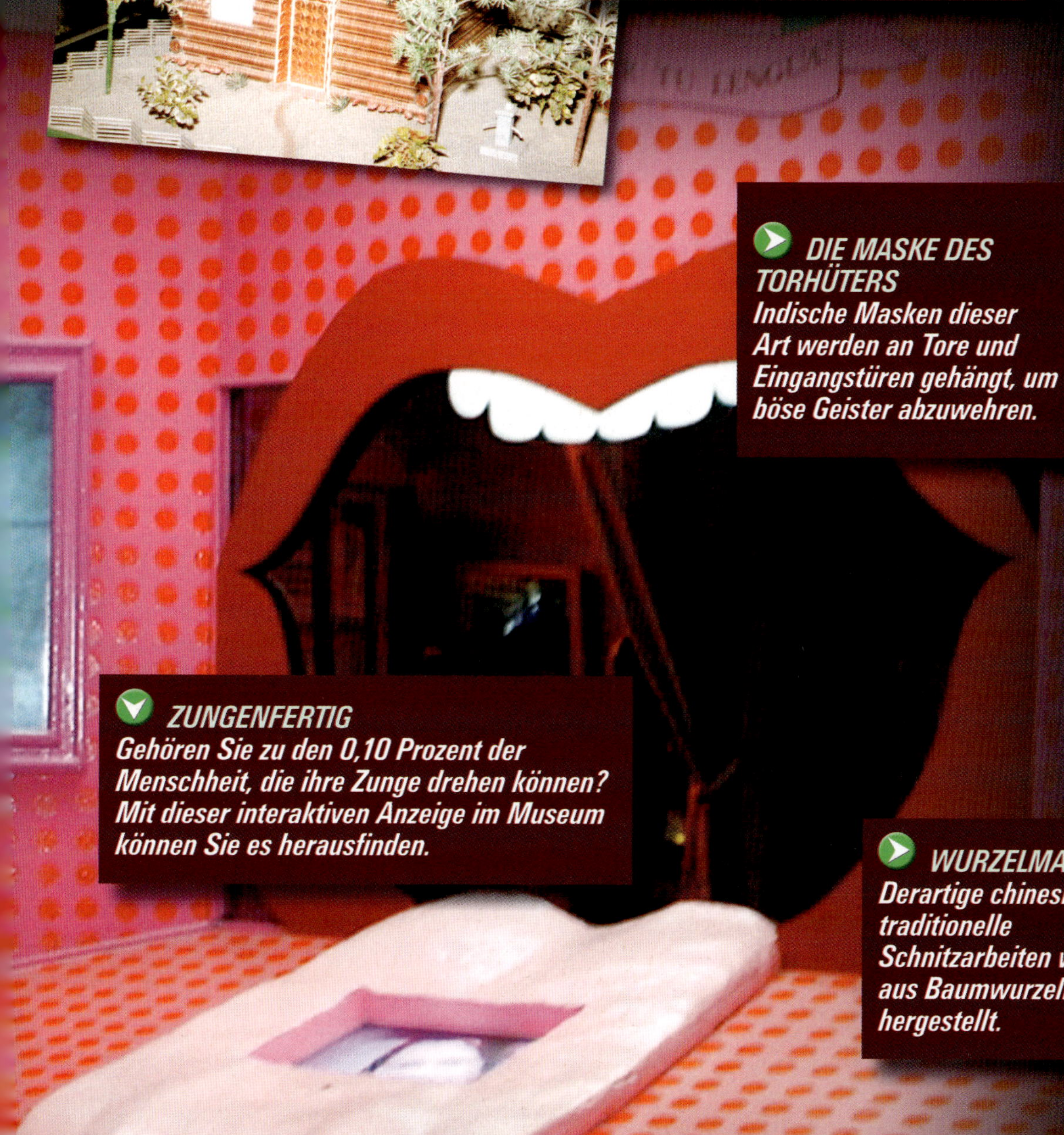

DIE MASKE DES TORHÜTERS
Indische Masken dieser Art werden an Tore und Eingangstüren gehängt, um böse Geister abzuwehren.

ZUNGENFERTIG
Gehören Sie zu den 0,10 Prozent der Menschheit, die ihre Zunge drehen können? Mit dieser interaktiven Anzeige im Museum können Sie es herausfinden.

WURZELMANN
Derartige chinesische traditionelle Schnitzarbeiten werden aus Baumwurzeln hergestellt.

WALSKELETT
Dieser Buckelwal war der erste, der jemals öffentlich ausgestellt wurde, und zwar in den 1840er Jahren in New York.

SCHWANGERER JUNGE

Die Schmerzen im Bauch des 7-jährigen Alamjan Nematilaev 2003 führten seine Eltern zunächst auf eine Kinderkrankheit zurück, die in seiner Heimat Kasachstan recht häufig vorkommt - Rachitis. Als ihn ein besorgter Lehrer aber ins Krankenhaus brachte, entfernten die Ärzte einen 1,80 kg schweren Säugling aus Alamjans Magen! Der Junge war mit dem Fötus seines Zwillingsbruders im Bauch zur Welt gekommen, der langsam weiter wuchs und Kopf, Körper, Haare und Fingernägel ausbildete. Alamjan konnte zwar gerettet werden, der 20 cm lange Fötus allerdings nicht.

MEDIZINISCHE WUNDER

★ Als der Teenager Doug Pritchard aus Lenoir, North Carolina, 1978 wegen Fußschmerzen zum Arzt ging, stellte sich heraus, dass in seiner Fußsohle ein Zahn wuchs!

★ Der Däne Jens Jenson fiel 1990 in ein stacheliges Berberitzengebüsch und musste 248-mal zum Arzt, bis alle 32.131 Dornen aus seinem durchlöcherten Körper entfernt waren.

★ Nachdem Peter Morris aus dem englischen Kingswinford 1993 bei einem Unfall seinen Daumen verlor, ersetzten ihn die Ärzte durch seinen großen Zeh.

★ Als Jim McManus aus dem kanadischen Calgary 1993 von einem Bullen niedergetrampelt worden war, wurde sein linkes Ohr wieder angenäht - mit der Hilfe von 75 Blutegeln, die die Blutung stillten!

KLEINES WUNDER
Ma Chaoqin aus China ist 22 Jahre alt und sieht immer noch wie ein Kleinkind aus. Sie leidet unter der unheilbaren Krankheit Rachitis und wächst deswegen nicht weiter.

WANDESSERIN

Im Namen der Kunst aß sich Emily Katrencik aus Brooklyn 2005 durch die Wand ihrer Galerie, bis sie den Kopf durch das Loch stecken konnte. „Die Wand hatte ein recht mildes Aroma", sagte sie. „Sie war kalkig und enthielt kleine spitze Stücke." Den Gästen wurde Brot serviert, das mit aus der Wand extrahierten Mineralstoffen angereichert war.

FROSCHGEBURT

Im Jahr 2004 soll eine Iranerin eine graue, froschähnliche Kreatur geboren haben. Offensichtlich entwickelte sich das Geschöpf aus einer Larve, die die Frau versehentlich verschluckt hatte, als sie in einem schmutzigen Pool schwamm. Ein Arzt erklärte, dass besonders die Form der Finger und die Größe und Form der Zunge Ähnlichkeiten mit einem Frosch aufwiesen.

ZEIGT HER EURE KRALLEN

Louise Hollis aus dem kalifornischen Compton ließ ihre Zehennägel auf eine Länge von 15 cm wachsen. Sie muss zehenfreie Schuhe mit einer Absatzhöhe von mindestens 7,60 cm tragen, damit ihre Nägel nicht über den Boden schleifen, und braucht zweieinhalb Flaschen Nagellack, um die Nägel an ihren Füßen und Händen lackieren zu können.

JESUS IN DER PFANNE

Als Juan Pastrano aus dem texanischen Prairie Lea im Jahr 2005 nach dem Abwasch seine Bratpfanne aufhängte, fiel ihm auf, dass die Reste der abblätternden Pfannenbeschichtung ein frappierendes Bildnis ergaben: Ihm blickte Jesus' dornengekröntes Gesicht entgegen. Er versiegelte die Pfanne auf der Stelle in einer Plastiktüte, um das Bild vor neugierigen Besuchern zu schützen.

IN ZÄRTLICHER ERINNERUNG
Der schwedische Künstler und Bildhauer Lars Widenfalk hat eine Violine der etwas anderen Art gebaut. Er fertigte das Musikinstrument aus dem Grabstein seines verstorbenen Großvaters Gustav an. Griffbrett, Zapfen, Saitenhalter und Kinn bestehen aus Ebenholz, und der Innenkörper ist mit Echtgold ausgelegt, sodass das Instrument den schönsten Ton erzeugt. Das Instrument ist geschätzte 1,15 Millionen Euro wert.

FARBEN HÖREN

Der farbenblinde spanische Kunststudent Neil Harbisson trägt ein spezielles Gerät, mit dem er Farben „hören" kann.

Das Gerät trägt den Spitznamen „Eye-Borg" und wurde von Adam Montandon, einem Fachmann für digitale Multimediageräte aus dem englischen Plymouth, erfunden. Es wandelt Lichtwellen in Geräusche um und besteht aus einer Digitalkamera und einem Rucksack, in dem sich ein Computer und ein Headset befinden.

Eine niedrige Tonlage steht für Rot, eine hohe für Lila, und Blau- und Grünschattierungen liegen in der Mitte. Neil, der die Erfindung nur abnimmt, wenn er schläft, kauft jetzt Kleider, deren „Klang er mag". Er findet jetzt auch immer sein Lieblingsgetränk, weil er endlich Apfel- und Orangensaft unterscheiden kann.

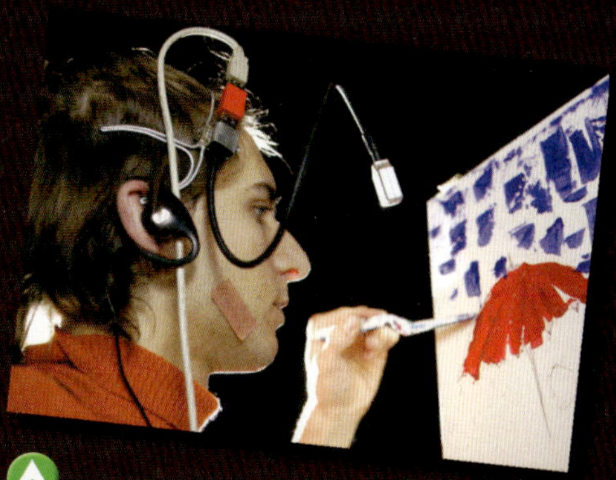

Neil kann jetzt in leuchtenden Farben malen.

Als Neil ein Foto für seinen Pass einreichen musste, ließ er sich mit der Kamera auf dem Kopf ablichten. Das Foto wurde anfangs zurückgewiesen. „Also habe ich beim Einwohnermeldeamt einen Brief eingereicht, in dem ich erklärt habe, dass ich ein Cyborg bin. Und als solcher wurde ich schließlich akzeptiert."

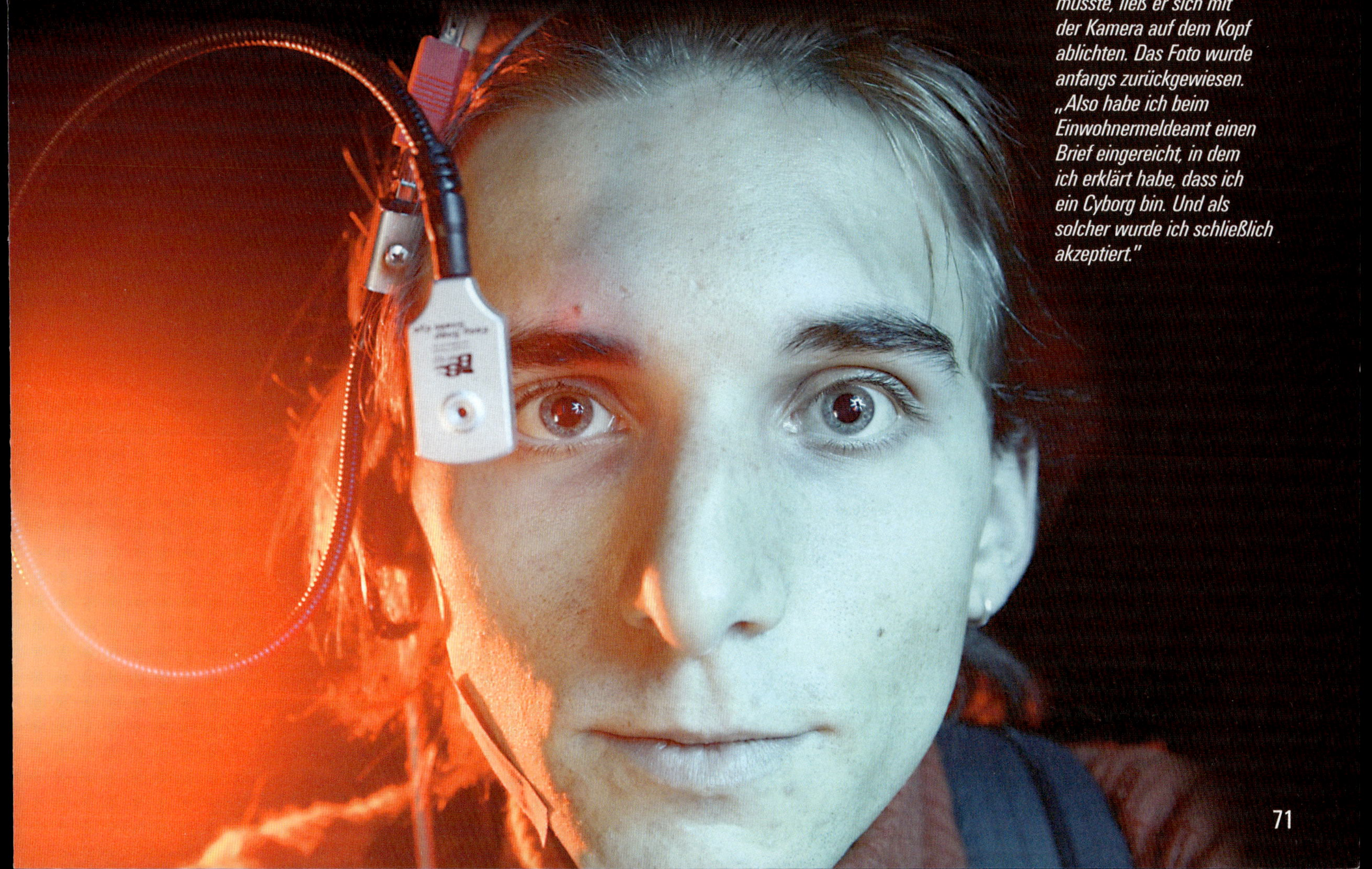

DER SCHLANGENMANN
Über 50 Jahre lang hat sich Bill Haast selbst tödliches Schlangengift injiziert. Sein Organismus hat dabei so kräftige Antikörper entwickelt, dass sein Blut als Gegengift verwendet wurde. Haast, der ein Schlangenhaus in Florida leitet, spritzte sich seit 1948 winzige Mengen Klapperschlangengift und vergrößerte schrittweise die Dosis, bis er sich im Alter von 90 Jahren einmal die Woche das Gift von 32 verschiedenen Schlangenarten injizierte. Er wurde schon über 180 Mal von Schlangen gebissen, deren Gift einen normalen Menschen innerhalb kürzester Zeit umbringen würde.

DOPPELHERZ
Goga Diasamidze aus dem georgischen Tbilisi wurde mit zwei Herzen geboren. 2004 entdeckten die Ärzte das einwandfrei funktionierende zweite Organ in der Nähe des Magens des damals Einjährigen.

OMELETTE-ÜBERRASCHUNG
Als Ursula Beckley, Long Island, New York, 1989 ein Ei aufschlug, um ein Omelette zuzubereiten, erschrak sie furchtbar. Ihr kroch eine 15 cm lange schwarze Schlange entgegen. Sie verklagte ihren Supermarkt auf 3,60 Millionen Dollar (2,50 Millionen Euro) mit der Begründung, dass sie traumatisiert sei und seit dem Vorfall panische Angst vor Eiern habe.

HUNDEARBEIT
Steve Relles aus New York State verdient sich seinen Lebensunterhalt damit, Hundehaufen aufzusammeln! Unter dem Firmennamen Delmar Dog Butler verdient er pro Woche und Kunde $ 10 (€ 6,80) damit, die Gärten von Hundebesitzern sauber zu halten.

BIZARRES MENÜ
Im Balaw-Balaw-Restaurant im philippinischen Angono bekommt man mehr als nur seltsame Gerichte auf den Teller. Auf der Speisekarte stehen Warane, Ochsenhoden, Riesenaal, Schlangeneier und Riesenpython.

LETZTER RITT

Gordon Fitch hat seine Leidenschaft für Motorräder zum Beruf gemacht, als er seine Blackhawk-Leichenwagen-Firma gründete. Denn nun gibt es auch für eingefleischte Biker eine angemessene und würdige Art, ihren letzten Weg anzutreten: Fitch zieht die Särge an einer Harley Davidson zum Friedhof.

GEKÖPFT

Marcos Parra ist ein echter Glückspilz. Im Jahr 2002 überlebte er einen grauenhaften Autounfall, bei dem sein Kopf fast vollständig von seinem Körper abgetrennt wurde. Sein Schädel wurde vom Halswirbel abgerissen - nur Haut und Knochenmark verbanden sie noch miteinander. Aber die Chirurgen in Phoenix, Arizona, schafften es, seinen Kopf wieder anzunähen. Die Knochen wurden durch zwei Schrauben fixiert, und Parra konnte weiterleben.

WUNDERHERZ

Nikolai Mikhalnichuk ist gesund und am Leben, auch wenn sein Herz vor mehreren Jahren zu schlagen aufhörte. Als seine Frau ihm mitteilte, dass sie ihn verlassen würde, bekam er einen Herzinfarkt, aber die Ärzte aus dem russischen Saratov fanden heraus, dass seine Blutgefäße noch immer Blut durch seinen Körper pumpen.

BUSCHIGE BRAUEN

Frank Ames aus Saranac im US-Staat New York hat Augenbrauen, die unglaubliche 7,80 cm lang sind. Ames sagte dazu: „Ich weiß nicht, weswegen sie so stark wachsen, aber das war schon immer so."

SCHARFE ANGELEGENHEIT

An der State University von New Mexico wurde eine spezielle Halloween-Chili gezüchtet, eine Ziersorte, deren Farbe sich von Schwarz zu Orange wandelt. Paul Bosland, der Leiter des universitären Chili-Zuchtprogramms, warnt eindringlich, dass die Chilis zu scharf zum Essen sind.

SCHILDKRÖTENALARM!

Im Jahr 2005 versuchte ein Chinese, seine Schildkröte in ein Flugzeug zu schmuggeln, indem er vorgab, einen Buckel zu haben. Der ältere Herr hatte sich das 20 cm große Tier auf den Rücken geschnallt, bevor er ein Flugzeug nach Tschungking besteigen wollte. Erst nach der Sicherheitskontrolle wurde er von einem misstrauischen Wachmann aufgehalten.

SCHNEEBALLFLAGGE

Vasili Mochanou aus Ottawa in Ontario erschuf 1998 eine Replik der kanadischen Flagge aus 27.000 Schneebällen!

SCHNECKENWANDERUNG

Die chilenische Künstlerin Paola Podesta erregte im Januar 2005 Aufsehen, als sie Werbung für ihre neue Ausstellung machte, indem sie in Santiago 2.000 Plastikschnecken auf den Weg zwischen der Codar Galerie, in der ihre Ausstellung zu sehen war, und der Santo-Expedito-Kirche klebte.

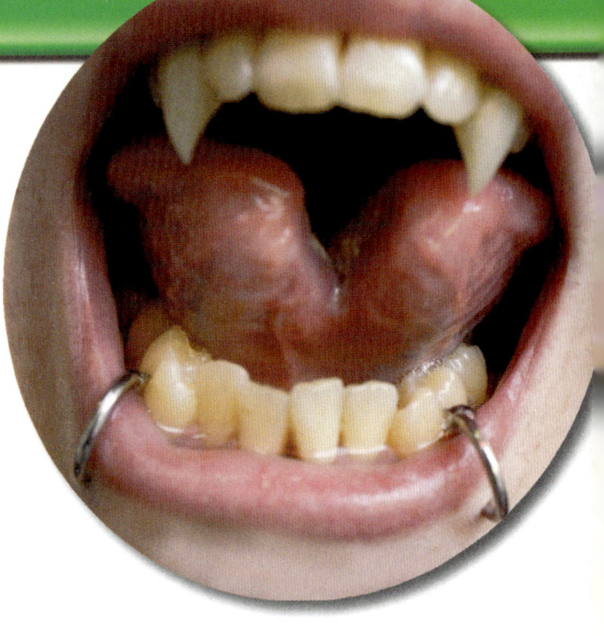

▲ MIT GESPALTENER ZUNGE

Der 25-jährige Ian, dessen Körper mit Piercings und Tätowierungen übersät ist und der seinen Nachnamen lieber nicht nennen will, ließ sich im März 2003 seine Zunge spalten, die jetzt wie die einer Schlange aussieht. Er ließ sich außerdem Fangzahnkronen über die Eckzähne ziehen.

FISCHGRÄTEN

Die chinesische Künstlerin Liu Huirong macht berühmte Kunstwerke aus Fischknochen nach. Für die Kopie des 300 Jahre alten Meisterwerks „Rückkehr des Frühlings" von Yuan Jiang brauchte sie zwei Jahre und mehr als 100.000 Fischgräten. Sie stellt schon seit mehr als 20 Jahren Fischgrätenkunstwerke her und sammelt ihr Arbeitsmaterial jeden Tag aus Mülltonnen. Danach werden die Gräten entfettet, mariniert und chemisch behandelt, bevor Liu sie auf der Leinwand befestigt.

KNOCHENSKULPTUR

2001 erschuf die Künstlerin Sarah Perry ihr Meisterwerk „Beast of Burden", eine 2,70 m hohe Rakete, die komplett aus Pferde- und Rinderknochen besteht. Außerdem hat sie weitere Skulpturen aus Hunderten feiner Nagetierknochen hergestellt, die sie mühsam aus Eulengewöll entfernt hat. Des Weiteren fertigt sie Kunstwerke aus Müll aus der Nevada-Wüste an und hat einen 318 kg schweren Gorilla aus Gummi-LKW-Reifen hergestellt.

ROHE MANIEREN

Gabriele Rivera schockierte die Besucher einer Galerie im chilenischen Santiago, als sie 2005 ein Video von sich zeigte, in dem ihr Gesicht mit rohem Fleisch bedeckt war. Ihrer Aussage nach wollte sie verdeutlichen, wie sich die meisten Menschen fühlen, wenn sie morgens in den Spiegel blicken.

◄ AKROBALLETT

Im chinesischen Shanghai wurde das erste akrobatische Ballett der Welt aufgeführt - eine Kombination aus westlichem Tanz und traditioneller chinesischer Akrobatik. In dieser Szene aus Schwanensee balanciert eine Ballerina auf den Spitzen auf dem Kopf eines Tänzers.

BEGEISTERTE VERSICHERUNG

Im Jahr 2001 bot eine Versicherungsgesellschaft aus Großbritannien eine „Spukversicherung" an, die gegen Tod, Verletzungen und Sachbeschädigung schützen sollte, die durch Poltergeister oder andere Gespenster verursacht wurden.

HAARIGER EINSATZ

Die indische Polizei versuchte, ihr öffentliches Ansehen zu verbessern, indem sie die Polizisten dafür bezahlte, wenn sie sich einen Bart wachsen ließen. 2004 versprachen die Vorgesetzten in Madhya Pradesh eine monatliche Bartzulage von 30 Rupien (etwa 35 Cent), nachdem Untersuchungen ergeben hatten, dass Beamte mit Bärten ernster genommen wurden. In Indien gelten Bärte als Zeichen für Autorität.

NACHGEFRAGT
TOTAL VERDREHT

Der 26-jährige Schlangenmensch Daniel Browning Smith aus Los Angeles, bekannt unter dem Spitznamen „The Rubberboy" (deutsch: „Der Gummijunge") ist so biegsam, dass er seinen Körper in einer Kiste von der Größe einer Mikrowelle verstauen kann.

WANN HABEN SIE IHRE BIEGSAMKEIT ERSTMALS BEMERKT? „Ich war vier, sprang von meinem Stockbett und landete in einem perfekten Spagat. Ich habe meinem Vater gezeigt, was ich kann, und er ist in die Bücherei gegangen und hat mir Bilder von Schlangenmenschen mitgebracht. Ich habe versucht, ihre Verrenkungen nachzumachen, und es ist mir gelungen. Bei Versteckspielen konnte ich mich immer in der Sockenschublade verstecken!"

WIE WURDE DARAUS EIN FESTER BERUF?
„Als ich 18 war, kam ein Zirkus durch das Dorf in Mississippi, in dem ich wohnte. Ich sagte meiner Familie, dass ich mitziehen würde und in drei Wochen zurückkäme. Das ist jetzt acht Jahre her."

WO GENAU LIEGEN IHRE FÄHIGKEITEN?
„Ich glaube, ich bin der biegsamste Mensch, den es gibt. Die meisten Schlangenmenschen können sich nur in eine Richtung verbiegen, aber ich kann mich so weit nach hinten beugen, dass mein Kopf gegen meinen Po stößt, und so weit nach vorne, dass ich meinen eigenen Hintern küssen könnte. Ich kann auch alle meine Gliedmaßen ausrenken und meinen Oberkörper um 180° drehen."

WAS IST IHR LIEBLINGSKUNSTSTÜCK?
„Der De-Escape - das genaue Gegenteil von Houdinis Nummer mit der Zwangsjacke. Ich muss meine Arme ausrenken und in eine geschlossene Zwangsjacke zwängen, mich dann selbst mit einer Kette fesseln und in einer Kiste verschwinden."

WAS KÖNNEN SIE SONST NOCH FÜR KUNSTSTÜCKE?
„Ich kann meinen Brustkorb nach oben und meine Eingeweide nach unten schieben, sodass man mein Herz durch meine Haut hindurch schlagen sieht. Ich bin fähig, mich in eine Kiste in der Größe von einer Mikrowelle zu quetschen. Mit den Schienbeinen fange ich an, weil die nicht biegsam sind. Schließlich füllen Rumpf, Arme und Kopf die Lücken. Aber ich muss dabei meine Atmung verlangsamen, weil Arme und Beine auf meine Lungen drücken."

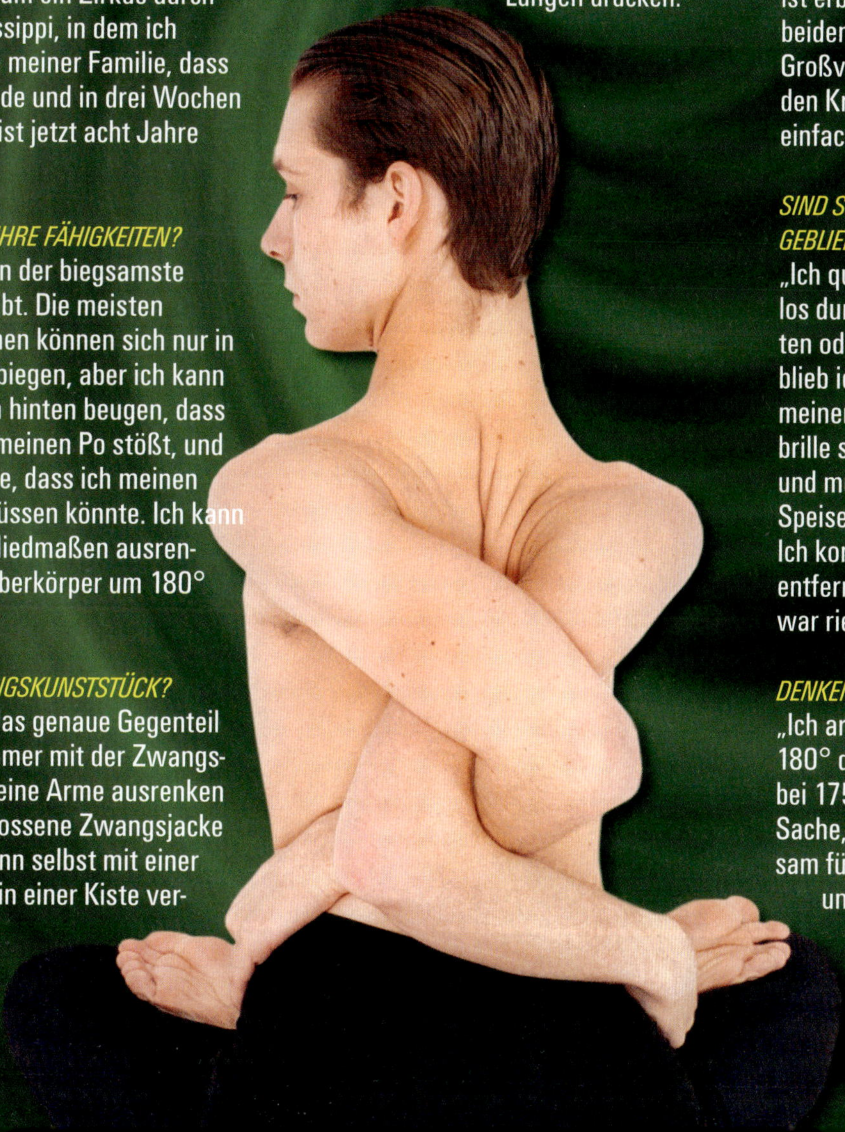

TUT DAS WEH?
„Ich verbiege mich nur so lange, bis es schmerzt, dann halte ich inne, bis es nicht mehr wehtut, und dehne mich noch ein bisschen weiter. Das Bindegewebe zwischen meinen Knochen ist anders als bei anderen Menschen. Das Phänomen ist erblich, und ich habe die Gene von beiden Seiten meiner Familie. Mein Großvater war beim Militär. Wenn er in den Krieg ziehen sollte, renkte er sich einfach die Hüfte aus."

SIND SIE JEMALS IRGENDWO STECKEN GEBLIEBEN?
„Ich quetsche mich eigentlich problemlos durch einen Tennisschläger ohne Saiten oder eine Toilettenbrille, aber einmal blieb ich mit meinem Oberkörper und meinem Oberschenkel in einer Toilettenbrille stecken. Ich war alleine zu Hause und musste in die Küche kriechen und Speiseöl über meinen Körper schütten. Ich konnte die Toilettenbrille schließlich entfernen, aber das Chaos in der Küche war riesig!"

DENKEN SIE SICH AUCH NEUE TRICKS AUS?
„Ich arbeite daran, meinen Kopf um 180° drehen zu können. Ich bin schon bei 175°. Das ist wirklich die einzige Sache, bei der ich mich ein bisschen seltsam fühle - es ist schon komisch, nach unten zu sehen und auf den eigenen Hintern zu gucken!"

SCHAUKELWAHN
Der 33-jährige Suresh Joachim aus Mississauga, Ontario, verbrachte im August 2005 drei Tage, drei Stunden, drei Minuten und drei Sekunden damit, in einem Schaukelstuhl zu schaukeln - ohne eine einzige Pause! Während seines Wettstreits, den er im Hilton Garden Inn in Toronto, Ontario, ausführte, aß er nur trockene Brötchen, etwas Nudelsuppe, drei hart gekochte Eier und eineinhalb Kartoffeln. Er trank auch Wasser und Energy-Drinks, aber nur so wenig, dass er nicht auf die Toilette musste. Abgesehen davon bestand sein Hauptproblem darin, durch die ständige Schaukelei nicht schläfrig zu werden.

BLUTFLECKEN
Die mexikanische Künstlerin Teresa Margolles trat bei einer Ausstellung im französischen Metz im Jahr 2005 in Kleidung auf, die mit Menschenblut befleckt war. Sie hatte vorher zehn Jahre lang in einem Leichenschauhaus gearbeitet und stellte Kleider aus, die die Leichen am Körper getragen hatten.

HAAR-COUTURE
Nina Sparre aus dem schwedischen Vamhuf praktiziert das sogenannte „Haarkulla", bei dem Kunst und Kleidung aus menschlichem Haar angefertigt werden.

LANGBART
Wenn Paul Miller aus dem kalifornischen Alta Loma die Straßen entlanggeht, drehen sich alle nach ihm um, denn sein Bart ist drei Meter lang! Die Bartpflege kostet ihn eine Stunde am Tag.

LEBENDE PLAKATWAND
Im Juli 2005 waren auf einer 3D-Plakatwand an der Seitenwand eines New Yorker Gebäudes zwei Tage lang vierzig Menschen zu sehen. Sie warben live für den neuen Duft von Calvin Klein. Die Models mussten 48 Stunden lang so tun, als ob sie eine riesige Party feierten.

AUTOLACK MAL ANDERS
Yvonne Millner ist nicht zu übersehen, wenn sie durch die Straßen von Hopkins, South Carolina, fährt. Ihr Auto ist von oben bis unten mit Nagellack verziert. Alles begann mit einem Smiley, aber mittlerweile ist der Wagen mit Schriftzügen und Bildern übersät, zum Beispiel einer Palme und den Worten „Hang Loose" (deutsch: „Bleib locker"). Sie arbeitet drei bis vier Stunden am Tag an ihrem Auto und hat schon über 100 Flaschen Nagellack verbraucht.

KAUKÖNIG
Der Australier „Bushtucker Freddy" beim Verspeisen einer Heuschrecke bei der Käfer-Ess-Weltmeisterschaft 2005. Er gewann den Wettstreit, bei dem die Teilnehmer aus aller Welt verschiedene Kriechtiere essen mussten, darunter Grillen, Mehlwürmer, Hornissen und Heuschrecken.

AFFENVERSTECK

Als der Kalifornier Robert Cusack 2002 am Flughafen von Los Angeles gefragt wurde, ob er etwas zu verzollen habe, ahnte niemand, was man unter seiner Kleidung finden würde. In seiner Hose fand man zwei Bonobo-Äffchen, und in seinem Handkoffer steckte ein Paradiesvogel. Für den Schmuggel der Affen, insgesamt vier Vögeln und 50 seltenen Orchideen aus Thailand wurde Cusack zu 57 Tagen Haft verurteilt.

ORIGINELLE KOSTÜME

Der erste Preis des Jugendwettbewerbs bei einer Parade am 4.7.2005 in Haines, Oregon, ging an drei Kinder, die sich als Mistkäfer verkleidet hatten. Sie steckten in mit Mülltüten verhüllten Röhren und schoben große Gummibälle vor sich her, die mit Sand, Dreck und Heu bedeckt waren.

BEIDHÄNDIGER ZWEISPRACHLER

Amanullah, ein 53-jähriger Inder, lernte 2004, mit beiden Händen gleichzeitig zu schreiben. Das wirklich Erstaunliche aber ist, dass er mit der einen Hand auf Englisch und mit der anderen auf Tamil schreibt.

ZUGKRAFT

Der „Große Nippulini" zieht an seinen Brustwarzenpiercings ein Auto hinter sich her und trägt Gewichte von bis zu 25 kg!

HEILIGE DUSCHE

Jeffrey Rigo aus Pittsburgh, Pennsylvania, verkaufte im Jahr 2005 einen Wasserfleck an seiner Badezimmerwand für $ 2.000 (€ 1.350), weil er fand, dass er Ähnlichkeit mit Jesus Christus hatte. Der „Duschjesus" wurde bald bekannt, und Rigo konnte sich kaum mehr retten vor ungebetenen Gästen, die in seinem Badezimmer beten wollten.

NOTDÜRFTIGE REPARATUR

Jonas Scott aus Salt Lake City in Utah hatte keine Speiseröhre mehr, nachdem industrielle Reinigungsflüssigkeiten ihm bei seiner Arbeit 1988 seine Innereien weggefressen hatten. Da auch sein Magen betroffen war, musste er intravenös ernährt werden. Drei Jahre lang nahm er keine feste Nahrung zu sich, bis Chirurgen den übrig gebliebenen 2,10 m langen Dünndarm direkt mit seinem Schlund verbanden, sodass er wieder fast normal essen konnte.

FEUERSPEKTAKEL

Im September 2004 fand im englischen Stonehenge eine wirklich atemberaubende Show statt: Insgesamt 70 Feuerspucker erschufen gemeinsam Landschaften aus lodernden Flammen.

Sechs Briten und ein Australier halten ein Dinner auf einem Berg in Tibet. Sie hatten das Fünf-Gänge-Menü in 6.705 m Höhe zubereitet und kleideten sich für den besonderen Anlass angemessen mit weißen Westen und schwarzen Zylindern. Tisch, Stühle, Silberbesteck, Blumen-Tischschmuck, Kerzenständer, Wein und Nahrungsmittel hatten sie selbst auf den Berg getragen.

Einfach unglaublich!

KÖNIG DER KARTENHÄUSER

In den letzten 14 Jahren hat Bryan Berg einige der berühmtesten Gebäude der Welt aus Spielkarten nachgebaut. Bei der Canada National Exhibition in Toronto verblüffte der mittlerweile berühmte Berg sein Publikum mit detailgetreuen Nachbildungen des Taj Mahal, des Kolosseums und der Pyramiden.

Bergs Kartenhäuser stehen auf sorgfältig angefertigten Gitterfundamenten. Seine Konstruktionen werden durch das Gewicht der Karten stabilisiert.

Der 31-Jährige stammt aus Spirit Lake in Iowa und lernte das Kartenhausbauen schon im Alter von acht Jahren von seinem Großvater. Mit 17 baute er Kartentürme von über 4,30 m Höhe, und 1999 errichtete er einen 133-stöckigen Turm aus 2.000 vollständigen Blättern, der 7,60 m hoch war. Er benötigte damals ein Baugerüst, um bis an die Spitze seines Meisterwerkes zu gelangen. Im Februar 2005 arbeitete Berg zugunsten der Tsunami-Hilfe für Asien zehn Tage lang 18 Stunden am Tag, um die Skyline von New York City nachzubauen. Für die Replik benötigte er 178.000 Spielkarten, von denen jede eines der Opfer der Katastrophe verkörperte, und baute das Empire State Building, das Chrysler Building und das Yankee-Stadion mit atemberaubender Genauigkeit nach.

Berg legt letzte Hand an eine gotische Kathedrale an.

Im Vordergrund ist das Taj Mahal zu sehen, im Hintergrund arbeitet Berg am Kolosseum. Der Kartenkönig verwendet für seine Bauwerke niemals Klebstoff oder andere Fixiermittel. „Es ist keine Schummelei dabei", sagte er. „Es kommt nur auf das richtige Gleichgewicht an."

Am Abschlussabend seiner Ausstellung in Kanada demonstrierte Berg eine erfrischende Lockerheit gegenüber seinen eigenen Kunstwerken. Er zerstörte seine geduldig erschaffenen Repliken mit einem luftbetriebenen Laubstaubsauger selbst.

LUFTGITARRE

Beim Guilfest-Musikfestival im englischen Guildford versammelten sich im Jahr 2005 unglaubliche 4.083 Menschen, um gemeinsam Luftgitarre zu spielen. Unter der fachkundigen Anleitung von Luftgitarren-Spezialisten tobten sich die Möchtegern-Rocker zu "Sweet Child of Mine" von den Guns 'n' Roses aus.

EIERJAGD

Bei der alljährlichen Ostereijagd in Rockford, Illinois, fanden am 26.3.2005 ganze 1.500 Kinder in nur 15 Minuten 292.686 Eier. Mit von der Partie waren 200 Freiwillige, die 1.000 Stunden lang Plastikeier stopften und 156 Strohballen zu Nestern formten.

EIEIEI

Brian Spott aus Colorado brachte im Jahr 2005 auf dem Boden des Australian Centre for Contemporary Art in Melbourne 439 Eier zum Stehen. Er sagte, dass das Geheimnis darin läge, den Schwerpunkt der Eier zu finden, und fügte hinzu: „Man braucht eine ruhige Hand und sehr, sehr viel Geduld."

MODERNER HOUDINI

Der kanadische Entfesselungskünstler Dean Gunnarson ist darauf spezialisiert, sich aus Handschellen und verschlossenen Särgen zu befreien. Einer seiner Lieblingstricks ist „Die Schrottpresse", die er 1990 im kalifornischen Los Angeles aufführte. Nachdem man ihm Handschellen angelegt hatte, wurde er vom Chef der Polizei von South Pasadena in einem 1970er Cadillac festgekettet. Sein Hals wurde an das Lenkrad gebunden, seine Beine am Bremspedal fixiert und seine Arme an die Türen geschnallt. Anschließend wurde der Cadillac langsam auf eine Schrottpresse gehoben, aber schon zwei Minuten und sieben Sekunden später sprang Gunnarson aus seinem Gefängnis heraus - nur wenige Sekunden, bevor das Fahrzeug von der erbarmungslosen Presse zermalmt wurde.

PAPIERSEGLER

Ken Blackburn aus Kanada ist kein normaler Pilot, denn er interessiert sich ausschließlich für Papierflugzeuge. Seit er zehn ist, perfektioniert er die Kunst des Papierfliegerbastelns und stellte 1983 mit einem Papierflugzeug seinen ersten Rekord auf, das 16,89 Sekunden in der Luft blieb. 1998 aber brach er im Atlanta Dome in Georgia seine persönliche Bestleistung mit unschlagbaren 27,60 Sekunden.

HARMONISCHES ORCHESTER

Beim Northwest Folklife Festival in Seattle im Jahr 2005 führte Andie Mackie 1.706 Harmonikaspieler an, die 13 Minuten und 22 Sekunden lang gemeinsam "Twinkle, Twinkle Little Star" spielten.

GUT GESTIMMT

Im Juli 2005 sang Terry Coleman aus Denver, Colorado, 40 Stunden lang ohne Unterbrechung. Sein Ziel waren eigentlich 49 Stunden gewesen, aber nach 40 versagte seine Stimme ihm den Dienst. „Die größte Herausforderung war es, wach zu bleiben", sagte er nachher.

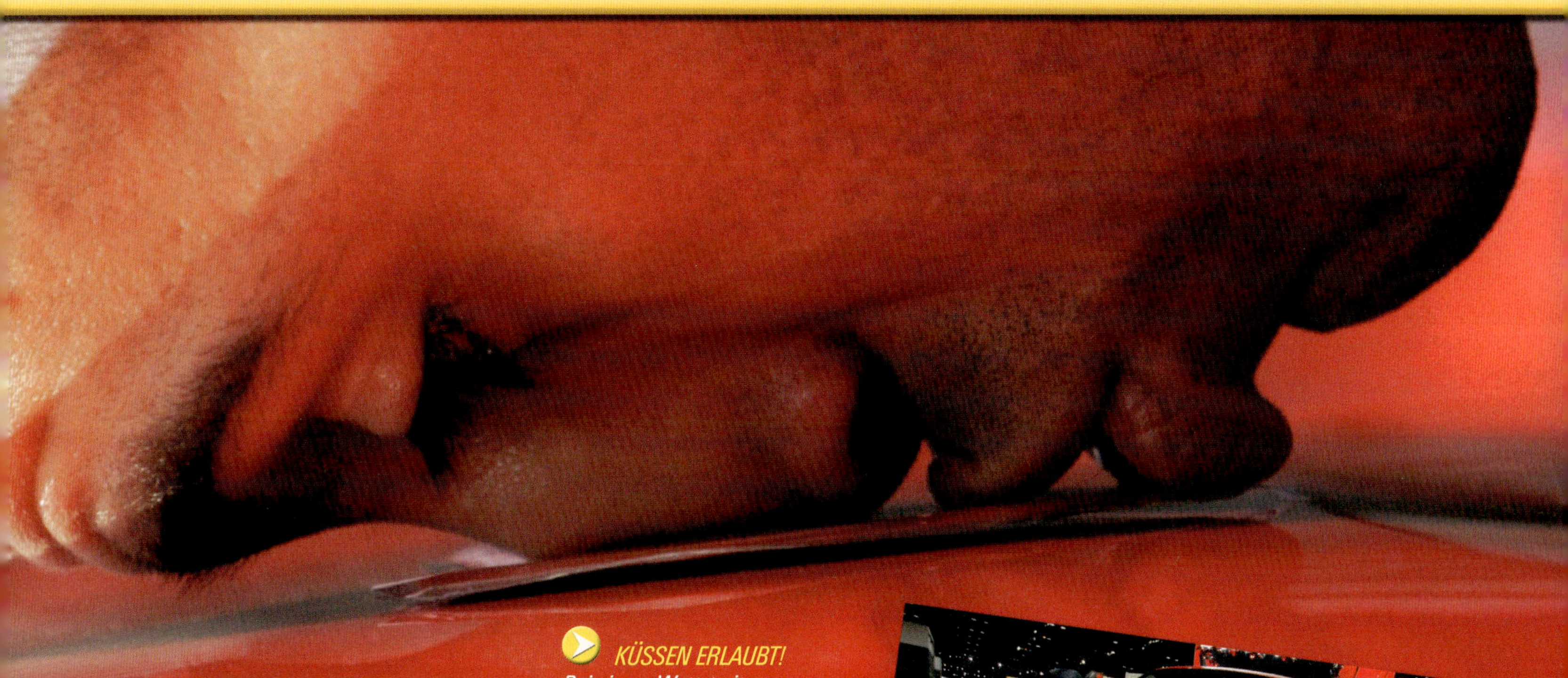

STAR IM ROLLSTUHL

Der Neurowissenschaftler William Tan aus Singapur legte im Juli 2005 innerhalb von nur 24 Stunden 243 km im Rollstuhl zurück, indem er 607 Runden auf einer Sportbahn absolvierte. Zwei Monate zuvor war der bewundernswerte Tan in nur 70 Tagen 6 ½ Marathonstrecken auf sieben verschiedenen Kontinenten gefahren.

KÜSSEN ERLAUBT!
Bei einem Wettstreit am 14.2.2005 küsste Joseph Cervantez aus Gurnee, Illinois, sieben Stunden und 43 Minuten lang ohne Unterbrechung ein neues Auto. Er schlug damit seinen Konkurrenten Juan Hyde und gewann den Wagen im Wert von $ 32.235 (€ 22.000).

HELDENTATEN AUF DEM EINRAD

Zwischen 1976 und 1978 legte Wally Watts aus dem kanadischen Edmonton in verschiedenen Ländern auf der ganzen Welt 19.300 km auf seinem Einrad zurück. Pierre Biondo aus dem kanadischen Montreal umrundete zwischen 1983 und 1984 auf seinem Einrad Nordamerika und legte dabei eine Strecke von ebenfalls 19.300 km zurück.

HULA-HELDIN

Die australische Zirkusartistin Kareena Oates machte im Juni 2005 Geschichte, als sie 100 Hula-Hoop-Reifen für drei Umdrehungen um ihre Hüfte kreisen ließ.

ZÄHNE ZIEHEN
Im Juni 1999 zog der 36-jährige Krishna Gopal Shrivestava in Kalkutta ein 270 Tonnen schweres Schiff 15 m weit an seinen Zähnen hinter sich her.

BOWLINGFEST

An seinem 70. Geburtstag am 29.6.2005 spielte Jean Beal 70 Runden Bowling - eine für jedes Lebensjahr. Er benötigte dafür fast 14 Stunden. Jean, der aus Hickory in North Carolina stammt, verkündete stolz: „Ich wollte nur mal sehen, ob ich das überhaupt noch schaffe!"

DICKER FANG

Im Mai 2005 fing Tim Pruitt aus Alton in Illinois einen Blaubarsch im Mississippi River mit einem rekordverdächtigen Gewicht von 56 kg. Das monströse Tier war 147 cm lang und hatte einen Umfang von 112 cm. Leider verstarb der Fisch, der auf ein Alter von 30 Jahren geschätzt wurde, eine Woche später, als man ihn in ein Aquarium in Kansas City transportieren wollte, in dem er öffentlich ausgestellt werden sollte.

ALLES GUTE!

Unglaubliche 27.413 Geburtstagkerzen brannten am 27.8.2005 in New York City auf einer 14 x 0,90 m großen Geburtstagstorte. 50 Personen brauchten insgesamt 1 ½ Minuten, um sie anzuzünden.

DER RÜCKWÄRTSBOWLER

Jim Cripps reichen seine Bowlingerfolge von über 250 Punkten nicht - für den Extrakick bowlt er rückwärts! Eines Nachmittags alberte er auf der Bahn in Nashville, Tennessee, herum, spielte zum Spaß rückwärts - und landete einen Treffer! Einer seiner Freunde wettete, dass er rückwärts keine 150 Punkte erreichen könne, aber nach sechs Wochen Übung gewann Jim die Wette. Beim Rückwärtsbowlen hat er schon 279 Punkte in einem Spiel mit elf aufeinanderfolgenden Treffern gemacht.

BLIND DATE

Im Juli 2005 veranstaltete die Technische Universität Singapur anlässlich ihres 50. Jahrestages ein Massen-Blind-Date für die 536 Studienanfänger.

MASSIVE EINZAHLUNG

Im Juni 2005 zahlte Edmond Knowles in eine Münzzähler-Maschine in Flomaton, Alabama, 1.308.459 Pennymünzen ein, die einen Betrag von insgesamt $ 13.084,59 (€ 9.000) ergaben. Er hatte 1967 angefangen, Kleingeld zu sammeln. Bevor er seine Sammlung auflöste, lagerte er die Münzen in vier 208-Liter- und drei 76-Liter-Fässern.

HOCKEY-MARATHON

Im Juni 2005 spielte der kanadische Radiomoderator Mike Nabuurs 48 Stunden lang ununterbrochen Air Hockey an einem Tisch in der Vorhalle des McMaster University Medical Centers in Hamilton, Ontario.

FLINKE FINGER

Dean Gould aus dem englischen Felixstowe ist wirklich erstaunlich geschickt. 20 Jahre lang hat der 42-jährige dreifache Vater bei Reaktionsübungen wie Bierdeckelschnipsen, Pfannkuchen- und Münzenwerfen und Einfädeln bewiesen, dass er unglaublich schnelle Finger und geschickte Hände hat.

ZUNGENFERTIG

Feuerwehrmann Al Gliniecki aus Florida machte 1999 nur mithilfe seiner Zunge innerhalb von drei Minuten Knoten in 39 Kirschenstängel. Bei einer anderen Gelegenheit verknotete er unglaubliche 833 Stängel in einer Stunde. Aber Al hatte nicht immer die Möglichkeit, seine Zungenfertigkeit unter Beweis zu stellen: 1982 wurde er bei seiner damaligen Arbeit als Rettungsschwimmer in Pensacola von einem Blitz getroffen, der ihn zwölf Meter weit durch die Luft schleuderte und seine Zahnfüllungen herausriss.

STADION-MARATHON

2005 sahen sich Mike Wenz und Jake Lindhorst innerhalb von 29 Tagen 30 Baseballspiele in 30 verschiedenen Baseballstadien an. Die 22-jährigen Freunde aus Chicago begannen ihren Baseball-Marathon im New Yorker Shea-Stadion am 12.6. und beendeten ihn am 10.7. im Dolphin-Stadion in Miami.

EISKALTER TYP

Der Russe Karim Diab stand eine Stunde lang regungslos im eiskalten Wasser des Moskauflusses. Er hatte zwei Jahre lang trainiert, um seinen Körper auf das Ereignis vorzubereiten. Er erholte sich nachher bei einem heißen Bad, war aber längere Zeit zu verfroren, um zu sprechen.

DER KAUGUMMI-KÜNSTLER

Am 11.3.1965 steckte sich ein 14-jähriger Kanadier einen Streifen Kaugummi in den Mund und faltete das Papierchen zu einem Kettenglied. Abends schrieb er in sein Tagebuch: „Ich habe heute mit 20 Pfefferminz-Kaugummi-Papierchen meine Kaugummipapierchen-Kette angefangen."

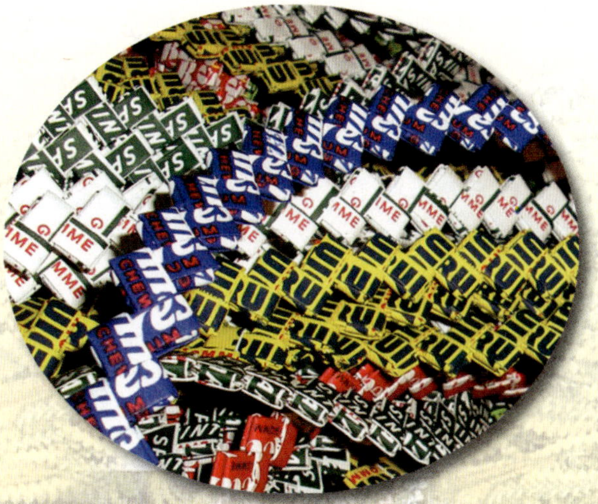

Viele der Papierchen werden von Bewunderern eingeschickt. Duschl gesteht, dass er innerhalb von vier Jahrzehnten gar nicht genug Kaugummi hätte kauen können, um so viele Papierchen zusammenzubekommen.

Vierzig Jahre später besteht Gary Duschls Kette aus mehr als einer Million Papierchen und ist über 14.325 m lang. Um so weit zu reisen, müsste man über neun Minuten lang mit einer Geschwindigkeit von 97 km/h Auto fahren. Was als kleiner Wettkampf um die längste Kette in der Schulklasse begann, endete mit einem 285 kg schweren Monster, das Duschl in seinem Haus in Virginia Beach, Virginia, aufbewahrt. Die Kaugummikosten für seine Kette belaufen sich mittlerweile auf unglaubliche $ 50.000 (€ 34.000).

HIMMLISCHE FEIER
Zur Feier ihres 99. Geburtstags am 17.2.1996 sprang Hildegarde Ferrera über Hawaii mit einem Fallschirm ab. Der Sprung brachte ihr nur einen schmerzenden Nacken ein, aber zwei Wochen später starb sie an einer Lungenentzündung.

KETCHUP-FREAK

Die meisten Menschen brauchen eine ganze Weile, um eine 400-ml-Flasche Ketchup aufzubrauchen. Nicht so Dustin Phillips aus Los Angeles: 1999 trank er 90 % einer Flasche in nur 33 Sekunden durch einen Strohhalm, ohne sich übergeben zu müssen!

MULTIPLER HANDSTAND
Insgesamt 1.072 Personen kamen 2005 in Indianapolis zusammen, um gemeinsam einen Handstand zu machen. Die Teilnehmer reisten für dieses Spektakel sogar aus Kansas, Texas und Oregon an.

RIESENGEMÄLDE
Der australische Künstler Ando hat ein riesiges Gemälde des australischen Busches erschaffen. Es ist 100 mal zwölf Meter groß und auf eine gewölbte Leinwand gemalt. Zu „The Big Picture" (deutsch: „Das große Bild") gehören außerdem 300 Tonnen rote Erde, die den 3-D-Effekt noch verstärken. Nur aus wenigen Blickwinkeln lässt sich nachvollziehen, wo die Erde aufhört und das Bild beginnt.

KLEINER KERL
Der 24-jährige Pakistani Adeel Ahmed, hier in einem Interview zu sehen, ist nur 94 cm groß. Als er geboren wurde, war er ein normales Baby, aber im Alter von fünf Jahren hörte sein Wachstum auf.

RIESENSKIER
Im Februar 2005 machten im Jacques Cartier Park in Ottawa, Ontario, 100 Skier eine 100 m weite Reise auf einem Paar 100 m langer Riesenskier.

SCHACHMATT!
Unglaubliche 12.388 Teilnehmer fanden sich im Juni 2005 zu einem Simultan-Schachmatch in einem öffentlichen Park in Pachuca nahe Mexico City ein. Rund 80% der Teilnehmer waren Kinder.

SCHLEPPENSCHLEPPER
Bei ihrer Hochzeit im Juni 1996 mit Rolf Rotset trug die norwegische Braut Hege Lorence eine 204 m lange Brautschleppe, die von 186 Brautjungfern getragen werden musste.

LECKERE WÜRMER
„Snake" (deutsch: „Die Schlange") Manohoran aus dem indischen Madras aß im Jahr 2004 ganze 200 Regenwürmer in nur 30 Sekunden. Der 23-jährige Hotelier sagte, dass er den Ekel einfach überwunden habe, indem er sich klarmachte, dass auch Würmer nur Fleisch seien. Seinen Spitznamen bekam er, weil er seine Hausschlange durch seine Nase ziehen und zum Mund wieder herausholen kann.

VOM WINDE VERWEHT
Als die Jagdhündin Scooter 2001 auf Prince Edward Island in Kanada einen Kojoten über das Eis jagte, wurde sie von einem heftigen Schneesturm auf das offene Wasser hinausgetragen. Fünf Tage später konnte sie gerettet werden, nachdem sie 70 km weit auf einer Eisscholle durch die Northumberlandstraße getrieben war.

AUSGEPEITSCHT

Der Entertainer Chris Camp aus Illinois zerbrach im April 2005 bei einer Vorstellung eine 1,80 m lange Peitsche innerhalb einer Minute insgesamt 222-mal.

WUNDERKIND

Michael Kearney schlief nicht so gerne wie andere Babys. Stattdessen lernte er lieber zu sprechen. Im Alter von nur fünf Monaten redete er in Vierwortsätzen und mit nur sechs Monaten teilte er seinem Kinderarzt mit: „Ich habe eine Infektion im linken Ohr." Mit sechs Jahren besuchte er das Santa Rosa Junior College und graduierte zwei Jahre später in Geologie. 1994, als er zehn Jahre alt war, machte er an der University of South Alabama seinen Bachelor in Anthropologie und schob mit 14 einen Master in Chemie nach. Mit zarten 17 Jahren unterrichtete er bereits an einem College.

HÖHENFLUG

Im August 1982 gelang es einem Team vom Edmonds Community College in Washington State, am nahe gelegenen Long Beach einen Drachen 180 Stunden und 17 Minuten lang, also 7 ½ Tage, in der Luft zu halten.

EIN DICKER BISSEN
Dieser appetitanregende Burger, der am 1.6.2004 in Denny's Beer Barrel Pub in Clearfield, Pennsylvania, zubereitet wurde, wog etwa 4,90 kg.

VERDREHTER TYP

Inspiriert durch einen Beitrag in der *Ripley's Believe it or Not!*-Fernsehshow hat ein indischer Teenager die Kunst des mit verdrehten Füßen Gehens perfektioniert. Auch wenn seine Mutter ihn immer wieder warnte, dass er seine Füße dauerhaft schädigen werde, hat Bitu Gandhi aus Rajkot in der Region Gujarat geübt, bis er mit um fast 180° verdrehten Füßen 300 Schritte vorwärts und 300 Schritte rückwärts gehen konnte.

FERNSEHSÜCHTIG

Unglaublich, aber wahr: Chris Dean, 16, und Mike Dudek, 17, aus Michigan, verbrachten im August 2004 ganze 52 Stunden ununterbrochen und ohne zu schlafen vor dem Fernseher.

GALERIE
Aus den Archiven

SEILTÄNZER
Der Kanadier Clifford Calverley aus Toronto überquerte 1892 auf einem Stahlseil die Niagarafälle in nur sechs Minuten und 32 Sekunden.

STARK AUF DER BRUST
1938 hob der mehrfach tätowierte Gewichtheber Rasmus Nielsen aus Kalifornien 52 kg mit seiner Brustwarze an.

MONSTERSTUHL
Dieser 1934 von W. E. Houston in Orlando, Florida, errichtete Stuhl war acht Meter hoch, 3,70 m breit und 2,50 m tief. Er wog stolze 635 kg.

AUGEN AUF!
Wollten Sie schon mal ein Bier trinken, aber Sie konnten den Öffner nicht finden? Bob Oldham aus South Carolina kannte solche Probleme nicht: Er konnte Kronkorken mit seinen Augen entfernen!

MISSISSIPPI-MARATHON
Der Langstreckenschwimmer Fred Newton aus Clinton, Oklahoma, schwamm 1931 den Mississippi unglaubliche 3.700 km weit hinunter.

DAUMEN HOCH!
Dieses Foto aus den 1920er Jahren zeigt Robert Jones aus Pine Bluff, Arkansas, wie er „Daumenstände" auf Jonglier-Kegeln übt.

STEPPEN MAL ANDERS
Myra Jeanne aus Buffalo, New York, war eine Spezialistin im Steppen auf ihrem eigenen Kopf.

PIEKSIGE MATRATZE
Dieses Foto von einem Jungen auf einem Nagelbrett wurde 1926 von dem Missionar W. E. Morton im indischen Benares aufgenommen.

EIN BLICK ZURÜCK

Am 14.8.1943 begründete Lee Chisman aus Danville, Kentucky, seinen Ruf als „Der große Beller" - man hörte seine Stimme 13 km weit. Am 11.10.1942 spielte Warren Moore aus Jennings Lodge, Oregon, auf einer Tuba 240 Noten, ohne Luft zu holen. Am 20.5.1952 häkelte die damals 70-jährige Myrtle Bliven fünf winzige Hüte, die nebeneinander auf ein Zehncentstück passten.

SÜSSER TRICK

Jim Hager, ein Angestellter für Zahnversicherungen aus dem kalifornischen Oakland, aß im September 2003 mit Essstäbchen innerhalb von drei Minuten 115 M&M's®.

AUSDAUERTEST

Cathie Llewellyn aus Wintersville, Ohio, gewann 2005 ein neues Auto, nachdem sie 20 Tage lang in dem Fahrzeug gelebt hatte. Der Sieg war ihr sicher, als ihre letzte Widersacherin aufgab, weil sie auf die Toilette musste. Die Teilnehmer hatten während des Wettbewerbs, der in einem Einkaufszentrum stattfand, alle sechs Stunden eine fünfminütige Pause machen dürfen.

SCHNELL-TIPPSE

Barbara Blackburn aus Salem, Ohio, kann 50 Minuten lang 150 Worte in der Minute tippen - das macht insgesamt 37.500 Anschläge! Ihr Rekord liegt bei 212 Worten in der Minute und einer Fehlerhäufigkeit von nur 0,002 auf 100 Worte. Ihr Geheimnis ist eine spezielle Tastatur, bei der die Vokale auf der einen und die Konsonanten auf der anderen Seite liegen.

OHRENKRAFT

Lash Pataraya aus Georgien hob im Oktober 2003 im georgischen Tbilisi ungeheure 52 kg an seinen Ohren in die Höhe! Außerdem zog er an seinen Ohren einen 1,50 Tonnen schweren Minibus 48 m weit hinter sich her.

TEIG-SPEKTAKEL

Im August 2005 wurde in der kleinen italienischen Stadt Mottola eine Riesenfocaccia gebacken. Das traditionelle Fladenbrot war 23,70 x 12,50 m groß und bedeckte eine Fläche von 297 m². Es wurde in einem speziellen Holzkohleofen gebacken, der 450 m² groß war. Die fertige Focaccia wog geschätzte 28.000 kg und wurde von den 40.000 Zuschauern genüsslich verspeist.

NACHGEFRAGT

ÜBER DIE KLINGE GESPRUNGEN

Der Große Throwdini aus Freeport, New York, ist der Weltmeister im Messerwerfen und überschreitet mit seinem todesverachtenden, hochriskanten Programm alle Grenzen.

WANN UND WIE SIND SIE MESSERWERFER GEWORDEN?

„Mein eigentlicher Name ist Rev. Dr. David Adamovich. Ich war 18 Jahre lang Professor für Sportphysiologie. Mit 50 Jahren eröffnete ich einen Billardsalon, und einer meiner Gäste brachte ein kleines Wurfmesser mit. Vor der Tür warf ich es gegen einen Baum und landete einen perfekten Treffer. Neun Monate später wurde ich Zweiter bei der Messerwerfer-Weltmeisterschaft."

WARUM BEZEICHNEN SIE IHRE DARBIETUNG ALS „HOCHRISKANT"?

„Ich bin einer der Weltbesten im Kampfwerfen, und dieses Talent habe ich in eine Bühnenperformance umgewandelt, die ich als hochriskant bezeichne. Der Name stammt aus dem französischen Film *Die Frau auf der Brücke*, in dem ein Messerwerfer ein selbstmordgefährdetes Mädchen dazu überredet, als seine Assistentin zu arbeiten."

WERFEN SIE NUR MESSER AUF IHRE ASSISTENTINNEN?

„Nein, auch Beile, Äxte und Macheten - aber nicht auf, sondern neben sie! Meine Assistentin steht vor einem Brett oder ist auf das Todesrad geschnallt, während ich zwei Messer pro Umdrehung werfe, eines auf jede Körperseite. Ich fange auch Messer aus der Luft und werfe mit der rechten und der linken Hand, mit verbundenen Augen und mit dem Rücken zum Ziel."

WIE SCHNELL KÖNNEN SIE WERFEN?

„Wenn ich nur ein Messer auf einmal werfe, schaffe ich 75 Stück in der Minute. Bei drei Messern auf einmal liegt meine persönliche Bestleistung bei 144 pro Minute."

HABEN SIE EINE BESONDERE TECHNIK?

„Ich zeichne mich auf Video auf und sehe es mir nachher an. Besonders sorgfältig studiere ich dabei meine Hände. Wenn ich blind werfe, orientiere ich mich an Geräuschen. Meine Assistentin stellt mich vor dem Brett ab, und ihre Position kenne ich ganz genau."

HABEN SIE JEMALS SICH SELBST ODER IHRE ASSISTENTIN VERLETZT?

„Einmal musste ich aufhören, weil ich mich selbst mit der Messerspitze erwischt hatte und meine Finger bluteten. Manchmal sind Messer vom Todesrad abgeprallt und haben eines der Mädchen gekratzt, aber aufgespießt habe ich noch niemanden."

IST ES SCHWER, WILLIGE ASSISTENTINNEN ZU FINDEN?

„Sehr! Das Mädchen darf nicht nur wie eine Zielscheibe dastehen! Sie muss mit mir und dem Publikum flirten können, während sie der Gefahr ins Auge blickt."

STAMMEN SIE AUS EINER ARTISTENFAMILIE?

„In meinen Highschooljahren war ich Turner und habe an den Junior Olympics teilgenommen. Eine meiner Töchter ist Chirurgin und auf ihre Weise auch sehr gut mit dem Messer. Und meine Frau Barbara war selber Messerwerferin, hat sich aber zur Ruhe gesetzt - sie will mir also auch nicht assistieren!"

MINIKETTE
In diese Zahnstocher wurden je 28 Kettenglieder geschnitzt. Sie wurden 2005 von Mallikarjun Reddy aus Bangalore, Indien, hergestellt.

Original-größe

KRIEG DER WITZE
1992 versuchte der amerikanische Komiker Mike Heeman, in 24 Stunden so viele Witze wie möglich zu reißen! Am Ende seines Witze-Marathons hatte er nicht weniger als 12.682 Witze erzählt.

HOCH ZU RAD
Im Juni 2004 fuhr der Pfarrer Terry Goertzen aus dem kanadischen Winnipeg 300 m weit auf einem Fahrrad, das wie eine Leiter gebaut und 5,50 m hoch war. Es wurde von einer elf Meter langen Kette angetrieben.

RIESEN-KISSENSCHLACHT
766 Menschen ließen im Jahr 2003 an der Oregon State University bei einer Mammut-Kissenschlacht die Federn fliegen! Das Ereignis wurde von dem Studenten Lige Armstrong als Teil eines Universitätsprojekts organisiert.

MATHEWUNDER
Der 59-jährige Japaner Akira Haraguchi aus Chiba nannte 2005 innerhalb von zwölf Stunden 80.000 Dezimalstellen der Kreiszahl Pi, die das Verhältnis des Umfangs eines Kreises zu seinem Durchmesser darstellt. Er startete am 1.7.05 kurz nach zwölf Uhr mittags und beendete seine Aufzählung bei der 83.431 Stelle hinter dem Komma früh am nächsten Tag. Er schlug damit seine persönliche Bestleistung, die bei 54.000 Dezimalstellen gelegen hatte.

BOMBASTISCHE BALLONS
Die Studenten der Temasek Secondary School in Singapur versuchten im Juli 2005, so viele Ballon-Figuren wie möglich aufzublasen. Insgesamt 1.471 Schüler strapazierten ihre Lungen mit 16.380 Ballons in Formen wie Blumen oder Giraffen.

DAUERBOWLING
Suresh Joachim schrieb im Juni 2005 in Toronto, Ontario, Bowlinggeschichte, als er ohne Unterbrechung 100 Stunden lang ohne Unterbrechung bowlte und dabei 360 Spiele mit unglaublichen 120 Treffern erzielte. Abgesehen davon zerbrach er neun Bowlingkugeln.

SPITZENLEISTUNG

Am 21.5.2004 kletterte der 27-jährige nepalesische Sherpa Pemba Dorjie in nur acht Stunden und zehn Minuten in die obersten Regionen des höchsten Berges der Welt. Der Mount Everest ist 8.851 m hoch, und Pembas Anstieg vom Basiscamp in Höhe von 5.297 m bis zur Spitze kostet einen erfahrenen Bergsteiger normalerweise drei bis vier Tage.

AM FLIESSBAND

Im September 1998 bildeten 1.000 Studenten der Universität von Guelph im kanadischen Ontario ein riesiges lebendes Fließband, über das sie ein Surfboard weiterreichten.

MONSTERBIKE

William „Wild Bill" Gelbke konstruierte in einer Werkstatt in Chicago ein riesiges Motorrad. Er benutzte weder Baupläne noch eine Anleitung. Er brauchte acht lange Jahre, aber als das Gefährt im Jahr 1965 endlich fertig war, erregte es viel Aufsehen. Das monströse Fahrzeug war 5,20 m lang und wog 1.488 kg. Der Rahmen bestand aus Flugzeugrohren, und es fuhr 145 km/h schnell.

DER RASENMÄHERMANN

Anlässlich der Keep-America-Beautiful-Kampagne fuhr Brad Hauter aus Indiana von Küste zu Küste quer durch die USA - auf einem Rasenmäher! Er startete im April 2003 in San Francisco und kam 79 Tage später nach einer über 9.012 km langen Reise in New York an. Der Rasenmäher war eine Sonderanfertigung und fuhr bis zu 40 km/h schnell.

DIE BUDE VOLL

Unglaubliche 15.756 Spieler nahmen an einer einzigen Bingo-Partie bei der Kanadischen Nationalausstellung im August 1983 teil.

MENSCHLICHE RAMPE

Tim Cridlands Kunststücke sind von der Mystik des Fernen Ostens inspiriert. Durch die „Geist-über-Materie"-Philosophie hat er sein Gehirn gelehrt, Schmerzen einfach nicht wahrzunehmen. Er kann Schwerter schlucken und auf Glasscherben tanzen, aber sein Autotrick ist in seinen Augen die größte Leistung: Er legt sich auf ein Nagelbrett mit 13 cm langen Nägeln und lässt anschließend ein eine Tonne schweres Auto über sich fahren. Seine Haut wird dabei nicht einmal angekratzt.

BASKETBALL-MARATHON

In der Turnhalle der Beatrice High School in New England fand zwischen dem 28. und 30.7.2005 ein 52-stündiger Basketball-Marathon statt. „Am Ende des Spiels waren natürlich alle erschöpft", erzählt der Organisator Jim Weeks. Einige Spieler hatten vor allem mit den Morgenstunden Probleme und waren nach 40 Stunden bereit aufzugeben, dennoch kämpften sie weiter. Der Endstand betrug 7.935 zu 6.963 Punkten.

MONSTERBOARD

1996 baute Todd Swank aus dem kalifornischen San Diego für sich und seine Freunde ein drei Meter langes, 1,20 m breites und einen Meter hohes Skateboard. Es wog 227 kg und stand auf den Reifen eines Sportwagens. Swank sagte, er habe ein Skateboard bauen wollen, das niemand so schnell vergisst.

LESERATTEN

Im März 2005 lasen 1.544 Schüler der Pleasant Valley Middle School in Pocono, Pennsylvania, simultan *Oh the Places You'll Go* von Dr. Seuss vor.

AUFGEBLÄHTES VIEH

Der Chuckwalla, eine der größten Eidechsenarten der USA, kriecht bei Gefahr zwischen zwei Steine und bläht sich so lange auf, bis er nicht mehr herausgezogen werden kann. Ein Chuckwalla kann seine Lungen so weit dehnen, dass er seinen Körperumfang um 50% vergrößert.

49-TAGE-FASTEN

Chen Jianmin, ein 50-jähriger Arzt für traditionelle chinesische Medizin, hielt im Jahr 2004 ganze 49 Tage ohne Nahrung durch und trank dabei nur Wasser.

Der Befürworter von Fastendiäten betrat am 20.3.2004 eine 15 m² große Glaskabine, die neun Meter über dem Boden an einem Berghang in der Nähe von Ya'an City aufgehängt wurde. Mehr als 10.000 Zuschauer beobachteten Mr. Chens Haus, das bis auf den Dusch- und den Toilettenbereich volle Einsicht gewährte. Selbst in diesem intimen Bereich musste Chen den Kopf über einen Vorhang halten, damit man sah, dass er nicht aß. Chen betrat die Kabine mit einem Gewicht von 56 kg und war 49 Tage später mindestens 15 kg leichter. Er behauptet, sogar schon 81 Tage ohne Nahrung durchgehalten zu haben.

Chen nimmt einen Anruf entgegen. Laut eigener Aussage hat er in seiner Kabine mehr als 8.000 Telefonate aus China erhalten.

Neun Meter über dem Boden sitzt Chen unter Beobachtung seines Teams in seiner Glaskabine.

Chen gießt sich in seiner Kabine, die unter anderem mit einem Ventilator, einem Tisch, Stühlen und Elektrizität ausgestattet war, einen Becher Wasser ein.

CLEVERE KINDER

★ Der 1982 im englischen Weybridge geborene Anthony McQuone konnte im Alter von nur zwei Jahren Latein sprechen und Shakespeare zitieren.

★ David Farragut, der während des amerikanischen Bürgerkriegs als Marineoffizier diente, erhielt bereits im Alter von zwölf Jahren das Kommando über sein erstes Schiff.

★ Die amerikanische Sängerin Tori Amos spielte bereits mit 2 ½ Jahren Klavier und schrieb ihr erstes Lied, als sie fünf war.

★ Die rumänische Malerin Alexandra Nechita hatte 1993 im Alter von nur acht Jahren ihre erste Einzelausstellung in einer Bibliothek im kalifornischen Los Angeles.

DINGDONG!

Nachdem der kanadische Chorleiter Joe Defries 28 Stunden am Stück Handglocken gespielt hatte, klingelte es in seinen Ohren nach! Joe aus Abbotsford in British Columbia spielt schon seit 25 Jahren Handglocken und führte im Juli 2005 insgesamt 1.300 Melodien vor. Auch wenn er vorher noch nie länger als acht Stunden am Stück gespielt hatte, stand Joe seinen Marathon durch und schaffte es sogar noch, in den 30-sekündigen Pausen, die er nach jeder Melodie machen durfte, Witze zu reißen.

AUF DIE KNIE!

Die Studenten Leo Chau und Sean Duffy aus Colorado Springs krochen im Juni 2005 quälende 51,50 km weit auf Händen und Knien durch Hagelstürme und Blitzgewitter, um Geld für einen guten Zweck zu sammeln. Die 44-stündige Tortur forderte ihren Tribut: Duffy litt unter Halluzinationen und Kinetose, einer Bewegungskrankheit, und Chau erreichte sein Ziel schwer dehydriert.

ROLLEN FÜR DAS GUTE

Im Mai 2005 fertigten die Schüler der Cornell School of Hotel Administration in New York State eine 400 m lange Riesenfrühlingsrolle an, um Geld für die Tsunamihilfe zu sammeln. Ihr Monsterwerk enthielt 3.500 Frühlingsrollen-Teigblätter, 180 kg Fadennudeln, je 113 kg Karotten und Gurken und 36 kg Salat.

TEMPO-JONGLIEREN

Shawn McCue aus Sedalia, Missouri, stieß im Internet zufällig auf eine Homepage für Geschwindigkeits-Jonglieren. In der Highschool dribbelte er einen Fußball 600-mal in der Minute mit seinem Fuß, und so traute er sich zu, an seine alten Erfolge anzuschließen. Im Juli 2005 dribbelte er in Jefferson City den Ball in nur 30 Sekunden fehlerfrei 155-mal, wobei sich der Ball kein einziges Mal weiter als 2,50 cm von seinem Fuß entfernte.

SUPERJUNGE
Der elfjährige Bruce Khlebnikov zog an einem Seil, das an seinen Haaren befestigt ist, am 24.5.2001 im russischen Moskau ein Flugzeug hinter sich her. Er hat außerdem Autos gezogen und den schwersten Bodybuilder Russlands hochgehoben, dicke Bücher in der Mitte zerrissen und mit seinen Fäusten 15 aufeinanderliegende Keramikplatten durchbrochen.

RIESEN-HULA-HOOP
Ashrita Furman lässt am 15.7.2005 im New Yorker Flushing Meadow Park erfolgreich einen Hula-Hoop-Reifen mit einem Durchmesser von 4,46 m um seine Hüften kreisen.

DURCHGESCHÜTTELT
Bei seiner Wahlwerbung in Albuquerque anlässlich der Gouverneurswahlen in New Mexico im September 2002 schüttelte der ehemalige UN-Botschafter der USA Bill Richardson innerhalb von acht Stunden 13.392 Hände. Damit schlug er Präsident Roosevelts Bestleistung von geschätzten 8.513 Händen. Am Ende des anstrengenden Tages kühlte Richardson seine Hand in einem Eimer Eis ab.

HÖCHST DELIKAT!
Drei Abenteurer bestiegen im Juni 2005 einen Heißluftballon, um in formaler Abendkleidung eine Dinnerparty in großer Höhe zu feiern. David Hempleman-Adams, Bear Grylls und Alan Veal stiegen über dem englischen Bath in eine Höhe von 7.395 m auf. Anschließend kletterten Grylls und Veal auf eine zwölf Meter tiefer hängende kleine Plattform herunter, auf der sie an einem hübsch gedeckten Tisch Spargelspitzen, pochierten Lachs und eine Terrine von Sommerfrüchten verspeisten. Die Gerichte wurden in speziellen Thermosverpackungen serviert, damit sie in der großen Höhe warm blieben.

ELVIS LEBT!
Die Erde bebte, als sich im Juli 2005 auf einem Highschool-Footballfeld in Cleveland, Ohio, insgesamt 106 Elvisimitatoren versammelten und drei Minuten lang gemeinsam "Viva Las Vegas" sangen. Die Männer, Frauen und Kinder trugen alle goldene Sonnenbrillen und schwarze Plastikperücken.

BOMBASTISCHER BAGEL
Für die New-York-State-Kirmes im Jahr 2004 stellte die Bäckerei Bruegger einen 394 kg schweren Bagel mit einem Durchmesser von 1,80 m her.

HOCHSPRUNG
Gary Stewart aus Ohio sprang im Mai 1990 innerhalb von 20 Stunden 177.737-mal ohne Unterbrechung auf einer Hüpfstange auf und ab.

SCHOKOLADEN-SZENERIE

Der Konditor Ugo Mignone veredelt im italienischen Neapel im November 2004 bei einem Kuchen-Workshop eine Weihnachtsszenerie, die komplett aus Schokolade besteht. 20 italienische Kuchenbäckermeister arbeiteten gemeinsam an dieser Weihnachtskrippe der ganz besonderen Art, für die 3.000 kg Schokolade verwendet wurden.

An die appetitanregende Schokoladen-Weihnachtskrippe wird letzte Hand angelegt.

MUSEEN Gatlinburg

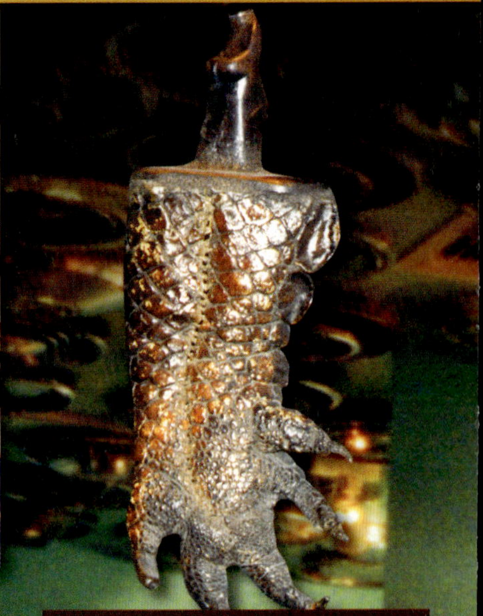

Das erste Museum in Gatlinburg wurde 1970 eröffnet, bei einem Brand im Jahr 1992 zerstört und im darauffolgenden Jahr wiedereröffnet. Es sah aus, als ob es einem schweren Erdbeben zum Opfer gefallen wäre. Unter den Ausstellungsstücken in Gatlinburg befinden sich ein Mastodon-Skelett, Haare von einem Yeti und eine Giraffe aus Kleiderbügeln.

TANZRASSEL
Eine Maori-Krokodilshandrassel aus Neuseeland.

PFEIL IN DER FLASCHE
Diese Holzpfeile wurden ohne Schneiden oder Kleben in die Flasche eingelassen!

FUTURISTISCHER ROBOTER
Dieser von Simon Blades erbaute Roboter besteht ausschließlich aus gebrauchten Autoteilen.

NICHT VERPASSEN!

- Ein Ei des ausgestorbenen Elefantenvogels
- Die längste Kaugummipapier-Kette der Welt
- Ein Elefantenkiefer
- Die Fijimeerjungfrau
- Die Berliner Mauer
- Eine aus Holz geschnitzte Vespa
- Eine ägyptische Mumie
- Die riesige Entenkanone
- Ein Roboter-Soldat aus Autoteilen

DER RIESE
Als Robert Wadlow 1940 im Alter von 22 Jahren verstarb, war er 2,70 m groß, wog 200 kg, hatte Ringgröße 25 und 47 cm lange Füße.

MASTODON-SKELETT
Robert Ripley wacht über das Skelett eines Mastodons, eines prähistorischen Verwandten des Elefanten, das unter einem Golfplatz in Ohio gefunden wurde.

WUNDERKUGEL
Diese 4.770 kg schwere Kugel kann erstaunlicherweise durch eine einzige Berührung mit dem Finger in Bewegung gesetzt werden.

SCHRUMPFKOPF
Der Jivaro-Stamm aus Ecuador behielt die Köpfe seiner Feinde als Kriegstrophäen.

ZWEIKÖPFIGE ZIEGE
Die beiden Köpfe, die je eine Luft- und eine Speiseröhre aufweisen, haben nur eine gemeinsame Lunge.

SCHNEESCHIFF
Diese erstaunliche Skulptur eines alten Kriegsschiffes wurde im chinesischen Jilin im Januar 2005 aus Schnee und Eis geschnitzt. Sie war 25 m lang, sechs Meter breit und 9,10 m hoch.

MARATHON AUF WASSERSKI
Die Kanadier Ralph Hildebrand und Dave Phillips fuhren im Juni 1994 in Rocky Point, British Columbia, 56 Stunden und 35 Minuten lang ohne Pause Wasserski. In der Nacht orientierten sie sich mit Hilfe von Scheinwerfern und Infrarot-Sichtgeräten.

MONOPOLY-MONOPOL
Auf diesem Riesen-Monopoly-Brett wurde im Juni 2005 in Berlin ein gewichtiges Match ausgetragen. Die Spielsteine waren so schwer, dass sie von zwei Personen getragen werden mussten!

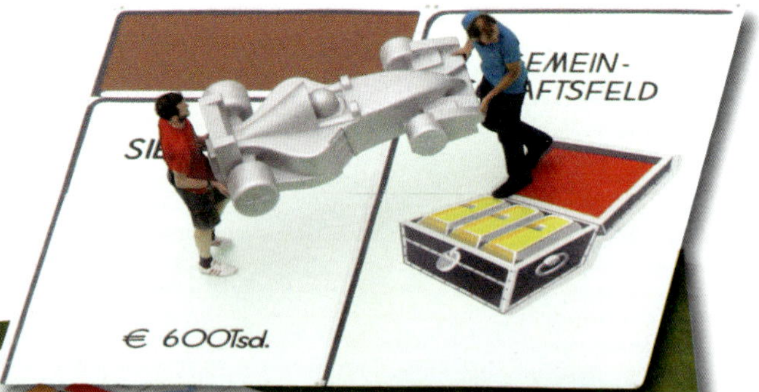

FISCHSCHLUCKER
Im Juli 2005 steckte sich der indische Yogalehrer G. P. Vijaya Kumar in nur einer Stunde 509 kleine Fische in den Mund und zog sie sich dann durch die Nase wieder heraus! Kumar war von dem Amerikaner Kevin Cole inspiriert worden, der sich eine komplette Spaghetti auf einmal aus dem Nasenloch drücken kann. Nachdem Kumar erfolgreiche Versuche mit Erbsen und Maiskörnern absolviert hatte, traute er sich nun auch an lebende Fische heran.

DER GESCHMACK DES SIEGES

Takeru Kobayashi ist das fünfte Jahr in Folge Hotdog-Meister geworden: Er aß 49 Hotdogs in nur zwölf Minuten!

2005 behauptete der 27-jährige Japaner aus Nagano, der nur 1,70 m groß ist und 65 kg wiegt, seinen Platz an der Spitze der Vielesser bei Nathan's Famous Fourth of July Internationalem Hotdog-Wettessen auf Coney Island, New York. Kobayashi schlug die Vizemeisterin Sonya Thomas aus Alexandria, Virginia, um zwölf Hotdogs und holte damit den begehrten senfgelben Siegergürtel heim nach Japan, wohin er in den letzten zehn Jahren bereits 9-mal ging. Kobayashis persönliche Bestleistung liegt bei 53 ½ Hotdogs in zwölf Minuten!

Wenige Momente vor seinem Sieg kann Kobayashi kaum mehr den Mund schließen, als er tapfer seinen 49. Hotdog verschlingt.

DURCHLÖCHERT
Lee Graber aus Tallmadge, Ohio, legte sich im Juni 2000 zehn Sekunden lang zwischen zwei Nagelbretter, die er mit 752,50 kg Gewicht belasten ließ. Das Gewicht wurde von einem Kran in Position gebracht.

BAUMPFLANZER
Ken Chaplin pflanzte am 30.6.2001 an nur einem Tag in der Nähe von Prince Albert, Saskatchewan, insgesamt 15.170 Bäume.

RIESENGITARRE
Im Juni 2000 enthüllten elf Studenten der Academy of Science and Technology im texanischen Woodlands zusammen mit dem Physikdozenten Scott Rippetoe eine voll funktionsfähige Flying-V-Gitarre, die 13,30 m lang und fünf Meter breit war. Sie wog 1.018 kg und hatte 20 cm dicke und 7,60 m lange Saiten.

P(H)ANTOMIME
Der bulgarische Pantomime Alexander Iliev trat im Juli 2001 im Golden Sands Resort in der Nähe der bulgarischen Stadt Varna 24 Stunden am Stück auf. Alle 60 Minuten durfte er eine einminütige Pause machen. Seine Darbietung umfasste mehr als 400 verschiedene Elemente, und er legte auf der Bühne insgesamt 225 km zurück!

SCHNELLFRISEUR
Jai Narain Bhati, ein Friseur aus dem indischen Bhopal, schnitt im Januar 2002 innerhalb von 108 Stunden 1.451 Menschen die Haare. Einmal die Stunde durfte er zehn Minuten Pause machen.

AUF DER MAUER, AUF DER LAUER
Der waghalsige amerikanische Skateboarder Danny Way schrieb Geschichte, als er 2005 ohne Motorisierung über die Chinesische Mauer sprang. Er raste eine für diesen Zweck errichtete 36,50 m lange Rampe hinunter und sprang mit etwa 80 km/h ganze 19 m weit bis zu der auf der anderen Seite der Mauer errichteten Rampe. Der 31-jährige aus dem kalifornischen Encinitas übte seinen Zwei-Sekunden-Sprung acht Monate lang.

TOGA-PARADE
2.166 in Togen gekleidete Menschen flanierten im August 2003 in Cottage Grove, Oregon, die Hauptstraße herab und stellten dabei die Paradeszene aus dem Film *Ich glaub', mich tritt ein Pferd* nach, die 1977 in der Stadt gedreht worden war.

MADENBAD
Im Jahr 2002 saß Christine Martin aus dem englischen Horsham eine Stunde und 30 Minuten lang in einer Badewanne voller Maden.

Terry Cole balanciert 75 Ziegelsteine auf seinem Kopf, die 148,80 kg wiegen. Unter anderem trug er auch einen einzelnen Ziegel auf einem 116 km weiten Marsch und balancierte 16 Ziegel auf seinem Kinn.

HUNDEHÜTER

Andrew Larkey hatte im Mai 2005 den Ehrgeiz, im australischen Sydney 19 Hunde gleichzeitig auszuführen. Anfangs zerrten ihn die Tiere in 19 verschiedene Richtungen, aber er bekam sie schnell in den Griff. An nur einer Hand führte er elf Hunde einen Kilometer weit durch die Stadt.

TODESQUALEN

Im Mai 2005 verbrachte der Entfesslungskünstler Aron Houdini in Louisville, Kentucky, 79 Minuten angekettet und mit gefesselten Händen und Füßen in einem versiegelten Sarg ohne Luftzufuhr. „Anfangs drehte ich beinahe durch", gibt Houdini, der mit seinem Team über ein Radio kommunizieren konnte, zu. „Aber als ich meine Gedanken erstmal unter Kontrolle hatte, tat ich das, was ich fast ein Jahr lang geübt hatte: Ich fuhr meinen Stoffwechsel herunter und konzentrierte mich darauf, im Ruhezustand zu bleiben."

STEINEHÜPFEN

Der Amerikaner Jerdone Coleman-McGhee war jahrelang der Meister auf dem Gebiet des Steinespringens. 1994 ließ er von einer Brücke über den Blanco River in Texas einen Stein 38-mal über das Wasser springen.

WURSTKÜCHE

80 Leipziger Köche brieten im Juni 2005 eine 33 m lange Wurst, für die sie 294 Grillroste aneinanderfügen mussten. Der Versuch wurde aber abgebrochen, als Windböen durch die glühende Kohle fuhren.

TRÄNENTREIBEND

„Das Schlimmste ist das Schlucken", sagt Brian Duffield aus Newent in Großbritannien. „Man muss die Bissen geradezu herunterwürgen." Er aß in nur einer Minute, 32 Sekunden, eine 212 g schwere Zwiebel. Brian ist ein begeisterter Gärtner und züchtet seine Übungsobjekte selbst.

GRUPPENUMARMUNG

Eine gewaltige Gruppenumarmung bewerkstelligten 5.117 Schüler, Mitarbeiter und deren Bekannte an der St. Matthew Catholic High School im April 2004 in Orleans, Ontario.

HOCHSEILAKT
Das Alter war für den amerikanischen Akrobaten, Ballonfahrer und Hochseiltänzer William Ivy Baldwin kein Hindernis. Er ist insgesamt 87-mal über den South Boulder Canyon in Colorado gelaufen - zum ersten Mal mit 14, zum letzten Mal am 31.7.1948, seinem 82. Geburtstag! Das Seil war 97,50 m lang und hing in einer Höhe von atemberaubenden 38 m!

LUFTIGE HOCHZEIT
Wohl niemand auf der Welt ist häufiger mit dem Fallschirm gesprungen als Don Kellner aus Hazleton, Pennsylvania. Er ist schon 36.000-mal in die Luft gegangen. Seine Frau Darlene ist mit 13.000 Sprüngen auch nicht gerade von schlechten Eltern. Da ist es nicht verwunderlich, dass ihre Hochzeit im Jahr 1990 in der Luft stattfand. Die Zeremonie wurde von dem ebenfalls fallschirmbegeisterten Pfarrer Dave Sangley durchgeführt.

ICH MUSS MAL, SCHATZ!
Ein britisches Paar fuhr im April 2005 mit dem Auto durch ganz Europa, ohne ein einziges Mal auszusteigen! Dr. James Shippen und Barbara May aus Bromsgrove reisten 3.200 km weit von John O' Groats an der schottischen Nordküste bis in den tiefsten Süden Italiens, um ihre Erfindung namens Indipod, eine Innentoilette für das Auto, vorzustellen.

FROSCHPARADE
Unglaublich, aber wahr: Bei einem Riesen-Froschhüpf-Wettbewerb im Mai 2004 sprangen 927 Studenten und Mitarbeiter der Taylor University in Indiana übereinander.

HANDFAHRRAD
Der querschnittsgelähmte Andreas Dagelet startete 2005 auf Coochiemudlo Island in Brisbane seine Umrundung Australiens - auf einem Handfahrrad! Dabei handelt es sich um eine besondere Art von Fahrrad, das mit Händen und Armen angetrieben wird. Die Reise war insgesamt etwa 17.000 km lang.

LASSOWERFENDER COWBOY
Maryland ist nicht gerade bekannt für seine vielen Cowboys - darum ist Andy Rotz dort eine Ausnahme. Der Cowboy aus Hagerstown ist Autodidakt, der sein Handwerk den Filmhelden John Wayne und Clint Eastwood abschaute. Er kann über 11.000 Texas Skips am Stück vorführen. Bei diesem Kunststück schwingt man eine Lassoschlaufe von Seite zu Seite und springt dabei durch die Mitte. Dazu muss er das Seil drei Stunden und zehn Minuten lang in Schwung halten und einmal pro Sekunde durch die Schlinge springen.

ARBEITERCHOR
Im chinesischen Tangshan City sangen 2005 insgesamt 15.785 Arbeiter gemeinsam das Lied "Workers Are Strong".

MINIRAD
Bobby „Circus Boy" Hunt hat etwa $ 1.500 (€ 1.000) ausgegeben, um sein Fahrrad zu bauen - das Gefährt ist von Achse zu Achse nur 7,60 cm lang und 20 cm hoch! Für Bobby ist die Größe des Rads kein Problem: Er fährt damit sogar nur auf dem Hinterrad!

NACHGEFRAGT

GROSSE KLAPPE

Jim Mouth, 51, ist ein Comedian aus Las Vegas, der seit über 20 Jahren unglaubliche Kunststücke vorführt. Unter anderem steckt er sich wirklich so gut wie alles in den Mund.

WANN HABEN SIE MIT IHRER SHOW ANGEFANGEN?
„Bei meiner ersten Vorführung war ich 29 und spielte zwei Wochen lang ununterbrochen Schlagzeug. Ich musste ganz schön viel Kaffee trinken, um wach zu bleiben! Heute bin ich 51, und aus meinen Comedy-Auftritten wurde ein Vollzeitjob. Am wichtigsten ist für mich inzwischen, damit Geld für wohltätige Zwecke zu sammeln."

WELCHER IHRER TRICKS IST AM BERÜHMTESTEN?
„Der Zigaretten-Trick, bei dem ich mir so viele Zigaretten wie möglich in den Mund stecke. Im Augenblick schaffe ich 159. Ich habe ihn schon oft im Fernsehen vorgeführt. Die letzte Zigarette schiebt mir der Moderator in den Mund. Anschließend werden die Zigaretten mit zwei Propangas-Brennern angesteckt, und ich huste und schnaufe ungefähr drei Minuten lang, bevor ich die Zigaretten wieder ausspucke. Danach bin ich immer eine halbe Stunde lang ganz benommen. Einmal habe ich etwa 100 Zigaretten ausgehustet - und dabei bin ich eigentlich Nichtraucher! Ich führe diesen Trick oft am Nichtrauchertag vor, um die Raucher zum Aufhören zu ermuntern."

HABEN SIE EINE BESONDERE TECHNIK?
„Vor meinen Auftritten dehne ich meine Lippen mit Korken, aber das eigentliche Geheimnis ist, dass ich meinen Kiefer ausrenken kann. Mir war gar nicht klar, was ich da tue, bis ich letztes Jahr bei einer Show geröntgt wurde. Bis dahin wusste ich nur, dass es so wehtut, dass es mir die Tränen in die Augen treibt."

WAS HABEN SIE SONST NOCH FÜR TRICKS AUF LAGER?
„Zum Beispiel 41 Zigarren oder 41 Pfeifen auf einmal rauchen. Früher hatte ich mal eine Band, die unter Wasser in einem Pool gespielt hat, und einmal habe ich mich auf jeden Sitz im Football-Stadion der Universität von Michigan gesetzt. Es ist das größte Stadion in den USA und hat 101.701 Sitze - ich war 96 Stunden und zwölf Minuten unterwegs und verschliss vier Paar Hosen!"

WIE GEFÄHRLICH SIND IHRE KUNSTSTÜCKE?
„Wenn ich meinen Kiefer ausrenke, liegt er auf meinem Kehlkopf. Deswegen könnte ich ersticken. Keine Versicherung in den USA will mich aufnehmen!"

GIBT ES ETWAS, DAS SIE NIEMALS TUN WÜRDEN?
„Da ich Schlagzeug spiele, möchte ich mir niemals einen Finger oder einen Arm brechen. Aber was meinen Mund betrifft, kenne ich keine Grenzen! Ich würde sogar eine halbe Stunde lang eine Tarantel in den Mund nehmen!"

WIE LANGE WOLLEN SIE NOCH WEITERMACHEN?
„Ich will in den nächsten zehn Jahren jedes Jahr einen Trick vorführen. Ich spiele da in Gedanken mit einer Idee, die ich 'Viele Hüte auf dem Kopf' nenne. Dazu will ich mir einen Stapel von 300 Hüten auf den Kopf setzen, der 2,60 m hoch und knapp 50 kg schwer sein soll. Wenn ich 60 bin, werde ich mich vermutlich zur Ruhe setzen - aber vorher will ich noch 170 Zigaretten auf einmal schaffen!"

BERGIGE LEISTUNGEN

★ Der tschechische Kletterer Martin Tlusty überlebte im Jahr 2005 einen 305 m tiefen Sturz von einer Bergwand in der Slowakei.

★ Die Schweizer Regierung lässt im Sommer einige Berggletscher mit Aluminiumfolie verhüllen, damit sie nicht schmelzen.

★ Der Franzose Christian Taillefer fuhr 1998 mit einer Geschwindigkeit von 212 km/h einen Gletscher im französischen Vars auf dem Fahrrad hinunter.

★ Als auf dem Mount St. Helens in Washington State 1980 ein starker Erdrutsch ausgelöst wurde, erreichte eine Lawine an der Nordseite des Berges eine unglaubliche Geschwindigkeit von 400 km/h!

DER RAKETENMANN
Der Texaner Eric Scott stieg im April 2004 in England in den Himmel auf und erreichte eine Höhe von 46 m. Sein Raketenantrieb hielt ihn 26 Sekunden lang in dieser Höhe. Die Düsen waren an einen Fiberglasanzug montiert, an dem außerdem ein Gürtel mit Steuerelementen befestigt war.

INTERNET-MARATHON
Im November 1997 verbrachte der Kanadier Daniel Messier 103 Stunden, also mehr als vier Tage, ohne Unterbrechung im Internet.

RIESENNUDEL
Die Teilnehmer der Corso Italia Toronto Fiesta in Kanada kochten im Jahr 2003 eine Riesenspaghetti, die unglaubliche 160 m lang war.

WUNDE HÄNDE
Peter Schoenfeld aus dem kanadischen Ontario zerhackte im Oktober 2001 in nur zwei Minuten 209 Holzblöcke.

PUPSEREI
Das wohl lauteste Pupsgeräusch aller Zeiten verursachten im Juni 2005 4.439 Fans der Mannschaft Bowie Baysox, indem sie sich nach einem Baseballspiel in Bowie, Maryland, gleichzeitig auf Furzkissen setzten!

MOTORRADREISE
Das amerikanische Paar Chris und Erin Ratay fuhr auf einer Reise durch 50 Länder auf sechs verschiedenen Kontinenten auf zwei Motorrädern 163.058 km weit. Ihre Reise startete im Mai 1999 in Marokko und endete im August 2003 in ihrer Heimatstadt New York.

LANGE VORLESUNG
Errol Muzawazi, ein 20-jähriger Dozent aus Simbabwe, hielt 2005 in Polen eine 88-stündige Vorlesung, bei der er mehr als drei Tage lang ohne Punkt und Komma redete. Seine Zuhörer an der Krakauer Jagellonian-Universität schliefen aber früher oder später alle ein!

SCHNELLE LÖSUNG

Wer Nachhilfe in Mathe braucht, sollte sich an Gert Mittring wenden. Der 38-jährige Deutsche kann im Kopf innerhalb von 11,80 Sekunden die 13. Wurzel einer 100-stelligen Zahl ziehen, wie er bei einer Wette im Jahr 2004 in der Nähe von Frankfurt unter Beweis stellte. Er löste die Aufgabe sogar schneller als seine Zuschauer mit dem Taschenrechner.

WEITSCHUSS

Der australische Profigolfer Stuart Appleby schlägt auf einer Rollbahn am Flughafen von Sydney, Australien, am 22.11.2004 einen Ball. Er spielte bei einem Weitschuss-Wettkampf mit, den er mit einer Distanz von unglaublichen 630,58 m gewann.

Auf einer Rollbahn am Flughafen Sydney jagt Appleby seinen Golfball in die Luft.

CATHIE IM KORSETT

Die 68-jährige Cathie Jung trägt seit über 20 Jahren selbst im Schlaf ein Korsett. Sie ist 1,68 m groß, wiegt 61 kg und hat einen Taillenumfang von winzigen 38 cm! Cathie nimmt ihr Korsett nur unter der Dusche ab. Im Jahr 1983 startete sie mit einem Taillenumfang von 71 cm mit einem 66-cm-Korsett und wechselte zu immer kleineren Größen, sobald die Druckschmerzen nachließen.

EISB(R)ECHER

Am 24.7.1988 stellte die Firma Palm Dairies aus dem kanadischen Alberta einen riesigen Eisbecher her. Er bestand aus unglaublichen 20.270 kg Eiscreme, 4.394 kg Sirup und 244 kg Garnierung!

DIE BALANCE HALTEN

Im Mai 2004 balancierte der damals zwölfjährige Tim Johnston aus dem kalifornischen Piedmont 30 Sekunden lang 15 Löffel auf seinem Gesicht.

FREESTYLE

Der Rapper D.O. aus Toronto führte im Juli 2003 einen Freestyle-Rap vor, der acht Stunden und 45 Minuten lang war.

WEIHNACHTSCHOR

519 kühne Menschen trotzten im Dezember 2003 der New Yorker Winterkälte, um auf den Treppen des Manhattan General Post Office gemeinsam Weihnachtslieder zu singen.

BALLEREI

David Ogron aus Kalifornien schlägt im Jahr durchschnittlich 400.000 Golfbälle. Seine ungewöhnliche Karriere begann, als er vor einigen Jahren mit Freunden auf einem Golfplatz übte. „Wir probierten aus, wer den schnellsten Abschlag hat. Dabei entdeckte ich mein Talent." Mit Hilfe von Scott „Speedy" McKinney, der ihm die Bälle auf das Tee setzt, schlug Ogron im Mai 2005 in Louisville, Kentucky, 1.388 Bälle in nur 30 Minuten. Im Juli 2005 brachte er es in Miami auf 83 Schläge in einer Minute, und bei einer anderen Gelegenheit schaffte er sogar 10.392 Bälle innerhalb von 24 Stunden!

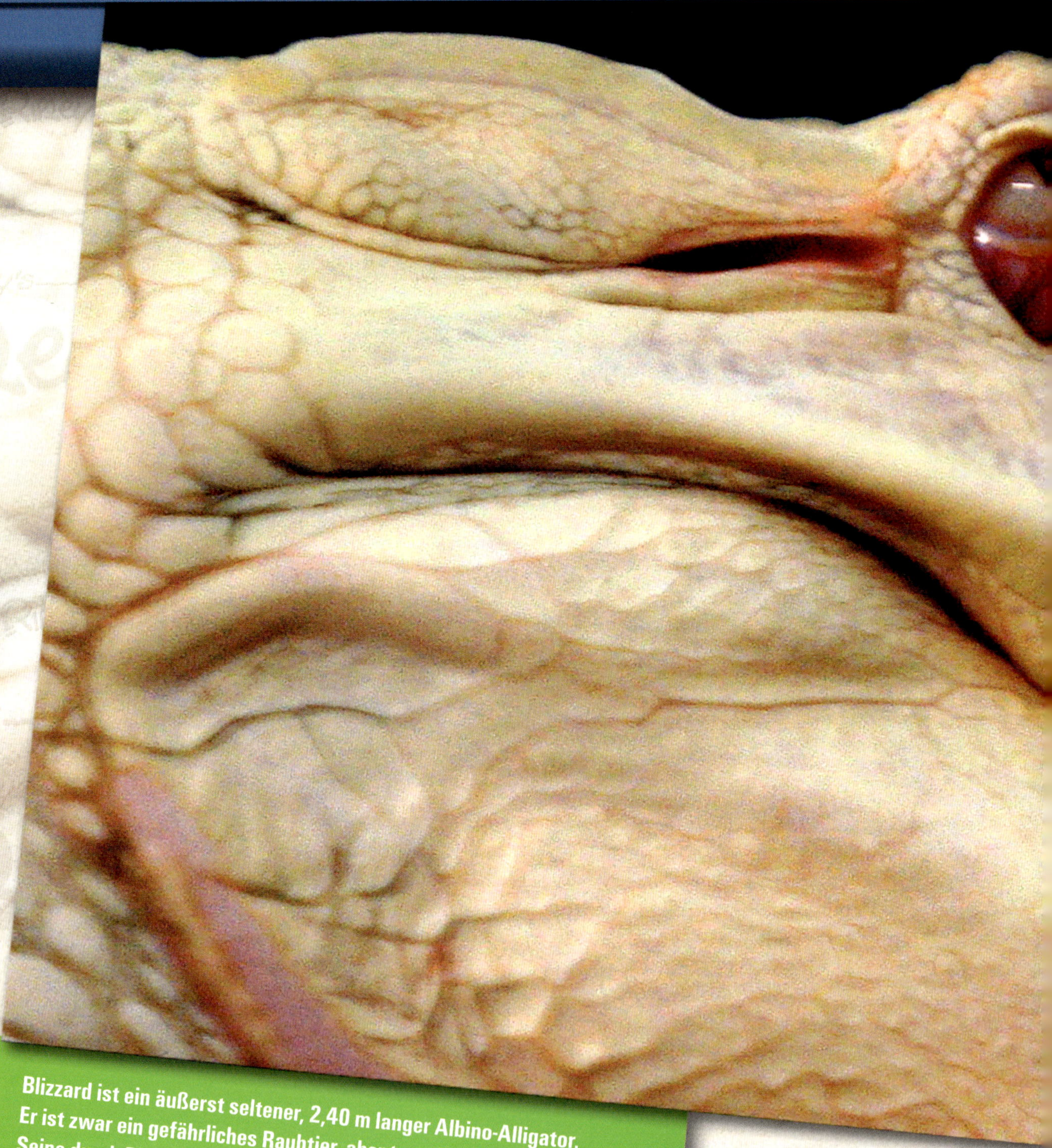

Blizzard ist ein äußerst seltener, 2,40 m langer Albino-Alligator. Er ist zwar ein gefährliches Raubtier, aber trotzdem sehr verletzlich: Seine durch Pigmentmangel weiße Haut reagiert außerordentlich empfindlich auf Sonnenbrand. Aus diesem Grund hielt man ihn während seines Aufenthalts im Maritime Aquarium in South Norwalk, Connecticut, unter einem extra für ihn angefertigten Zelt.

Einfach unglaublich!

IM NETZ DER SPINNE

Enrique Ramos aus Mexico City malt nicht etwa auf normalen Leinwänden: Der „Fly Guy" erschafft stattdessen winzige Porträtzeichnungen berühmter Persönlichkeiten auf Fliegen, Federn, Bohnen, Tierknochen und sogar Fledermäusen!

Ohne Zuhilfenahme von Lupen hat Ramos Da Vincis Mona Lisa auf eine Vogelfeder, eine Bohne und eine ausgestopfte Fledermaus gemalt. Für einige seiner Zeichnungen braucht er weniger als zwei Minuten. Er hat sogar schon sieben Gesichter auf ein einziges Menschenhaar gezaubert! Manchmal verwendet Ramos dabei noch nicht einmal Farbe: Aus über 60 Mistkäfern und Hunderten von Schmetterlingsflügeln erschuf er ein Porträt der Beatles, und aus den Haaren seiner zwei Kinder stellte er eine Büste von Abraham Lincoln her. Ramos malt außerdem Bilder auf echten Spinnweben. Da Fehlerkorrekturen nicht möglich sind, ist er meist froh, wenn er 1/3 der gesammelten Spinnweben wirklich verwenden kann.

George Washington, Marlon Brando, die ursprüngliche Wachsfigur „Der Leuchtturmmann" und Alfred Hitchcock auf nur 2,50 cm großen Wachteleiern.

Original-größe

Diese Schmetterlinge gehören zu einer 35-teiligen Serie zur mexikanischen Geschichte. Der erste zeigt den spanischen Eroberer Hernán Cortés, auf dem zweiten ist die tragische Liebesgeschichte von Popoca und Itza abgebildet, die zu den verfeindeten Stämmen der Maya und der Azteken gehörten.

Diese Fledermaus bemalte Ramos anlässlich von Halloween und des mexikanischen Festes zum Totentag. Abgebildet sind Bela Lugosi als Dracula und Lon Chaney als der Wolfsmann.

Um genug Spinnweben für seine Nachbildung des „Letzten Abendmahls" zu sammeln, durchkämmte Ramos zusammen mit seiner Familie zwei Wochen lang abgelegene Ecken von Mexiko. In einem alten, verlassenen Dorf fand er Tausende von Spinnweben und konnte die zehn Kilogramm, die er für sein Gemälde brauchte, zusammentragen. Nachdem er sorgfältig alle Insekten aus den Netzen entfernt hatte, weichte er das feine Gewebe in einer Schüssel mit Seifenwasser ein, um es zu reinigen, und plättete es dann auf einer Plastikleinwand auf dem Boden, indem er mit Händen und Füßen das Wasser aus den Netzen wrang. Nach dem Trocknen zog Ramos seine „Leinwand" vorsichtig so dünn wie möglich zurecht. Innerhalb eines Tages war das Netz vollständig getrocknet und fertig für den Gebrauch.

Dieses Bild von Spiderman ist eine von Ramos' neuesten Arbeiten und besteht aus fast neun Kilogramm Wolfsspinnennetzen. Es ist mehr als 60 cm groß.

Dieses winzige Gemälde von Moses vor dem brennenden Dornbusch ist 5 x 2,50 cm groß und wurde ohne Vergrößerungsglas angefertigt.

TRAUERNDE NATION
Ganz China trauerte um Mei Mei, den ältesten in Gefangenschaft lebenden Riesenpanda der Welt, der im Guilin-Zoo lebte. Die Bärin starb im Juli 2005 im Alter von 36 Jahren. Ihr Begräbnis wurde feierlich begangen, und viele Besucher erwiesen dem beliebten Tier die letzte Ehre.

GOLFBALLFRESSER
Englische Tierärzte entfernten 28 Golfbälle aus dem Magen eines Deutschen Schäferhundes, der mit seinem Herrchen häufig auf einem Golfplatz spazieren gegangen war.

HUND VERMISST!
2001, sieben Jahre, nachdem Ewok, ein 9-jähriger Shih-Tzu, auf mysteriöse Weise verschwunden war, saß der kleine Hund plötzlich wieder vor dem Haus seiner Besitzer Jim und Barbara Reed in Crofton, British Columbia.

ENTENDIALEKT
Für uns Spaziergänger quaken alle Enten gleich. Aber ein englischer Wissenschaftler hat herausgefunden, dass die Vögel verschiedene Dialekte „sprechen". Enten in London sind beispielsweise lauter als die im ländlichen Cornwall, weil sie den lauten Verkehr übertönen müssen.

MATHEMATISCHES GEBELL
Alissa Nelson aus Urbandale in Iowa besitzt einen Mischling namens Oscar, der durch Bellen Matheaufgaben lösen kann! Fragt man ihn beispielsweise, wie viel zwei und zwei macht, bellt er 4-mal.

KEIN HUNDELEBEN
In Dudley's Bäckerei werden Hundeträume wahr. Die von Vickie Emmanuele gegründete Bäckerei in Florida bietet teure Gourmet-Leckerlis und Hundekuchen an.

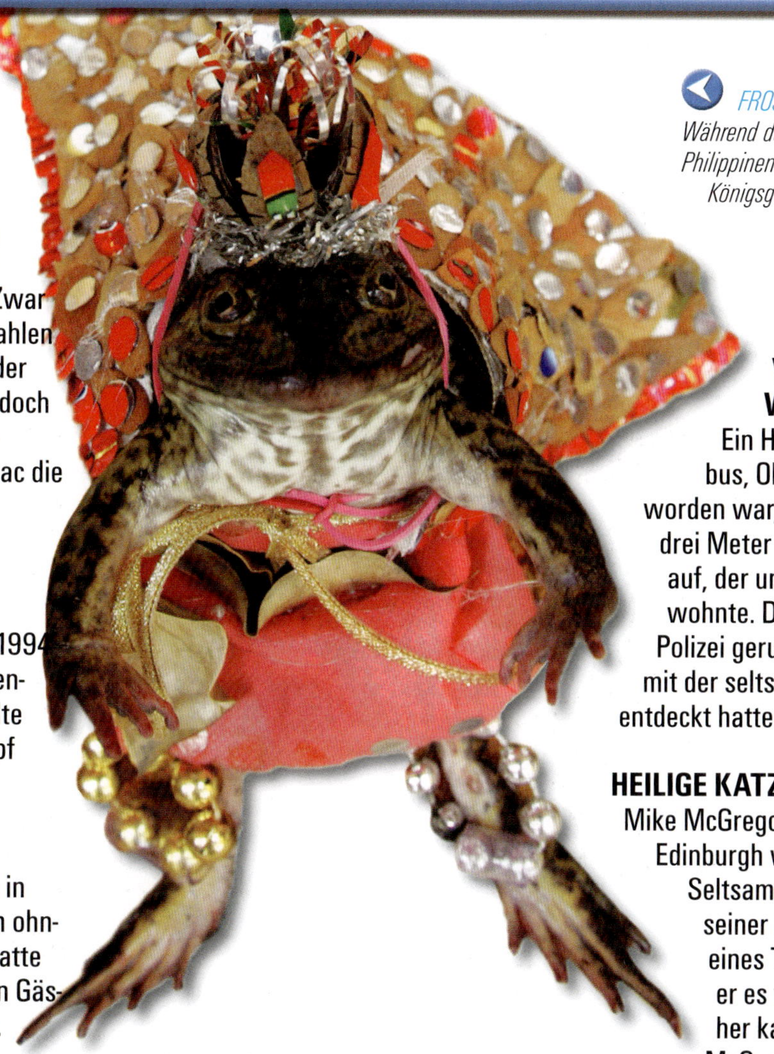

FROSCHKÖNIG
Während des Froschfestes in San Fernando auf den Philippinen wird ein lebender Frosch in reich verzierte Königsgewänder gekleidet.

KÖTER-KANDIDAT
Um die französischen Präsidentschaftswahlen 2002 etwas aufzulockern und die Kandidaten vor Selbstzufriedenheit zu warnen, brachte Serge Scotto seinen Hund Saucisse auf die Kandidatenliste. Zwar erreichte Saucisse bei den Stadtwahlen in Marseille mehr als vier Prozent der Stimmen, letztendlich fehlte ihm jedoch in den letzten Zügen der Präsidentschaftswahlen gegen Jacques Chirac die nötige Unterstützung.

UNGEWÖHNLICHER ZEUGE
Bei einer Gerichtsverhandlung in Pittsburgh, Pennsylvania, im Jahr 1994 wurde ein Polizeihund in den Zeugenstand gerufen. Der Verteidiger wollte beweisen, dass der Hund den Kampf begonnen hatte.

BIER-BÄR
Auf dem Gelände eines Feriendorfs in Baker Lake, Washington, wurde ein ohnmächtiger Braunbär gefunden. Er hatte 36 Dosen Bier getrunken, die er den Gästen aus einem Zelt gestohlen hatte.

WEG WIE DER BLITZ
Ein einziger Blitzeinschlag tötete auf einem Bauernhof in Nordisrael 10.000 Hühner.

UMSTÄNDLICHE MARKIERUNG
Riesenpandas markieren ihr Revier, indem sie einen Handstand machen und so hoch wie möglich an Baumstämme pinkeln.

VERLOREN UND WIEDERGEFUNDEN
Ein Hund, der 2002 in Columbus, Ohio, als vermisst gemeldet worden war, tauchte im Bauch eines drei Meter langen Python wieder auf, der unter einem Nachbarhaus wohnte. Die Nachbarin hatte die Polizei gerufen, als sie das Reptil mit der seltsamen Beule am Körper entdeckt hatte.

HEILIGE KATZE
Mike McGregor aus dem schottischen Edinburgh war noch nie etwas Seltsames an der Zeichnung seiner Katze aufgefallen, bis ihm eines Tages Jesus' Gesicht, wie er es vom Turiner Grabtuch her kannte, entgegenblickte. McGregor sagte dazu: „Man erkennt nicht jeden Tag das Gesicht von Jesus im Fell seiner Katze."

KUHHANDEL
Man braucht 3.000 Kühe, um die amerikanische National Football League mit genug Leder für die Bälle für eine einzige Spielsaison auszustatten.

REICHE KÄTZCHEN
In den 1960er Jahren vererbte der Arzt William Grier aus San Diego sein gesamtes Vermögen in Höhe von $ 415.000 (€ 285.000) an seine beiden 15-jährigen Katzen Brownie und Hellcat.

EIN LEBEN WENIGER
Andy, der Kater des damaligen Senators von Florida Ken Myer, fiel in den 1970er Jahren 61 m tief von einem 16-stöckigen Gebäude und überlebte!

HAMSTERPOST

Der Postbeamte Robert Maher im englischen Cambridge leerte einen Briefkasten und staunte nicht schlecht, als ihm aus einem zerrissenen Umschlag, auf dem „Bitte nicht knicken" stand, ein kleiner Hamster entgegenlugte. Er brachte das Tierchen zum Tierarzt Patrick von Heimendahl. Dessen Meinung nach hatte der kleine Hamster, der den Spitznamen First Class bekam, seine Reise durch das Postsystem nur mit viel Glück überlebt.

First Class kam wohlbehalten aus seinem Umschlag heraus.

UNGEWÖHNLICHER PASSAGIER

Ein Mann auf einem Fahrrad ist ein alltäglicher Anblick, aber ein Hund auf einem Mann auf einem Fahrrad ist eine andere Geschichte. Der Jack-Russell-Terrier Spike jedenfalls erregt auf den Schultern seines Herrchens Denton Walthall einiges Aufsehen, wenn sie gemeinsam durch die Straßen von Henrico, Virginia, fahren. Mr. Walthall erklärt, wie es zu ihrem merkwürdigen Fahrradduett kam: „Eines Tages rief ich nach Spike, er kam angerannt und ich bückte mich, um ihn aufzufangen. Aber er sprang mein Bein hoch, kletterte auf meine Schulter und machte es sich da oben bequem. Manchmal lässt er sich kaum mehr dazu bewegen, herunterzukommen."

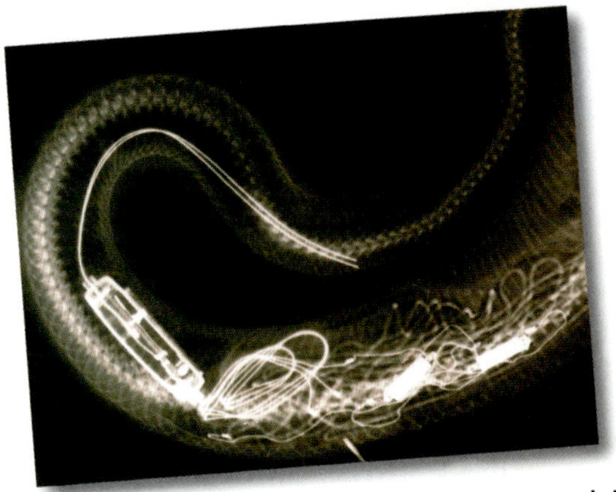

ZENTRALHEIZUNG
Diese erstaunliche Röntgenaufnahme einer Schlange zeigt deutlich das elektrische Heizkissen, das sie verschlungen hat.

RINDERHOCHZEIT

Im Juli 2005 wurden im Rahmen einer aufwendigen thailändischen Hochzeitszeremonie zwei Zwerg-Brahman-Rinder miteinander verheiratet. Krachang Kanokprasert, der Besitzer des Bullen, hatte die Braut eigentlich erwerben wollen, aber als sich ihr Besitzer weigerte, sie zu verkaufen, beschlossen die beiden Bauern, das Mini-Zuchtvieh in der Ehe zu vereinen.

GROSSER SPRUNG

Sam, ein Deutscher Schäferhund der Polizei von Lodi, Kalifornien, sprang von einer Brücke aus 15 m Höhe in einen Fluss, als er 2001 einen Verdächtigen verfolgte. Im Wasser schwamm Sam dem Flüchtigen hinterher und trieb ihn zu seinen "Vorgesetzten" am Ufer hinüber.

MENSCHENZOO
Im August 2005 bekamen die Besucher des Londoner Zoos im Bärengehege etwas ganz Besonderes zu sehen. Anstatt der Schwarzbären tollten auf dem felsigen Gelände acht Menschen herum, die nur ein paar Feigenblätter am Leib trugen. Die Freiwilligen blieben acht Tage lang dort und unterhielten sich mit Spielen und Musik. Die Zooleitung erklärte, dass die Aktion ins Leben gerufen worden sei, um die Natur des Menschen darzustellen.

FLEISSIGE AMEISEN

Unter dem australischen Melbourne befand sich 2004 eine Ameisenkolonie, die unglaubliche 97 km breit war. Das Monster-Tunnelgeflecht entstand durch das kooperative Verhalten zwischen den Argentinischen Ameisen.

AUF DER FLUCHT

Wer hat da wohl die Tür nicht abgeschlossen? Das fragten sich jedenfalls die Angestellten im Battersea Dogs' Home, einem Hundetierheim in London.

Im Jahr 2004 waren am Morgen, als die Angestellten ihre Arbeitsstätte betraten, mehrere Tage in Folge bis zu neun Hunde aus ihren Gehegen entkommen und verwüsteten die Küche. Um herauszufinden, wie das passieren konnte, ließ die Heimleitung Video-Überwachungskameras installieren. Dabei stellte sich heraus, dass der 3-jährige Windhund-Hirtenhund-Mischling Red gelernt hatte, mit Schnauze und Zähnen seine Gehegetür zu öffnen. Und um sich nicht alleine langweilen zu müssen, befreite er auch seine Mitgefangenen, die sich fröhlich in der Küche bedienten.

Nachdem Red beobachtet hatte, wie die Tierpfleger den Riegel an seiner Tür öffneten, ahmte er ihre Bewegung mit den Zähnen nach.

Red (rechts) und seine Freunde auf dem Weg in die Küche, wo sie nach Fressen stöbern wollen.

EKELALARM
Diese gewaltige Kakerlake ist acht Zentimeter lang und wiegt 35 g. Sie wurde 1997 im australischen Brisbane gefunden und ist heute im Queensland Museum zuhause.

KRÖTENHOCHZEIT
Eine weibliche Kröte wird im indischen Khochakandar im Zuge der traditionellen Hindu-Hochzeitszeremonie zwischen zwei Riesenkröten zinnoberrot angemalt. Die Zeremonie wurde von den Dorfbewohnern ausgeführt, um die Regengötter um Niederschlag zu bitten.

LAUFENDER OKTOPUS
Kalifornische Wissenschaftler haben einen Oktopus entdeckt, der offenbar auf zwei Tentakeln laufen kann! Eine Unterart winziger tropischer Oktopusse hat eine Technik entwickelt, bei der sich die Tiere zu einer Kugel zusammenrollen und dann zwei ihrer acht Tentakeln ausfahren, auf denen sie über den Meeresboden laufen können.

FLUGHUND
Star der Great American Mutt Show im Jahr 2002 im Central Park in New York war Rhoadi, ein kleiner brauner Hund, der an einem Bungee-Seil in die Luft sprang und dabei eine Höhe von bis zu zwei Metern erreichte. Bei einem anderen Wettbewerb der Show, der nur für Mischlinge zugänglich war, wurde der beste Küsser unter den teilnehmenden Hunden gesucht!

GRÜNBÄREN
Im Jahr 2004 färbten sich die eigentlich weißen Pelze der Eisbärin Sheba und ihres Sohnes Inuka, die im Zoo von Singapur leben, plötzlich grün! Die Farbe war durch harmlose Grünalgen entstanden, die sich bei dem tropischen Klima Singapurs in den hohlen Haarstiften der Tiere eingenistet hatten. Beide Bären konnten mit Wasserstoffperoxid erfolgreich gebleicht werden.

ROSAGATOR
Im Blank Park Zoo in Des Moines, Iowa, lebte ein Albino-Alligator, der sich rosa verfärbte, wenn er sich aufregte!

GIGANTISCHER HAHN
Melvin, der Riesenhahn, hört einfach nicht auf zu wachsen. Mit 18 Monaten war er bereits 60 cm groß und wog über 6,80 kg, doppelt so viel wie ein normaler Hahn der Rasse Buff Orpington. Sein Besitzer Jeremy Goldsmith aus dem britischen Stansted sagte: „Wir sind vollkommen verblüfft. Von einem so großen Hahn hatte keiner von uns jemals etwas gehört!"

GROSSE KLAPPE
Die nordamerikanische Beutelratte öffnet ihr Maul mehr als 90° weit, wenn sie Angreifer abschrecken muss.

TIERISCH INTERESSANT

- Eine Giraffe hat genauso viele Halsknochen wie ein Mensch.
- Ein Ameisenbär lässt seine Zunge beim Fressen bis zu 160-mal in der Minute aus dem Maul schnellen und frisst an die 30.000 Ameisen am Tag.
- Die Mäuler von Hyänen sind so zäh, dass sie Glasflaschen zerkauen können, ohne sich zu verletzen.

RIESENWURF
Tia heißt die Italienische Dogge aus dem britischen Manea, die im Januar 2005 unglaubliche 24 Welpen warf! Vier von ihnen starben gleich nach der Geburt, aber auch mit den 20 Überlebenden hatten ihre Herrchen alle Hände voll zu tun, denn sie mussten alle vier Stunden mit der Flasche gefüttert werden. Ausgewachsene Doggen sind bis zu 60 cm groß.

SPÜRRATTE
Die Gambia Riesenhamsterratte wird in Mosambik eingesetzt, um tödliche Landminen ausfindig zu machen. Die Ratten werden trainiert, indem man ihnen Leckerbissen gibt, wenn sie Sprengstoff riechen. Sie weisen durch eifriges Scharren auf die Minen hin.

SCHLAMMTAGE
Für seine Darbietung „Becoming Earthworm" (deutsch: „Zum Regenwurm werden") verbrachte der britische Künstler Paul Hurley neun Tage lang in Regen und Schlamm - mit nichts weiter am Körper als einer Badehose und einer Schwimmbrille.

HUNDEHELD

Nachdem die Schauspielerin Drew Barrymore von ihrem Golden Retriever Flossie im Jahr 2001 vor einem Hausbrand gerettet worden war, ließ sie die drei Millionen Dollar (zwei Millionen Euro) teure Villa in Beverly Hills treuhänderisch auf den Hund überschreiben, damit er immer ein Dach über dem Kopf hat.

ZWEI NASEN Im Amazonasbecken existiert eine seltene Hunderasse, die zwei Nasen hat! Der zweinasige Andische Jagdhund wurde erstmals vor einem Jahrhundert beschrieben, doch im Jahr 2005 wurde bei einer Expedition des britischen Abenteurers John Blashford-Snell erstmals seit Langem ein Exemplar gesichtet. Die Hunde werden ihres exzellenten Geruchssinns wegen eingesetzt, mit dem sie Jaguare jagen, die hinter dem Vieh der Dorfbewohner her sind.

MEIN KLEINES PONY
Selbst Minipferde erreichen normalerweise eine Größe von mindestens einem Meter, aber das Zwerg-Minipferd Peanut ist nur 50 cm groß. Der kleine Hengst erbte die Statur von seiner Mutter, die nur 66 cm groß war.

SHOPPINGHILFE
Dass Hunde Zeitungen oder Hausschuhe apportieren, ist hinlänglich bekannt. Aber J. C., ein Golden Retriever aus Penn Hills, Pennsylvania, geht einen Schritt weiter: Für seine Besitzer Chuck und Betty Pusateri holt er regelmäßig Medikamente aus einer nahe gelegenen Apotheke ab.

WO DIE LIEBE HINFÄLLT ...
Das Fohlen Nikita, das 2004 im südafrikanischen Morgenzon auf die Welt kam, entwickelte kurz nach seiner Geburt ein gestreiftes Fell, obwohl ihre Mutter Linda eine Shetlandstute war - denn bei dem Vater Jonny handelte es sich um ein Zebra!

FLUGSCHLANGE
Unglaublich aber wahr: Es gibt eine fliegende Schlange! Die eher unbekannte nordamerikanische Navajo-Schlange verfügt über flügelähnliche Seitenmembranen, die an ihrem Körper entlanglaufen und mit deren Hilfe sie durch die Luft gleiten kann.

HUNDEHOCHZEIT
Eine Firma namens Groom Doggy (deutsch: „Hundebräutigam") aus Denton, Texas, vertreibt Smokings, Krawatten, Hochzeitskleider und alles, was man für eine förmliche Hochzeit sonst noch begehren könnte, für den besten Freund des Menschen.

GALERIE
Aus den Archiven

MATHEGENIE
Der Kluge Hans, ein Pferd, das in den 1900er Jahren in Deutschland lebte, lernte von seinem Besitzer Wilhelm von Osten das Rechnen. Er schlug mit den Hufen auf, um die Lösung einer Aufgabe zu nennen.

WOLLIGER GESELLE
1932 hielt Lester Peirce aus dem kalifornischen Eureka eine Angoraziege, die 1,50 m langes Haar hatte!

KLETTERHUND
Ted, ein 4-jähriger Terrier, konnte bis zu drei Meter hoch auf Bäume klettern, um seinen Ball zurückzuholen. Er gehörte Bill Vandever aus Tulsa, Oklahoma.

DEHNBAR
Die Haut von Pat Murphys Hund ließ sich über 46 cm weit in alle Richtungen ziehen.

DIE UNGLAUBLICHE WELT DER TIERE

FROSCHPRINZ

Bill Steed, Professor für Froschpsychologie am Unken-College im kalifornischen Emeryville, trainierte Frösche darauf, winzige Hanteln zu heben.

INDIANERZEICHNUNG

Das Pferd von J.F. Daniel und R.L. Anderson aus Craigsville in Virginia hatte eine Zeichnung am Hals, die wie ein Indianerkopf aussah.

ROSSHAAR

Dieses außergewöhnliche Pferd aus Kalifornien hatte eine 4,30 m lange Mähne und einen vier Meter langen Schweif.

BIENENBART

Nachdem Fred Wilcutt aus Falkville, Alabama, eine Bienenkönigin gefangen und sich auf das Kinn gesetzt hatte, kam auch der Rest des Schwarmes angeflogen und setzte sich bartförmig auf sein Gesicht.

EIN BLICK ZURÜCK

Am 2.10.1930 verspeiste Buddy, ein Kater aus Roxbury, Massachusetts, Mais und Karotten und trank dazu Kaffee und Tee. Am 24.10.1935 aß die 2½-jährige Margaret Rigon aus Corozal, Panama, den Kopf einer tödlichen Korallenotter, ohne sich zu verletzen. Am 20.3.1946 entdeckte ein Milchmädchen, dass eine Kuh eine Uhr verschlungen hatte, weil es aus deren Bauch tickte.

GEFLÜGELTE WUNDER

★ Ein nordamerikanischer Fischadler baute einst ein Nest, das aus drei Hemden, einem Badehandtuch, einem Pfeil und einer Gartenharke bestand.

★ Der Wanderalbatros kann bis zu sechs Tage lang durch die Luft gleiten, ohne mit den Flügeln zu schlagen. Er kann außerdem im Flug schlafen.

★ Ein afrikanischer Graupapagei namens Prudie hatte einen Wortschatz von fast 800 Wörtern.

★ Ein Kolibri muss im Wachzustand fast permanent fressen, um nicht zu verhungern.

BAMBUSSCHIENE
Malai, eine 98-jährige Elefantendame aus Thailand, brach sich im Juni 2005 ihr Bein. Ihre Trainer legten ihr daraufhin eine Bambusschiene an, bis die Knochen wieder zusammengewachsen waren.

STAMMKUNDE

Einer der besten Kunden des Restaurants The Chocolate Moose in Farmland, Indiana, ist Missy Jo, eine 27 kg schwere Bulldogge. Sie hat das Restaurant zwar noch nie betreten, sitzt aber mit ihrem Herrchen Tony Mills jeden Tag auf der Terrasse und verspeist Cheeseburger und Vanille-Milchshakes.

TAUCHENDES SCHWEIN

Miss Piggy, das unglaubliche Tauchschwein, betrat im Juli 2005 das Reich der Rekorde, als sie bei der australischen Royal Darwin Show von einer fünf Meter hohen Plattform aus 3,30 m tief in einen Pool tauchte. Ihr Besitzer Tom Vandeleur, der einen Monat vor Showbeginn begonnen hatte, das Schwein zu trainieren, sagte: „Sie macht all das freiwillig. Sie geht allein auf die fünf Meter hohe Rampe und springt hinab."

AGGRESSIVER KARPFEN

Marcy Poplett aus Peoria, Illinois, wurde beim Wasserski von einem Schiff gestoßen und verletzt, nachdem ein Silberkarpfen aus dem Wasser gesprungen war und sie im Gesicht getroffen hatte.

HAHNENKAMPF

Nachdem David Ashley dabei erwischt worden war, wie er ohne Erlaubnis Geflügel züchtete, erschein er vor dem Gericht in Seneca Falls, New York, mit einem Hahn unter dem Arm. Als der Richter ihn aufforderte, das Tier zu entfernen, antwortete Ashley, dies sei sein Anwalt.

HÄSSLICHER HUND
Im Juni 2005 wurde ein 14-jähriger Chinesischer Schopfhund zum dritten Mal in Folge zum hässlichsten Hund der Welt gekürt! Sam, der im November 2005 verstarb, war berühmt für sein abscheuliches Aussehen. Er hatte farblose Augen, Falten, einen trockenen Hals und fast kein Fell.

MANN, FRAU, KRABBE

Im Mai 2005 fing ein Fischer in Chesapeake Bay, Virginia, eine Blaukrabbe, die zur Hälfte männlich und zur Hälfte weiblich war. Weibchen haben Scheren mit roten Spitzen, Männchen dagegen blaue - aber diese Krabbe hatte beides. Experten des Institutes für Meeresforschung in Virginia stellten fest, dass das Tier ein äußerst seltener zweiseitiger Gynandromorph war. Diese Tiere sind zweigeschlechtlich. Vermutlich entstand die Missbildung durch einen Chromosomenunfall kurz nach der Empfängnis.

KAMPFESLUST

Cooper, ein 5-jähriger Golden Retriever, bekämpfte im Juni 2005 in einem Kanal bei Lake Moultrie, South Carolina, einen 4,30 m langen, 318 kg schweren Alligator. Der Hund schwamm gerade durch den Kanal, als das Reptil sich plötzlich auf ihn stürzte. Cooper büßte zwar einige Zähne und etwas Haut ein, aber nachdem er den Alligator mehrfach in die Schnauze gebissen hatte, zog dieser sich zurück. Coopers Besitzer Tom Kierspe sagte: „Wir haben den Hund jetzt in Lucky (deutsch: „glücklich") umbenannt."

NACHGEFRAGT

STILLLEBEN

Die kalifornische Tierpräparatorin Tia Resleure, 47, erschafft aus ausgestopften Tieren Märchenwelten, in denen Tauben Ballkleider tragen, Hühner die Zukunft voraussagen und Kätzchen hinter Glas ausgestellt werden.

WIE SIND SIE DARAUF GEKOMMEN, KUNST AUS TOTEN TIEREN ZU ERSCHAFFEN?
„Schon als Kind fühlte ich mich unseren Haus- und Nutztieren näher als meiner eigenen Familie. Ich las *Alice im Wunderland* und wollte mich in ein Tier verwandeln. Ich habe eine Sammlung ausgestopfter Tiere aus Australien von meinem Großvater geerbt, und mein Vater sammelte Knochen. Einmal hat er sogar einen Kopfschmuck aus einem Zebraschädel hergestellt."

WIE HABEN SIE IHR HANDWERK GELERNT?
„In den frühen 1980er Jahren habe ich die Überreste von Tieren in meinen Kunstwerken verarbeitet, aber erst 1998 nahm ich an einem zweiwöchigen Taxidermie-Kurs teil, um herauszufinden, ob ich es ertragen würde, auch mit frischen Kadavern zu arbeiten."

WIE SAH IHR ERSTES WERK AUS, UND WELCHES IST IHR LIEBLINGSSTÜCK?
„In dem Kurs fertigte ich die 'Stockente auf dem Zirkusball' und das 'Wahrsagende Huhn' an. Der Leiter der Schule verspottete mich, weil er meine Kunst widernatürlich fand. Aber ich finde es auch nicht natürlich, wenn eine normale Ente gegen ein Stück Treibholz fliegt! Mein Lieblingsstück heißt 'Little Shrill Voices' ('Schrille kleine Stimmen') und zeigt Katzenföten von einer Katze, die in der Schwangerschaft aus medizinischen Gründen sterilisiert werden musste."

WAS IST IHRE INSPIRATION?
„Die alten europäischen Kuriositätenkabinette und französische, deutsche und russische Märchen. Bei der Arbeit an meinen Werken denke ich mir kleine Geschichten dazu aus."

WOHER BEKOMMEN SIE DIE KADAVER FÜR IHRE WERKE?
„Ich arbeite für den Tierschutz und habe viel mit Hobbyzüchtern zu tun. Für meine Arbeit werden keine Tiere getötet. Ich verwende nur Tiere, die eines natürlichen Todes gestorben sind."

HABEN SIE AUCH IHRE EIGENEN HAUSTIERE AUSGESTOPFT?
„Ja. Ich verarbeite ihren Tod, indem ich mich mit den Kadavern beschäftige. Der erste war meine Italienische Windhündin Aissi. Ich habe sie drei Jahre lang in der Tiefkühltruhe aufbewahrt, ehe ich sie verarbeiten konnte. Als ich sie zum Auftauen aus der Plastiktüte genommen habe, ist mir das Herz sehr schwer geworden. Doch schließlich wich dieses Gefühl einem tiefen inneren Frieden."

WAS HABEN SIE FÜR ZUKUNFTSPLÄNE?
„Ich habe ein riesiges altes Puppenhaus, das ich gerne mit Tieren füllen würde. Im Keller sollen Maulwürfe wohnen, im Erdgeschoss Bodentiere und auf dem Dachboden Vögel."

FISCHKUSS
1998 traute Dan Heath aus Medford, Oregon, seinen Augen kaum, als er beobachtete, wie sein Golden Retriever Chino Nase an Nase mit Falstaff, einem Rotbarsch, an einem Fischteich stand. Jeden Tag läuft Chino in den Hintergarten, starrt ins Wasser und wartet. Innerhalb von Sekunden lugt Falstaff aus dem Teich, und die beiden ungleichen Gesellen reiben ihre Nasen aneinander. Heath weiß nicht, wann die beiden Freunde wurden, aber diese Freundschaft ist ganz sicher wasserfest!

CLEVERER HAMSTER
Einige Jahre und zwei Umzüge nachdem der Hamster der Cummins aus Edmonton, Alberta, verschwunden war, tauchte der kleine Nager plötzlich wieder auf. Er hatte sich ein Nest im Sofa gebaut und ungesehen überlebt, indem er nachts herauskam und sich Wasser und Fressen aus den Futterschalen der anderen Haustiere holte.

UNSICHTBÄR
Eisbären sind durch ihr Fell so gut isoliert, dass man sie mit der Infrarotkamera kaum orten kann.

SCHWIMMENDE BEUTE
In einem Wildreservoir in Georgia beobachteten Förster einen vier Meter langen Alligator dabei, wie er mit einem ausgewachsenen Reh im Maul durch das Wasser schwamm.

KATZE AUF DEM HEISSEN BLECHDACH
Torri Hutchinson fuhr 2005 gerade eine Autobahn bei Inkom, Idaho, entlang, als ein anderer Autofahrer ihr signalisierte, dass sie eine Katze auf dem Autodach spazieren fuhr. Die orange getigerte Katze hatte sich 16 km weit am Autodach festgeklammert. Torri hatte sie nicht einmal bemerkt, als sie zum Tanken angehalten hatte.

RÜSSELKÜNSTLER
Windi, die Elefantenkünstlerin, ist die größte Attraktion im Taman Safari Park im indonesischen Bogor. Mit dem Rüssel schwingt sie den Pinsel und malt damit riesige Gemälde auf Leinwand. In ihren ersten sechs Monaten im Park malte die 18-jährige Elefantendame 50 Bilder, von denen viele für mehr als 20.000 Indonesische Dollar (€ 1,30) verkauft wurden. Weitere ihrer Werke sind vor dem Parkrestaurant zu sehen.

MUNDGERUCH
Im Mai 2005 entfernten Tierärzte im Seneca Park im New Yorker Rochester mit Hammer und Meißel einen infizierten Zahn aus dem Maul eines 350 kg schweren Eisbären namens Yukon. Anschließend litt der Bär nicht mehr unter Mundgeruch.

FÜNFBEINIGER HUND
Im November 2003 wurde in der Nähe eines öffentlichen Parks in Raleigh, North Carolina, ein fünfbeiniger Hund gefunden. Bislang hatten Hunde mit derartigen Geburtsfehlern nie lange überlebt, aber der Malteser-Terrier-Mischling Popcorn war mindestens neun Monate alt. Ein Tierarzt entfernte das überschüssige Bein, da es den Hund beim Laufen behinderte, sowie ein nutzloses Bein, das in einem 900-Winkel abstand. So wurde Popcorn vom fünf- zum dreibeinigen Hund.

LEBENSHAUCH
Als eines von Eugene Safkens Junghühnern 2005 in einer Badewanne ertrank, wiederbelebte es der Bauer mit Mund-zu-Schnabel-Beatmung! Nachdem er es durch Schütteln nicht mehr zum Atmen brachte, hauchte er ihm Luft ein, bis es wieder gackerte. Safken erzählt: „Ich schrie: 'Du bist zu jung zum Sterben', und bei jedem Schrei gackerte das Tierchen!"

KATZENKUNST
Eine talentierte Tigerkatze namens Bud D. Holly, die mit ihrer Besitzerin Sharon Flood in einer Kunstgalerie in Mendocino, Kalifornien, lebte, zeigte 1992 eine Ausstellung mit eigenen Bildern. 20 ihrer Werke, die sie mit ihren Pfoten und Wasserfarben gemalt hatte, wurden für teilweise über $ 100 (€ 60) verkauft.

DÉJÀ VU
Ein kanadischer Segler und sein Hund, ein Miniaturpinscher, wurden im Mai 2002 zweimal in einer Woche von derselben Insel gerettet. Melvin Cote wollte den Sommer auf den Queen-Charlotte-Inseln verbringen, aber bei einem schweren Unwetter kenterte sein Boot. Nach der Bergung segelten Cote und sein Hund zu dem Wrack zurück, um ihre Sachen einzusammeln, und kenterten erneut an derselben Stelle!

MEHR ALS EIN MAULVOLL
Der Golden Retriever Auggie liebt Tennisball-Kunststückchen. Seine Besitzerin Lauren Miller führte mit ihm vor, wie er fünf Tennisbälle auf einmal mit dem Maul vom Boden aufsammelt.

LEBENDIG BEGRABEN
Mitfühlende Elefanten in Kenia bestatten schlafende Jäger mit Blättern und Ästen, weil sie sie für tot halten.

TÖDLICHER KAMPF
Ein 73-jähriger Kenianer griff einem angreifenden Leoparden ins Maul und tötete ihn, indem er ihm die Zunge herausriss. Der Bauer Daniel M'Mburugu wollte im Juni 2005 am Mount Kenya seine Ernte einholen, als der Leopard aus dem hohen Gras am Feldrand hervorsprang. Aber M'Mburugu stieß ihm die Faust in den aufgerissenen Rachen, griff nach der Zunge und verletzte das Tier tödlich.

KATZENANRUF
Nach einem Notfallanruf trat die Polizei von Auckland, Neuseeland, 2005 die Tür eines Hauses ein und fand heraus, dass der Anruf von der Katze des Hauseigentümers getätigt worden war! Die Katze namens Tabby hatte den Notruf aus Versehen ausgelöst, als sie über das Telefon gelaufen war.

KLOPF, KLOPF!
Ein kroatischer Bär hat gelernt, sich Zutritt zu Wohnhäusern zu verschaffen, indem er an die Tür klopft. Fachleute glauben, dass der 222 kg schwere Braunbär seinen Trick lernte, als er aus Versehen an eine Tür klopfte, die er aufdrücken wollte.

JUNG UND ALT

Nach dem Tsunami in Asien im Dezember 2004 verwaiste ein 300 kg schweres Baby-Nilpferd, weil seine Mutter fortgeschwemmt worden war. Aber der kleine Owen wurde von einer 130 Jahre alten Schildkröte namens Mzee adoptiert. Owen wurde an der Küste aufgelesen und in den Haller Park im kenianischen Mombasa überführt. In dem Park leben zwar auch andere Nilpferde, aber der Kleine lief bei seiner Ankunft schnurstracks auf die alte Schildkröte zu, und seitdem ist das Paar unzertrennlich. Um sich auszuruhen, legt Owen oft seinen Kopf auf den Panzer seiner Ziehmutter.

Das kleine Nilpferd liebkost zärtlich den ausgestreckten Hals von Mzee.

BIENENLIEBE

Marin Tellez erregte im September 2005 Aufsehen in der kolumbianischen Stadt Bucaramanga, als er auf seinem Körper 500.000 Bienen herumkrabbeln ließ!

Nur mit einer Mütze und kurzen Hosen bekleidet und ohne chemischen Schutz war der 35-jährige Imker zwei Stunden lang mit den aggressiven Afrikanischen Bienen auf Tuchfühlung.
Nachdem die Bienenkönigin auf ihm gelandet war, folgte der Rest des Schwarms ihrem Geruch.
Die Zuschauer mussten neun Meter weit von der Tribüne, auf der Tellez stand, Platz nehmen, und andere Bienenzüchter standen in Imkeranzügen um ihn herum und hielten Rauchbehälter für den Notfall bereit.
Tellez erklärte: „Ich arbeite schon seit 23 Jahren mit Bienen und ich weiß, wie sie sich verhalten. Wenn ich entspannt bleibe und meine Ruhe auf sie übertrage, dann verletzen sie mich nicht."

Er behauptet, schon so oft gestochen worden zu sein, dass er immun gegen das tödliche Bienengift ist. Seine schlimmste Erfahrung hatte er mit 17 Jahren, als er von 150 Bienen auf einmal gestochen wurde.
Er rettete sich damals, indem er in einen Wassertank sprang.

Nachdem sich die Bienenkönigin auf Tellez niedergelassen hatte, folgten ihr die anderen 499.999 Bienen des Schwarms und bedeckten den kompletten Körper des Imkers.

Laut Tellez ist der Schlüssel zum Erfolg absolute Ruhe! Er sagt, dass die Bienen die Ruhe übernehmen und einfach weitermachen wie gewohnt, auch wenn sie auf einem Menschen sitzen.

KLEINES WUNDER
Jeden Herbst fliegt der nur sechs Gramm schwere und neun Zentimeter lange Rubinkehl-Kolibri 1000 km weit ohne Unterbrechung von Nordamerika über den Golf von Mexiko nach Südamerika.

LUXUSHÜTTE
Aufgrund des Letzten Willens ihres verstorbenen Eigentümers leben der Chihuahua Frankie und die Katzen Ani und Pepe Le Pew in einer 20 Millionen Dollar (13 Millionen Euro) teuren Villa in San Diego. Ihre Tierpfleger bewohnen hingegen nur ein kleines Appartement.

HÜHNERPARADE
20 Hühner stellten auf einem japanischen Laufsteg den neuesten Schrei für die modebewusste Henne vor. Der österreichische Modedesigner Edgar Honetschläger bietet seine Hühnerkollektion in den Größen Small, Medium, Large, Extra Large und Truthahn an.

UNERWARTETER ANTRAG
Der Taubenliebhaber John Elsworth aus Houston, Texas, wollte seiner Freundin Ida einen Hochzeitsantrag per Brieftaube machen. Aber der Vogel verirrte sich und brachte den Brief stattdessen zu Rita Williams. Diese lud John ein, und die beiden verliebten sich und heirateten.

HAMMER-SCHLEMMEREI
Beim Hummerwettessen im Weathervane-Restaurant im Jahr 2004 verschlang Barry Giddings aus Chester, Vermont, 19 Hummer in nur 35 Minuten!

VOGELDUO
2005 baute sich ein deutsches Storchpärchen ein Nest mitten auf einem Golfplatz und füllte es mit gestohlenen Golfbällen. Als sie zu viele Bälle zusammengetragen hatten, bauten sie einfach ein zweites Nest. Gewöhnlicherweise nisten Störche nicht auf dem Boden.

KÄNGURU-BAR

Boomer, ein 18 Monate alter Känguruwaise, wird von Kathy Noble, der Besitzerin des Comet Inn in Hartley Vale, Australien, mit Erdnüssen gefüttert. 2005 wurde das Kängurubaby im Beutel seiner toten Mutter am Straßenrand gefunden. Ausgewachsen fühlt sich Boomer in der Bar so wohl, dass er Stammgast geworden ist.

AFFENTHEATER

Mr. Jiggs, eigentlich eine Affendame, die in den USA Fernsehkarriere machte, war nicht unbedingt jedermanns Liebling. Auf dem Weg zu einem Pfadfinderfest, auf dem sie zur Unterhaltung auftreten sollte, spazierte sie gemeinsam mit ihrem Trainer Ronald Winters in voller Pfadfindermontur in eine Bar in Freehold, New Jersey. Die Inhaberin Joan Hemmer erschrak derart, dass sie ihr Glas fallen ließ, gegen eine Wand prallte und sich die Schulter verletzte. Sie verklagte Winters, verlor den Prozess aber.

BESONDERE REPTILIEN

★ Die Nordamerikanische Strumpfbandnatter kann 100 Junge auf einmal gebären.
★ Zweiköpfige Schlangen kämpfen häufig mit sich selbst um Futter.
★ Um Magenverstimmungen vorzubeugen, schleppen Krokodile bis zu zwei Kilogramm Kieselsteine in ihrem Magen mit sich herum.

FRISBEE-MEISTER

Der Hund Ashley Whippet war ein Meister im Frisbeescheibenfangen und wurde 1974 zur Frisbee-Weltmeisterschaft eingeladen, die eigentlich nur für Menschen gedacht ist. Von seiner Leistung beeindruckt, führten die Organisatoren eine eigene Disziplin für Hunde ein, bei der Ashley der erste Hundeweltmeister wurde. Er führte seine Kunststücke beim Super Bowl und im Weißen Haus vor, und zu seinem Tod im Jahr 1985 erschien ein Nachruf im Magazin *Sports Illustrated.*

TIERISCHER OPERNFAN

Die australische Opernsängerin Judith Dodsworth findet immer einen Duettpartner - und zwar in ihrem Windhund Pikelet. Miss Dodsworth erzählt, dass der Hund sie bei ihren Proben einfach musikalisch begleitete und seitdem immer mit ihr singt. „Als ich meinen Mund aufmachte, stimmte er ein. Er ist nicht schlecht, singt aber sehr laut und hoch." Pikelets Lieblingskomponist ist übrigens Puccini.

KATZENFLUG

Als die Tigerkatze Tabitha 1994 während eines Fluges nach Kalifornien aus ihrem Käfig entkam, musste sie eine 48.000 km weite Reise als blinder Passagier mit den Zwischenstationen Los Angeles, Miami, Puerto Rico und New York zurücklegen. Die Passagiere des Flugzeugs hörten dann und wann ein leises Miauen, das die Besitzerin Carol Ann Timmel dazu veranlasste, eine gerichtliche Verfügung einzuholen, um das Flugzeug am New Yorker JFK-Flughafen zwischenlanden zu lassen, damit man es durchsuchen konnte. Man fand Tabitha unter einem Deckenpaneel hinter dem Passagierabteil. Die todesmutige Katze wurde zur Nationalheldin und zur Hauptfigur eines Bestsellers.

SELTSAME BETTGENOSSEN

Klapperschlangen überwintern in Gruppen von bis zu 1.000 Exemplaren. Dabei teilen sie ihre Schlafstätte häufig mit Präriehunden, die außerhalb des Winterschlafs ihre Lieblingsbeute sind!

WUNDERHUND

Auf der Jagd nach einer Seemöwe im englischen Beachy Head fiel der Retriever Henry 2001 von einer Klippe in das 43 m tiefer liegende Meer. Die Eigentümerin Louise Chavannes dachte, er sei tot, aber der Hund schwamm einfach ans Ufer zurück - mit nichts weiter als einem gebrochenen Bein! Er war mit dem Bein auf einen Felsen geprallt, doch das Wasser hatte seinen Sturz gebremst.

MUSEEN

Blackpool

Das Museum wurde 1991 in Großbritannien eröffnet und steht im berühmten Pleasure Beach Vergnügungspark von Blackpool. Es enthält mehrere orientalische Artefakte aus Ripley's beiden Häusern in New York und dient als Ersatz für Ripley's erstes Museum in der Stadt und in Europa.

AFRIKANISCHE FRUCHTBARKEITSFIGUR
Schnitzfiguren wie dieses Exemplar aus Nigeria standen in den Häusern von Paaren mit Kinderwunsch häufig unter dem Bett der Frau.

INDONESISCHE TANZMASKE
In den 1930ern reiste Ripley in den Fernen Osten und sammelte zahlreiche schöne, fein gearbeitete Masken.

MOCHE-SCHÄDEL
Dieser Moche-Indianer lebte um 700 in Peru. Die Peruaner erbrachten ihrem leicht zu erzürnenden Gott damals noch Menschenopfer.

NICHT-VERPASSEN!

- Eine lebensgroße sechsbeinige Kuh
- Chinesische Kamelknochen-Schnitzereien
- Der Albino-Biber
- Inschriften auf Reiskörnern
- Ein zweiköpfiges Reh
- Das Steingeld der Yap, die größte und seltsamste Währung der Welt
- Mit Tukanfedern geschmücktes Schamanengewand
- Ein Robotersoldat aus Autoteilen

KNOCHEN-SCHNITZEREI
Dieses geschnitzte Kunstwerk besteht aus Kamelknochen und wurde innerhalb von drei Monaten von 18 Handwerkern erschaffen.

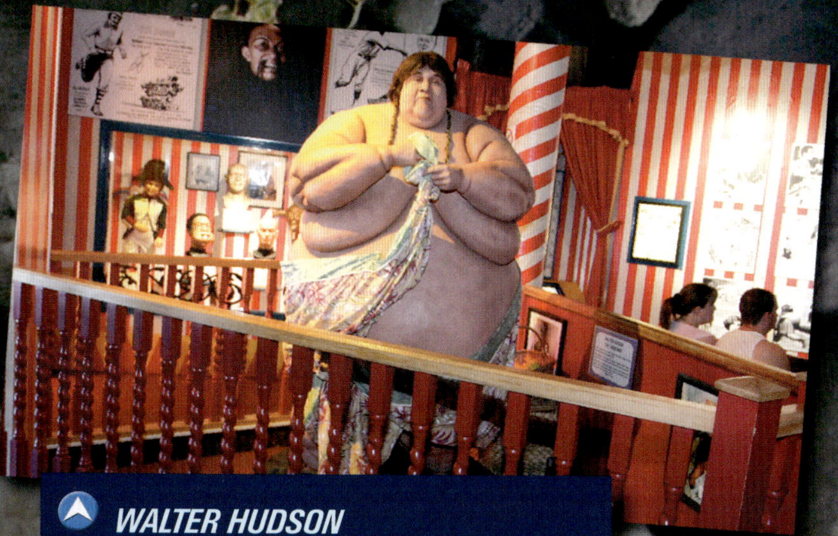

WALTER HUDSON
Walter, der 1987 stolze 635 kg wog, wurde damit berühmt, dass er 27 Jahre in seinem Schlafzimmer verbrachte.

STROHGITARRE
Eine voll funktionsfähige akustische Gitarre aus der Karibik.

WOLLKNÄUEL
Dieser Wollknäuel mit einem Durchmesser von 1,20 m und einem Gewicht von über 272 kg wurde über einen Zeitraum von neun Jahren hinweg aufgewickelt.

KROKO-GOTT
Die Eingeborenen von Neuguinea fürchten Krokodile einerseits, beten sie andererseits aber auch als die Urväter der Menschheit an.

KATZENKLO

Schluss mit lästiger Katzenstreu! Das verspricht jedenfalls der Litter-Quitter, eine geniale Erfindung, mit der Katzen lernen können, dieselbe Toilette zu benutzen wie ihre Eigentümer. Der Litter-Quitter besteht aus drei Scheiben, die auf die Toilettenschüssel gelegt werden. Je nach Farbe - Rot, Gelb und Grün - haben die Scheiben größere Becken mit weniger Katzenstreu, sodass sich die Katzen langsam an den Gebrauch einer Menschentoilette gewöhnen können.

INSEKTENZAUBER

Kapuzineräffchen verwenden ein recht ungewöhnliches natürliches Insektenvertreibungsmittel: Sie reiben sich mit Tausendfüßlern ein.

WIEDERVEREINIGUNG

Sieben Jahre, nachdem die Katze Cheyenne aus ihrem Zuhause in Florida verschwunden war, kehrte sie 2004 zu ihrer Besitzerin Pamela Edwards zurück, nachdem man sie 4.500 km weit entfernt in San Francisco aufgelesen hatte.

SELTSAMER FÖTUS

In Alaska wurde 2002 ein 30 cm großer zweiköpfiger Elchfötus gefunden. Die Mutter war von einem Jäger erschossen worden.

ÜBERLEBENSKÜNSTLER

Talbot, eine sechs Monate alte streunende Katze, spazierte 1999 in eine Autofabrik im englischen Ryton und machte es sich im Rohbau eines Peugeot 206 auf dem Fließband gemütlich. Der Wagen wurde inklusive Katze in einen 63°C heißen Farbtrocknungsofen gefahren. Erstaunlicherweise überlebte das Tier, wenn auch mit verbrannten Vorderpfoten und versengtem Fell.

SKATEBOARD-HUND

Nur wenige Sport treibende Haustiere sind solche Meister ihres Fachs wie Tyson, die Bulldogge, die Skateboard fährt. Tyson stammt aus dem kalifornischen Huntington Beach und trainiert jeden Tag. Er besteigt das Brett ohne fremde Hilfe und läuft mit drei Pfoten auf dem Asphalt an, während er mit der vierten das Brett steuert. Sobald er die richtige Geschwindigkeit erreicht hat, springt er mit allen Pfoten auf das Brett und rast durch die Stadt.

Zwei Schweinchen beim Wettschwimmen.

DIE SCHWEINE-OLYMPIADE

Im April 2005 kamen Tausende von Zuschauern in einem Park in Shanghai zusammen, um einer Herde von Minischweinen bei der so genannten „Schweine-Olympiade" zuzusehen.

Die Schweine gehören einer Zwergrasse aus Thailand an und werden schon kurz nach ihrer Geburt trainiert. Auftreten können sie bereits mit einem Jahr. Sie lernen, über Hürden zu springen, durch Reifen zu hüpfen, ins Wasser zu tauchen und zu schwimmen. Eigentlich können diese kleinen Sportschweine fast alles - außer fliegen.

Die Schweinchen kämpfen bei einem Hürdenlauf um den ersten Platz.

FÜNFBEINIGER FROSCH
Im August 2004 fand der 9-jährige Cori Praska in der Nähe von Stewartville in Minnesota einen fünfbeinigen Frosch. Drei der Beine waren normal gewachsen, aber aus dem vierten ragte ein Stummelbein heraus, an dem drei Füße hingen.

HEILENDE PFOTEN
In den 1980er Jahren besaß Jane Bailey aus dem englischen Lyme Regis einen Kater namens Rogan, der angeblich Heilkräfte besaß. Indem er seinen Patienten die Pfoten auflegte, konnte er Arthritis und Rückenverletzungen heilen. Er wurde so berühmt, dass am Ende bis zu 90 Menschen in der Woche seine Hilfe annahmen. Sein Fell, das täglich gekämmt wurde, besaß ebenfalls Heilkräfte und wurde knäuelweise an Bedürftige verschickt.

LANGE REISE
1923 wurde der Collie Bob bei einem Besuch in Indiana von seiner Familie getrennt. Sechs Monate später aber tauchte er wieder vor seinem Zuhause in Silverton, Oregon, auf. Er war 4.500 km durch sieben Bundesstaaten gelaufen!

TIERISCHER SPION
Ein Sondereinsatzkommando der Polizei von Phoenix, Arizona, kündigte 2005 an, einen kleinen Affen zum Spion auszubilden. Das Kapuzineräffchen soll eine blaue kugelsichere Weste, eine Videokamera und ein Funksprechgerät tragen und sich in Gebiete vorwagen, die Polizisten oder Roboter nicht erreichen können.

ZURÜCK AN DIE ARBEIT!
Zu Beginn des 20. Jahrhunderts, als im New Yorker Central Park noch Schafe grasten, hütete der Collie Shep die Herde. Als er in den Ruhestand trat, wurde er auf eine Farm 64 km außerhalb von New York geschickt. Doch der Hund floh kurz entschlossen und fand seinen Weg zurück in die Stadt, die er noch nie zuvor verlassen hatte, indem er zunächst auf einer Fähre nach Manhattan Island fuhr und sich dann von der 42. Straße bis zum Central Park schnüffelte.

SPRECHENDER GORILLA
Die 1971 geborene Gorilladame Koko war in der *New York Times* und auf dem Cover mehrerer namhafter Illustrierten zu sehen, drei Bücher wurden über sie geschrieben und die Wissenschaftler hängen ihr förmlich an den Lippen. Ihre Lebensgeschichte wurde sogar im Fernsehen gezeigt. Koko lebt in der Gorillastiftung im kalifornischen Woodside und kann mit Menschen kommunizieren. Seit ihrer Kindheit lernte sie von Dr. Francine (Penny) Patterson die Zeichensprache und kennt nun mehr als 1.000 Worte. Außerdem versteht sie um die 2.000 Worte gesprochenes Englisch und hat einen erwiesenen IQ zwischen 70 und 90 auf der menschlichen Skala, auf der 100 als Normalwert gilt. Koko kann auch eine Kamera bedienen und telefoniert sehr gern.

PAPAGEIENZEUGE
Im November 1994 wollte ein Verteidigungsanwalt aus dem kalifornischen San Francisco einen Papagei in den Zeugenstand rufen, weil er hoffte, dass der Vogel den Namen des Mörders seiner Eigentümer nennen würde. Der Richter weigerte sich aber, das Tier als Zeugen zuzulassen.

TIERBESTATTER
1997 gründete Patrick Pendville das erste belgische Tierbestattungsunternehmen. Animatrans bietet Überführung, Einzel- und Gruppeneinäscherung, Urnen, Taxidermie und Maskenabdrücke an. Jedes Jahr bestattet er um die 1.200 Tiere. Seine Kunden bringen ihm nicht nur Katzen und Hunde, sondern auch Vögel, Ziegen, Pferde und Schafe oder Exoten wie Krokodile, Tiger, Schlangen und Affen.

Patrick Pendville mit einem ausgestopften Haustier in seiner Taxidermie-Werkstatt.

HELFENDE HUFE
Wer in Raleigh, North Carolina, einkaufen geht, hat vielleicht das Glück, einem 61 cm großen Minipferd in Turnschuhen und warmer Überdecke zu begegnen. Es handelt sich um Blindenpferde, die ihren Kunden helfen, sich im Gewimmel der Einkaufszentren zurechtzufinden. Janet und Don Burleson trainieren die Pferdchen seit dem Jahr 1999.

WANDERKATZE
Die Perserkatze Sugar reiste 1953 ihren Besitzern 2.414 km weit vom kalifornischen Anderson nach Gage, Oklahoma, hinterher, nachdem diese umgezogen waren. Wegen eines Hüftschadens war die Katze bei Freunden untergebracht worden, aber trotz ihrer Verletzung trat Sugar ihre zwölfmonatige Reise an.

TROMPETENCHOR
Das thailändische Elefantenorchester besteht aus zwölf Riesenelefanten, die gigantische Instrumente spielen. Ihre letzte CD wurde in den USA 7.000-mal verkauft.

COMPUTERFEHLER
1988 schickte Mastercard einen Brief an Fustuce Ringgenburg aus Hemet, Kalifornien, mit einem Angebot über ein Kreditlimit von $ 5.000 (€ 3.500). Das Problem: Fustuce war die Katze der Ringgenburgs!

MINIKATZE
Eine Colourpoint-Katze aus den USA namens Tinker Toy hatte ein Stockmaß von nur sieben Zentimetern und eine Länge von 19 cm.

WINDELWUNDER
Dr. Kobi Assaf aus dem Hadassah-Krankenhaus in Jerusalem behandelte ein zwölf Monate altes Baby, das einen giftigen Schlangenbiss überlebte, weil seine Windel das Gift absorbierte.

HOCHZEITSSUITE
Das im August 2005 eröffnete Liebeshotel für Hunde ist mit einem herzförmigen Deckenspiegel und einer Kopfleiste in Knochenform ausgestattet. Die beiden Yorkshireterrier Billy und Jully übernachteten in dem Tierhotel im brasilianischen Sao Paulo. Der Raum bietet eine Klimaanlage, dimmbare Leuchten, romantische Musik und hundegerechte Filme. Zwei Stunden in dem Liebesnest kosten $ 54 (€ 36).

SPRACHBARRIERE
Ein Kunde in einer Zoohandlung im kanadischen Quebec drohte 1996, den Laden beim Amt für französische Sprache anzuzeigen, weil man ihm einen Papagei vorgeführt hatte, der nur Englisch sprach.

FISCHHÜTER
An der Küste Neuseelands wurden vier Schwimmer von Delfinen gerettet, die sie dicht umschwammen, um sie vor einem angreifenden Hai zu schützen.

COOLER KÖTER

Unglaublich, aber wahr: Durch die chinesische Stadt Nanjing fährt ein Dalmatiner mit Sonnenbrille ein Motorrad mit Beiwagen! Seinem Besitzer zufolge kann der Hund bis zu 200 m weit mit einer Geschwindigkeit von bis zu acht Stundenkilometern fahren.

ALLERGISCHES PFERD
Das Pferd Ted muss auf Zeitungspapierstreifen schlafen, weil es ausgerechnet auf Heu allergisch ist, das ihn zum Husten und Niesen bringt. Seine Eigentümerin Samantha Ashby aus dem englischen Coventry muss sogar sein Futter dämpfen, um allen Heustaub zu entfernen.

MODISCHER TERRIER
Heather Nicosia aus New York besitzt nicht nur eine Boutique, sondern auch den wohl modischsten Hund der Stadt. Für ihren Yorkshireterrier Woody fertigt sie eine eigene Modelinie namens WoodyWear an, die vom Schlafanzug bis zum Batman- oder Spidermankostüm alles zu bieten hat.

FANTASTISCHER FISCH
Der Oranda-Goldfisch Bruce ist vom Maul bis zur Hinterflosse unglaubliche 43,51 cm lang! Er ist nach der verstorbenen Kung-Fu-Legende Bruce Lee benannt und schwimmt gemeinsam mit normalgroßen Goldfischen im Ocean Aquarium in Shanghai herum.

HUNDESTRAND
Bau Beach, nördlich der italienischen Hauptstadt Rom, ist ein Strand der etwas anderen Art: Er wurde 2000 eröffnet und ist speziell für Hunde ausgestattet. An den meisten italienischen Stränden sind Hunde verboten, aber hier wird ihnen für fünf Euro ein Sonnenschirm, ein Handtuch und eine Hundeschüssel zur Verfügung gestellt. Ihre Besitzer werden mit einer Schaufel bewaffnet, um die Häufchen zu beseitigen. Nach dem Spielen im Wasser können die Hunde unter einem Hochdruckschlauch duschen.

BULLENJAGD
Trotz sechs Fällen von Massenpanik, bei denen jedes Mal über 100 Menschen verletzt wurden, sind beim jährlichen Bullenrennen im spanischen Pamplona seit 1900 nur 15 Menschen ums Leben gekommen.

MUTTERMILCH
Im Zoo im chinesischen Hefei säugt eine Hündin zwei kleine Tigerjunge. Die Tigermutter hatte nicht genug Milch, weswegen die Tierpfleger eine Hundeamme einsetzten.

EIFRIGE BIBER
Als die Polizei von Greensburg, Los Angeles, nach gestohlenem Geld suchte, fand sie schließlich Tausende von Dollar in einem Biberdamm. Die Tiere hatten das Geld offensichtlich in ihrem Flüsschen entdeckt und in ihr Zuhause eingewebt.

FRETTCHENLIEBE
C.J. Jones ist ganz verrückt nach Frettchen. Nachdem sie sich in ein verletztes Frettchen verliebt hatte, das in dem Tierkrankenhaus, in dem sie arbeitete, eingeliefert worden war, gründete C.J. 1997 das „24-Carat-Frettchen-Tierheim" in Las Vegas, Nevada. Sie betreut bis zu 90 Frettchen gleichzeitig und hat bislang mehr als 1.500 Tiere gerettet.

I-AHH!
In der kleinen kolumbianischen Stadt Florissant wurde Paco Bell zum Bürgermeister gewählt. Unglaublich, aber wahr: Paco ist ein Esel!

SPRUNGHAFTER JACK
Der 6-jährige Terrier Jack erlangte Berühmtheit, als er 2001 von den Dart-Turnieren in einem walisischen Pub ausgeschlossen wurde, weil er nach jeder Runde an der Dartscheibe empor sprang, die Pfeile wegschnappte und mit ihnen flüchtete. In seiner Jugend konnte Jack mit Leichtigkeit 1,73 m hoch springen und schnappte sich dabei auch Pfeile, die ganz oben in der Scheibe steckten.

SPRECHENDE KATZE
Pala, ein schwarz-weißer Kater der in den 1960er Jahren im türkischen Konya lebte, hatte angeblich den Wortschatz eines einjährigen Kindes. Sein Besitzer Eyup Mutluturk erzählte, dass der Kater eifersüchtig geworden war, weil Eyups Enkelkinder so viel Aufmerksamkeit bekamen. Daraufhin lernte er zu sprechen.

BELLEN ERLAUBT!
Der Dog Bark Park („Hundebellpark") ist das Zuhause von Toby, einer 3,70 m hohen Statue, und Sweet Willy, offiziell bekannt als das Dog Bark Park Inn, einer Bed-and-Breakfast-Pension. Die Gäste schlafen im Bauch der Beaglestatue und können es sich in der Leseecke in der Hundeschnauze gemütlich machen.

NACHGEFRAGT
ELEGANTE EIDECHSEN

Henry Lizardlover (deutsch: „Echsenliebhaber"), 54, bewohnt sein Haus in Hollywood mit 35 Eidechsen und nimmt atemberaubende Bilder auf, die die Tiere in menschlichen Posen zeigen. Er liebt die Reptilien so sehr, dass er sogar seinen Namen ändern ließ!

WIE LANGE WOHNEN SIE SCHON MIT DEN EIDECHSEN ZUSAMMEN?

„Seit 1981. Ich habe ein großes Haus mit verschiedenen Zimmern für die Tiere. Sie leben nicht in Käfigen, damit sie sich an den Umgang mit Menschen gewöhnen können. Das ist mein Geheimnis."

WARUM HABEN SIE IHREN NAMEN GEÄNDERT?

„In den späten 1980er Jahren habe ich meinen Nachnamen von 'Schifberg' in 'Lizardlover' geändert. Ich wollte meine Liebe zu den Reptilien zum Ausdruck bringen und das Vorurteil abbauen, dass Eidechsen hinterhältige Kriechtiere sind. Mit meinem neuen Namen habe ich das Gefühl, ein Mitglied der Eidechsenfamilie zu sein."

WIE SCHAFFEN SIE ES, DASS DIE EIDECHSEN IHRE POSE FÜR DIE BILDER EINNEHMEN?

„Wenn eine Eidechse entspannt ist und Ihnen vertraut, zeigt sie erstaunlich intelligentes Verhalten und hält die Position bis zu einer Stunde lang freiwillig, solange sie nur auf bequemen Möbeln sitzt."

MÜSSEN SIE DIE TIERE TRAINIEREN?

„Nein. Sie bekommen von mir ein bequemes Zimmer, und sie sehen mich jeden Tag. Ich benehme mich unbedrohlich und bewege mich vorsichtig, damit sie merken, dass ich ein freundliches Geschöpf bin."

WELCHES SIND IHRE LIEBLINGSBILDER?

„Mein Lieblingsbild zeigt Hasbro, einen Leguan, den ich früher hatte, wie er eine Gitarre hält und in ein Mikrophon singt. Es gibt auch ein Bild von einem großen Leguan, der einen kleinen in den Armen wiegt. Es zeigt die Liebesfähigkeit dieser Tiere. Zu meinen besten Motiven für Postkarten und Kalender zählen die Leguane Lovable und Prince Charming und die Grünen Wasseragamen Larry Love, Laura Love und Lana Love."

SIE POSIEREN WIE MENSCHEN - ABER BENEHMEN SIE SICH AUCH SO?

„Manchmal nehme ich einige von ihnen mit auf einen Parkplatz zum Sonnenbaden. Nach 20 Minuten kommen sie ganz von selbst zurück in meinen Truck. Hasbro kratzte nachts an meiner Schlafzimmertür, kam in mein Bett und schlief neben mir ein. Morgens lag er mit seinen neun Kilogramm und 1,80 m Länge auf meiner Brust. Wenn es kalt war, kuschelte er sich unter die Decke."

MIT WELCHEN VORWÜRFEN WERDEN SIE KONFRONTIERT?

„Es gibt Leute, die behaupten, dass die Echsen nicht echt sind oder dass ich sie mit Drogen vollpumpe, hypnotisiere, lähme oder im Kühlschrank erstarren lassen. Andere meinen, dass die Tiere nicht atmen können, wenn sie posieren. Aber all das ist nicht wahr. Sie sind ruhig und entspannt. Verängstigte Eidechsen rennen herum und springen von den Wänden."

WAS MUSS MAN IM UMGANG MIT EIDECHSEN BEDENKEN?

„Nicht alle Eidechsen benehmen sich so gut wie meine. Ein ausgewachsener männlicher Leguan kann gefährlich werden, wenn er gerade in Brutstimmung ist, und manchmal halten diese Tiere Menschen dann für andere Männchen und greifen an. Sie können einem Fleischwunden zufügen und sogar ein Stück von der Nase abbeißen. Man muss stark auf ihre Körpersprache achten."

Nissan Tamir aus dem israelischen Omer züchtet seit Jahren Biogemüse. 2006 entdeckte er auf seinem Feld voller Überraschung zwei Rettiche, die zu Riesengröße herangewachsen waren. Beide wogen jeweils unglaubliche zehn Kilo!

Einfach
unglaublich!

KAMPF DER ROBOTER

Robosaurus ist ein zwölf Meter hoher, 30 Tonnen schwerer mechanischer Dinosaurier von nicht gerade friedlicher Gesinnung. Sein berühmter Vorgänger T-Rex sieht neben dem Ungeheuer, das Autos hochheben, zerquetschen, verbrennen und zerbeißen kann, wie ein Zwerg aus. Wenn ihm danach ist, macht Robosaurus auch vor Flugzeugen nicht halt.

Robosaurus hebt über 18.000 kg schwere Autos auf die Höhe eines 5-stöckigen Gebäudes. Er zerquetscht Fahrzeuge, reißt sie in zwei Teile und verbrennt Lack und Plastik. Mit seinen grauenerregenden Edelstahlzähnen reißt und beißt er Dächer und Türen ab.

Während T-Rex noch einen Kieferdruck von 1.360 kg hatte, ist Robosaurus mit seinen gut 30 cm langen Zähnen 7-mal so stark und kann sechs Meter lange Flammen aus seinen gewaltigen Nasenlöchern schießen. Die Vorderklauen von Robosaurus zerquetschen Autos und sogar 150-l-Metallfässer.

Der amerikanische Erfinder Doug Malewicki erschuf diese monströse Kreatur 1988. Sie kostete 2,20 Millionen US-Dollar (1,66 Millionen Euro) und wird von einem menschlichen Piloten gesteuert, der im Kopf des Ungetüms sitzt. Er bewegt Robosaurus mit Fußpedalen und steuert seine Bewegungen, indem er sie mit seinen eigenen Armen vorgibt. Robosaurus war schon in Kinofilmen und im Fernsehen zu sehen und begeistert Zuschauer bei Liveauftritten in den USA, Kanada und Australien.

Robosaurus ist eine gigantische elektro-hydromechanische Maschine. Auf dem Bild zur Linken türmt er sich mit seinem Riesenkopf und flammenwerfender Schnauze vor einem Kampfflieger auf. Er hat die Größe einer Vandenberg-Rakete.

GRÖSSER ALS DAS LEBEN SELBST

Aufrecht stehend erreicht Robosaurus die Höhe eines 5-stöckigen Gebäudes. Neben ihm sehen die Autos am Straßenrand wie Zwerge aus.

KAMPF DER GIGANTEN

	Höhe	Gewicht	Zahnlänge	Kieferdruck
Robosaurus	12 m	26.300 kg	30 cm	9.070 kg
 T-Rex	5 m	6.350 kg	20 cm	1.360 kg

JUNGER ELVIS
Salvino Accaputo aus Toronto, Ontario, wurde schon im zarten Alter von acht Jahren zum Elvis-Imitator. Unter dem Künstlernamen „Selvis" huldigt er dem King seit über 27 Jahren.

KLEINER FAHRER
Als sein 3-jähriger Cousin 2005 bei einem Sturz verletzt wurde, fuhr Tanishk Boyas ihn ins Krankenhaus - obwohl er selbst erst fünf Jahre alt war! Der kleine Held hatte in seiner Heimat Indien drei Monate zuvor angefangen, das Autofahren zu lernen, aber dies war das erste Mal, dass er den Familienwagen ohne erwachsene Begleitperson steuerte. Sein Vater sagte: „Er beobachtete mich immer beim Fahren und lernte dabei die Grundlagen."

PLAID-AUTO
Der Autokünstler Tim McNally aus Upper Montclair, New Jersey, hat seinen 1985er Buick Skyhawk von oben bis unten mit einem Plaidmuster versehen. Er malte jedes einzelne Quadrat von Hand und verzierte den Wagen außerdem mit Glasperlen, Strasssteinen, Fliesen, Marmor und Wasserspeiern.

EISIGE KUNST
Im Februar 2004 vollendete der 69-jährige Josef Strobl in Italien diese Eisskulptur. Seit 42 Jahren baut er jedes Jahr ein Exemplar. Einige der Skulpturen waren über 20 m groß. An jeder arbeitete er 300 Stunden lang unter Einsatz von je einer Million Litern Wasser.

HASENHIMMEL
Das Sprichwort „sich vermehren wie die Karnickel" haben Steve Lubanski und seine Frau Candace Frazee aus dem kalifornischen Pasadena für ihre Museumsidee wörtlich genommen: 1992 beherbergten sie noch ein einziges Kaninchen, doch mittlerweile sind es 12.000. In ihrem Hasenmuseum sammeln sie seit 14 Jahren alles rund um den Hasen. Von Spielzeughasen über Möbel, Bücher, Lampen, Küchengeräte, Toilettenartikel und Spiele folgt alles im Haus dem Hasenthema. Zwischen den Sammlerstücken hoppeln außerdem fünf echte Kaninchen herum.

TOTAL BANANE?
Becky Martz aus Houston, Texas, besitzt mehr als 5.000 verschiedene Bananenetiketten. Sie gründete ihre Sammlung 1991 und reiste sogar nach Europa, um andere Sammler kennenzulernen. Becky sammelt aber nicht nur Bananenaufkleber, sie hat auch 157 Spargelbänder und 93 Brokkolietiketten zusammengetragen.

LEICHTE LITERATUR
Dieses winzige Buch ist nur 13 x 6 mm groß und enthält 208 Seiten! Es trägt den Titel Brief von Galileo an die Großherzogin Cristina di Lorena *und steht zusammen mit 50.000 weiteren unbezahlbaren Büchern in der Cappuccini-Bücherei im italienischen Palermo.*

DIE EINSIEDLER VON HARLEM
Die Brüder Homer und Langley Collyer waren als die „Einsiedler von Harlem" bekannt. Ihre dreistöckige Villa in der Fifth Avenue 2078 in New York teilten sie sich mit 136 Tonnen Müll. Homer war blind und gelähmt und auf seinen Bruder angewiesen, der, um Einbrecher zu verscheuchen, versteckte Fallen im Haus angebracht hatte, die jeden unerwünschten Eindringling mit Tonnen von Müll überhäuften. Langley hatte Tunnel in den Müll gegraben, damit er zu dem Stuhl kriechen konnte, auf dem sein Bruder Tag für Tag saß. Im März 1947 wurde Homer tot aufgefunden, aber von Langley fand man keine Spur, bis man ihn drei Wochen später mitten im Müll entdeckte. Er war offenbar als erster gestorben, weil er in eine seiner eigenen Fallen gelaufen und unter dem Müllberg erstickt war. Homer war verhungert, weil ihn niemand mehr gefüttert hatte.

HASENTOPF
Ebony Andrews, eine 24-jährige britische Kunststudentin, bei einer Ausstellung ihrer Kunstwerke aus toten Tieren, zu denen nicht nur Hasentöpfe, sondern auch ein Stifthalter aus einer enthaupteten Eule zählen.

WEIHNACHTSWICHTEL
Für Jean-Guy Laquerre aus dem kanadischen Boucherville ist jeden Tag Weihnachten. Er besitzt mehr als 13.000 Sammlerstücke rund um den Weihnachtsmann, unter anderem Jo-Jos, Stifte, Kerzenhalter und Spieluhren. Seine Sammlung startete Laquerre 1988 mit einem Pappmaché-Weihnachtsmann, den er von seiner Tante erbte.

WAHNSINNS-HASEN

★ 2003 maßen die Ohren des Hasen Nipper's Geronimo aus dem kalifornischen Bakersfield sage und schreibe über 79 cm!

★ Ein französischer Wissenschaftler züchtete 2000 einen leuchtenden Hasen, indem er das grün fluoreszierende Protein einer Qualle in die Gene eines Albino-Hasen einfügte.

★ 2004 lebte in Holland ein Hase namens Roberto, der 1,20 m lang und 21 kg schwer war. Er musste in einer Hundehütte übernachten, weil er in keinen Hasenstall passte.

★ 1978 gebar die Häsin von J. Filek aus dem kanadischen Cape Breton 24 Häschen auf einmal.

KIPPENKÄFER
Der so genannte „Stinkkäfer" ist ein ungewöhnliches Auto mit einer noch ungewöhnlicheren Botschaft: Der VW Käfer von Carolyn Stapleton aus Orlando, Florida, ist über und über mit Zigarettenkippen bedeckt, um auf die Gefahren des Rauchens hinzuweisen. Über der Windschutzscheibe steht: „Hör auf!", und auf der Kühlerhaube ist ein Totenkopf auf einem Knochenkreuz zu sehen.

MAISANZEIGE

Der geschiedene Bauer Pieter DeHond wollte eine Kontaktanzeige aufgeben und diese bei aller Bauernehre nicht in einer Zeitung schalten, sondern auf einem Feld ausstreuen! Auf seiner Farm im New Yorker Canandaigua säte er innerhalb einer Stunde seine Liebesbotschaft in 15 m großen Buchstaben aus Maispflanzen aus. Unter der Botschaft prangte ein riesiger, 305 m langer Pfeil, der auf sein Haus zeigte. Obwohl man seine 274 x 183 m große Anzeige nur aus der Luft sehen konnte, führte sie zu 700 Anrufen und E-Mails.

SPORTFAN

John Carpenter aus Firebrick, Kentucky, besitzt mehr als 4.000 Sammelstücke rund um den Sport, zum Beispiel Baseballs, Basketbälle, Trikots, Tafeln, Helme und Briefe mit Autogrammen. Sein Prachtstück ist der Ball, den der Spieler Babe Ruth bei seinem 552. Homerun schlug.

STAUBSAUGERLIEBE

Der 1982 gegründete Club für Staubsaugersammler hat rund 40 amerikanische Mitglieder, die die gemeinsame Liebe zum Sauger verbindet. Zu ihnen zählt auch Stan Kann aus St. Louis, Missouri, der einen Anzug aus gebrauchten Staubsaugerbeuteln besitzt. Seine Sammlung umfasst mehr als 125 Geräte, und er kann verschiedene Staubsauger an ihrem Geräusch und dem Geruch der Beutel unterscheiden.

JAWORT AUF KLINGONISCH

Am 21.6.97: Die Star-Trek-Fans Jo Ann Curl und Vince Stone hielten in Evansville, Indiana, eine Klingonenhochzeit vor über 300 kostümierten Gästen ab! Die Braut trug eine dunkle Perücke und eine Latexstirn mit dicken Augenbrauen und sprach ihren Eid auf Klingonisch.

FRISCHHALTEBALL

Andy Martell aus dem kanadischen Toronto bastelte 2003 eine Kugel aus Frischhaltefolie, die einen Durchmesser von 137 cm und ein Gewicht von 20,40 kg hatte. Er fertigte sie im Scratch Daniels Restaurant an, wo er tagsüber als Koch arbeitete.

ENTENMÄDCHEN

Fast immer, wenn Ruth Grace Moulon durch das französische Viertel von New Orleans spazierte, wurde sie von bis zu einem Dutzend Enten verfolgt. Sie brachte den Vögeln bei, hinter ihr herzulaufen, und wurde deswegen in den späten 1950ern als das „Entenmädchen" bekannt. Ihretwegen zückten viele Touristen ihren Fotoapparat. Alle Enten trugen Namensvariationen des Namens von Ruths Freund Jimmy Cronin, einem Polizisten.

MONSTERHAUS

Ein unheimliches Gebäude ragt in der Vorstadt von Waxahachie, Texas, in die Nacht empor. Charles und Sandra McKee haben für umgerechnet $ 160.000 das Haus aus der Fernsehserie *Die Munsters* nachbauen lassen. Das zweistöckige, 540 m² große Gebäude wurde anhand von Fotos und Filmausschnitten rekonstruiert und verfügt über Geheimgänge, Opas Keller und eine Falltür, die in das Hoheitsgebiet von Spot führt, dem Deutschen Schäferhund der McKees, der nach dem Feuer spuckenden Hausdrachen der Munsters benannt ist.

VERSTOCKT

Robert McKay aus dem kanadischen Manitoba besitzt eine Sammlung von mehr als 600 hölzernen handgearbeiteten Gehstöcken.

SURFEN MAL ANDERS

47 Surfer ritten am 5.3.2005 an der australischen Gold Coast vier Minuten lang gemeinsam auf einem zwölf Meter langen und drei Meter breiten Surfbrett, dem wohl größten aller Zeiten.

SPIEL MIT DEM FEUER

2004 stand Steve mehr als 50-mal lichterloh in Flammen - öfter als die meisten Stuntmen während ihrer gesamten Karriere.

Unglaublich, aber wahr: Steve Truglia mag es, wenn man ihn anzündet! Er steht oft von Kopf bis Fuß in Flammen von bis zu 425°C. Der beste Feuer-Stuntman Großbritanniens war in zahlreichen Filmen und Fernsehsendungen zu sehen.

Steve führt seine Stunts häufig ohne Sauerstoff aus und kann seinen Atem, während er in Flammen steht, bis zu zwei Minuten lang anhalten. „Atmen kommt gar nicht in Frage", erklärt er, „denn das wäre sehr wahrscheinlich mein Ende."

Steve plant derzeit, seinen persönlichen Rekord im Langzeit-Brennen zu brechen, der bei zwei Minuten und fünf Sekunden steht. Der Berufsstuntman wurde schon in die Luft gejagt, zerquetscht, Treppen hinuntergeworfen und öfter „ermordet", als er zählen kann. Um die Straßensicherheit zu verbessern, arbeitet er außerdem als lebendige Crashtest-Puppe und rast freiwillig mit über 100 km/h mit dem Auto in Aluminium-Autobahnschilder, ohne sich zu verletzen.

Unter Wasser kann Steve seinen Atem sechs Minuten und zehn Sekunden lang anhalten, was ihm bei seinen Feuerstunts sehr zugute kommt. Für längere Stunts nutzt er allerdings eine versteckte Luftzufuhr.

RIESENBUDDEL
Diese gigantische Weinflasche, die bei Sotheby's versteigert wurde, enthielt 130 l Beringer Cabernet Sauvignon Réserve Privée 2001 - das sind 173 normale Flaschen und 1.200 Gläser! Sie wurde in einer eigens angefertigten Hartschalenkiste transportiert.

BIS IN DEN TOD
Der französische Postbote Ferdinand Cheval arbeitete 33 Jahre lang an seinem Palais Idéal, seinem Traumschloss. Den Grundstein legte er 1879. Von da an sammelte er auf seiner täglichen Route Steine, die er anfangs in seinen Taschen, dann in einem Korb und schließlich in einem Schubkarren transportierte. Häufig arbeitete er zur Verwirrung seiner Nachbarn auch nachts an seinem Haus. Nachdem ihm die Behörden verweigert hatten, in seinem Palais begraben zu werden, schuftete er acht Jahre lang an einem Mausoleum auf dem Friedhof von Hauterives in Südwestfrankreich. Er wurde gerade rechtzeitig fertig, denn im August 1924, knapp ein Jahr nach Abschluss der Arbeiten, starb er.

HÜHNERDIEB
Ein Mann aus Hillard, Ohio, raubte in einem riesigen Hühnerkostüm einen Lebensmittelladen aus!

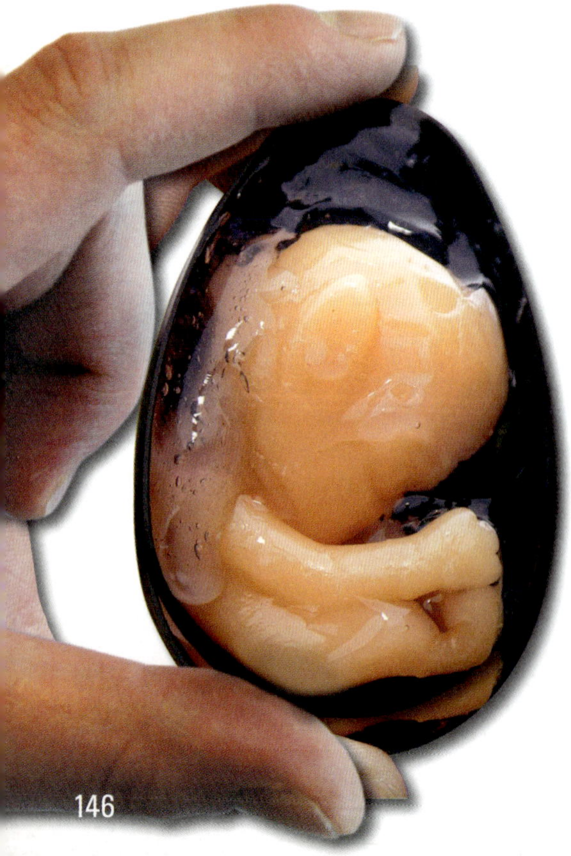

LUCKYS JO-JO
John „Lucky" Meisenheimer ist ein begeisterter Jo-Jo-Sammler. Seit seines Studiums auf der medizinischen Fakultät in Kentucky übt er Jo-Jo-Kunststückchen. Heute besitzt er eine Sammlung von mehr als 4.250 Exemplaren.

KARTENSAMMLER
Der New Yorker Harley Spiller huldigt dem chinesischen Lieferservice in Amerika auf eine besondere Weise: Er hat 10.000 Speisekarten von chinesischen Restaurants mit Lieferservice zusammengetragen, die aus allen Bundesstaaten der USA und 80 verschiedenen Ländern kommen. Die älteste Karte stammt aus dem Jahr 1879. Außerdem sammelte er Restauranttüten und besitzt eine lebensgroße Puppe im Lieferantenkostüm. „Um was für ein netteres Mitbringsel kann man seine Freunde schon bitten?", fragt er. „Speisekarten sind leicht und kosten nichts."

ALIEN-ALARM!
Ein schockierter Hausbesitzer aus dem englischen Bezirk Durham löste einen großen Polizeieinsatz aus, nachdem er einen schleimigen, eiförmigen Behälter gefunden hatte, in dem sich ein offenbar außerirdischer Fötus befand. Kriminalbeamte, Forensiker und ein Polizeiarzt rückten an, bis entdeckt wurde, dass es sich um ein Kinderspielzeug handelte.

AUF UND AB

★ Während der 1940er Jahre war die Stadt Luck (deutsch: „Glück") in Wisconsin die Welthauptstadt der Jo-Jos, in der unglaubliche 3.600 Jo-Jos in der Stunde hergestellt wurden.
★ 1962 verkaufte die Duncan Company in den USA 45 Millionen Jo-Jos, obwohl es in dem Land nur 40 Millionen Kinder gab.
★ 1990 stellte der Schnitzkurs der Shakamak High School in Jasonville, Indiana, ein Jo-Jo her, das einen Durchmesser von 1,80 m hatte und 372 kg wog. Das Riesen-Jo-Jo wurde von einem 49 m hohen Kran herabgelassen und schnellte zwölf Mal wieder empor.
★ Der Amerikaner Hans Van Dan Helzen führte 2004 in nur einer Minute 51 verschiedene Jo-Jo-Tricks vor.

COOLE OMA
Im September 2004 reiste die 84-jährige Großmutter Mary Murphy 100 km weit vom kalifornischen Long Beach nach Catalina Island - auf Hydrofoil-Wasserskiern! Sie sagte, sie habe den vierstündigen Ausflug machen wollen, solange sie noch jung genug dazu war.

KAUGUMMI-SCHÖNHEITEN
Etwa 40 Stunden und 500 Streifen vorgekauten Kaugummi braucht Jason Kronenwald für eines seiner Gum-Blonde-Portraits. Kronenwald kaut selber nicht gerne Kaugummi, darum hat er ein Kau-Team zusammengestellt, das ihm verschiedene Geschmacksrichtungen und Farben vorkaut. Die Portraits werden auf 60 x 80 cm großen Sperrholzplatten angefertigt. Kronenwald, der aus dem kanadischen Toronto stammt, startete seine Gum-Blonde-Serie 1996 und hat schon klebrige Portraits von Schönheiten wie Britney Spears, Paris Hilton und Brigitte Bardot angefertigt.

GALERIE
Aus den Archiven

AUF STELZEN
1958 lief Angelo Corsaro aus dem italienischen Catania 898 km weit auf Holzstelzen zum Vatikan.

ARBEITSTIER
William Beck nutzte seinen Labrador als Golfcaddy. Der Hund war besonders gut darin, verlorene Bälle wiederzufinden.

BELLA MARTHA
Martha Morris wurde ohne Arme geboren, konnte aber mit Hilfe ihrer Füße trotzdem Schreiben, Nähen, Stricken und Schreibmaschine schreiben.

FANTASTISCHE FIEDEL
Mr. A.K. Ferris aus Ironia, New Jersey, spielte 1934 auf seiner riesigen Bassgeige. Das Instrument war 4,30 m hoch.

TITANEN-TROMPETE
Diese Trompete war so groß, dass sie von sechs Jungen gemeinsam getragen werden musste! Nur das Mundstück und die Klappen waren von normaler Größe, damit man das Instrument spielen konnte.

WOLLKNÄUEL-MONSTER
Seit den 1950ern arbeitete Francis Johnson aus Darwin, Minnesota, an diesem riesigen Wollknäuel. Bei seinem Tod im Jahr 1989 hatte es einen Durchmesser von 3,70 m und wog 7.892 kg.

FLOHZIRKUS
Die Flöhe in dieser Walnussschale wurden von Katherine Nugent aus Los Angeles angezogen, die die winzigen Kleidungsstücke auch genäht hatte.

ZU STEIN ERSTARRT
George Kern aus Columbus City, Iowa, trägt einen riesigen Schinken auf den Knien. Das Besondere: Der Schinken ist versteinert!

EIN BLICK ZURÜCK

Am 17.12.1931 wurde in Washington ein riesiges Omelette aus 7.200 Eiern in einer 2,40 m großen Pfanne gebraten. Es wog eine halbe Tonne. Am 7.8.1930 wurde auf dem Orleans-County-Rummel in New York ein riesiger Apfelkuchen gebacken. Er enthielt 125 Scheffel Äpfel, 270 kg Mehl und 230 kg Zucker und hatte einen Durchmesser von 3,70 m.

RHINOZEROS-PARTEI

30 Jahre lang wurde die politische Landschaft Kanadas durch eine Partei bereichert, deren Mitglieder sich für die Nachkommen eines Brasilianischen Rhinozeros' hielten. Die Rhinozeros-Partei wurde 1963 von dem Schriftsteller Jacques Ferron gegründet und nahm an sieben Bundeswahlen teil, ohne jemals einen Sitz zu erlangen. 1980 erklärte die Partei Belgien den Krieg, nachdem die belgische Zeichentrickfigur Tintin in einem Comic eine Rhinozerosdame in die Luft gesprengt hatte.

KLETTERMODELLE

Das höchste Gebäude der Welt, der 509 m hohe Taipei 101 in Taiwan, wurde für eine Modenschau von Models bestiegen, die eine Seitenwand als vertikalen Laufsteg nutzten.

MR. WHISKAS

1998 änderte der Footballspieler der Australian Rules Gary Hocking im Zuge einer seltsamen Werbemaßnahme seinen Namen in „Whiskas" um. Als Gegenleistung bekam seine Mannschaft dafür eine dicke Spende von dem Tierfutterhersteller.

LEBENDE BIBLIOTHEK

Die Bücherei von Malmö in Schweden lieh 2005 anstelle von Büchern Menschen aus! Um häufige Vorurteile zu beseitigen, konnte man sich dort diverse Personen, zum Beispiel einen Homosexuellen, einen Journalisten und einen Blinden, für ein 45-minütiges Gespräch im Bücherei-Café ausleihen.

SPORT ZWISCHEN ZWEIGEN

Der amerikanische Baumchirurg Peter Jenkins hat eine aufregende neue Sportart erfunden: das Extrem-Baumklettern. Zusammen mit anderen Anhängern turnt Jenkins in luftiger Höhe Kunststückchen und Akrobatik, balanciert über Zweige und läuft über das Blätterdach. „Wir machen auch Baumsurfen. Dafür klettert man an einem windigen Tag in die Baumkrone und reitet auf den Zweigen. Man sieht die Windböen in Wellen über die umliegenden Bäume auf einen zukommen."

KAKERLAKEN-ROBOTER

Ein europäisches Forscherteam hat einen Insektenroboter namens InsBot gebaut, der sich wie eine Kakerlake benimmt und auch so riecht. Er wird von den Insekten als einer der ihren akzeptiert.

KÖRPERTOAST

Der britische Künstler Antony Gormley formte seinen Körperabdruck in 8.000 Scheiben Weißbrot. Den Hohlraum aß er auf und nahm damit sein gesamtes Körpervolumen zu sich.

PAPPKAMERADEN

Unglaublich, aber wahr: Der amerikanische *Herr-der-Ringe*-Fan Melissa Duncan ist so von den Filmen besessen, dass sie sogar mit Pappfiguren der Charaktere essen geht.

DER BROADWAY-BISCHOF

Der amerikanische Dramatiker und Regisseur David Belasco war unter dem Spitznamen „Der Broadway-Bischof" bekannt, weil er häufig in einem Priestergewand die Straßen von New York unsicher machte.

ACHTERBAHN DER GEFÜHLE

Angie Matthews und Steve Krist aus Puyallup, Washington, heirateten während einer Achterbahnfahrt!

KLO AUF RÄDERN

Paul Stenders düsenbetriebene tragbare Toilette fährt bis zu 64 km/h schnell. Er liefert sich damit Rennen gegen seinen Freund, der auf einem düsenbetriebenen Barhocker sitzt.

NACHGEFRAGT
PEDAL-POWER

Der Einradfahrer Kris Holm, 32, aus Vancouver hat die Grenzen des Geländefahrens gesprengt. Seine Fahrbahn sind Vulkankrater, geschmolzene Lava und Felsspitzen.

WIE SIND SIE DARAUF GEKOMMEN, EINRAD ZU FAHREN?
„Als Kind habe ich einen Straßenkünstler gesehen, der Einrad fuhr und dabei Violine spielte. Ich hatte auch eine Violine, und zu meinem zwölften Geburtstag wünschte ich mir das Einrad dazu. Ich bin mit Abenteuer- und Klettersport aufgewachsen, und es kam mir nur natürlich vor, beides zu verbinden."

WELCHES WAREN DIE UNGEWÖHNLICHSTEN ORTE, DIE SIE MIT DEM EINRAD EROBERT HABEN?
„Ich bin in Bhutan im Himalaja eine alte Handelsstraße entlanggefahren, eine Gegend, die nur wenige Leute aus dem Westen je betreten haben. Außerdem bin ich über die Chinesische Mauer gefahren - das Sicherheitspersonal wusste nicht so recht, was es mit mir anfangen sollte. Sie waren so überrascht, dass sie mich einfach in Ruhe ließen."

IST IHR SPORT GEFÄHRLICH?
„Ich bin über das Geländer einer 61 m hohen Brücke und über die Kante eines 800 m hohen Felsens geradelt. Außerdem bin ich im Vulkan-Nationalpark auf Hawaii über einen Lavastrom gefahren. Die Lava war über eine Straße geflossen und teilweise erstarrt. Sie war zu heiß zum Anfassen, aber fest genug, um mein Gewicht zu halten, und so fuhr ich zehn Meter weit über fließende, rote Lava."

WAS FÜR EIN EINRAD VERWENDEN SIE?
„Ein 'Muni' - das ist ein Mountain-Einrad. Es ist stärker als ein normales Einrad und hat einen dickeren Reifen. Ich habe eine eigene Kollektion entworfen, die auf der ganzen Welt verkauft wird. Als ich Ende der 1990er im Internet nachforschte, stellte ich fest, dass ich nicht der einzige Einradfahrer war, und mittlerweile gibt es Zehntausende von uns, vom Profiskifahrer bis hin zum Hollywoodstar."

WAS SIND DIE SCHWIERIGSTEN AUFGABEN BEIM EINRADFAHREN?
„Auf einer schmalen Linie fahren und über Hindernisse hüpfen. Ich kann bis zu 95 cm hoch springen. Außerdem ist das Einradfahren sehr anstrengend für die Beine, weil man auch bergab treten muss. Es gibt keinen Leerlauf. Man kann zwar die Füße von den Pedalen nehmen, aber das ist ein Kunststück und keine Erleichterung. Und man muss einiges wegstecken können, denn an einem Vulkankrater entlangzufahren, ist technisch zwar nicht schwierig, aber man muss eine Höhe von über 5.500 m aushalten."

WIE ÜBEN SIE?
„Ich versuche, jeden Tag zu fahren. Ich nehme mein Einrad mit zur Arbeit und trainiere in der Mittagspause. Da ich Kletterer bin und als Geomorphologe Bergrutschgefahren abwäge, weiß ich genau, welche Art von Sturz lebensgefährlich für mich sein könnte. Man sollte erstmal in einem Meter Höhe auf einer wenige Zentimeter breiten Linie üben. Es fühlt sich anschließend ganz einfach an, wenn man in mehreren hundert Metern Höhe auf einer 30 cm breiten Fläche fährt."

WIE KAM ES ZUR EINRADMEISTERSCHAFT?
„Ende der 1990er habe ich die ersten offiziellen Einradwettbewerbe organisiert, und daraus wurde schließlich die Meisterschaft. Ich war bei der Europa-, der amerikanischen und der Weltmeisterschaft Sieger."

HABEN SIE SICH SCHON ERNSTHAFTE VERLETZUNGEN ZUGEZOGEN?
„Unmengen von Prellungen und Platzwunden an Kinn und Ellenbogen. Meistens fällt man nicht sehr schlimm. Bei einem Fahrrad fällt man mit dem Kopf voraus über die Lenkstange, aber beim Einrad landet man eher auf den Füßen."

WAS MÖCHTEN SIE NOCH MIT DEM EINRAD EROBERN?
„In Bolivien gibt es noch einige Vulkane, die ich im Auge habe."

BÄRIGE ERHOLUNG

Eine deutsche Reiseagentur bot 2005 Ferien für Teddybären an! Christopher Böhm behauptete, der Urlaub sei „eine tolle Gelegenheit für den besten Freund des Menschen, in der Welt herumzukommen." Die Teddys wohnen in einem luxuriösen Münchner Appartement und verbringen eine Woche mit Sightseeing, Spielen, einem Teddybären-Picknick und einem Besuch im Biergarten. Und für zu Hause gibt es Erinnerungsfotos mit auf den Weg.

Zwei glückliche Teddybären angeln und erholen sich am Olympiasee in München.

ZEITUNGSSAMMLER

Miao Shiming geht in seinem Zuhause in der chinesischen Provinz Shanxi niemals der Lesestoff aus. Er hat mehr als 368.000 Ausgaben von über 30.000 verschiedenen Zeitungen, 55.000 Ausgaben von 10.200 Magazinen und 3.200 Bücher zusammengetragen.

SOLARJACKE

Der amerikanische Erfinder Scott Jordan hat eine Jacke mit eingebauten Solarzellen entwickelt, durch die elektrische Geräte in den Jackentaschen aufgeladen werden können.

VERSPIELT

Der Computerspiel-Fan Dan Holmes aus dem englischen Banbury ließ sich 2002 offiziell in „PlayStation2" umbenennen. Er spielte vier Stunden am Tag und hatte vorher bereits mehrere Vikare gefragt, ob sie ihn mit seiner Konsole vermählen würden. „Da das aber keiner wollte", erzählt er, „habe ich eben den Namen angenommen."

HERR SANTA

Seit vier Jahren versucht Alan Mills aus Milford, Ohio, seinen Namen legal in „Santa Claus" umändern zu lassen. Aber die Beamten befürchten, dass er aus dem Namen Profit schlagen könnte.

DER ANDERE

2004 änderte Andrew Wilson aus Branson, Missouri, seinen Namen offiziell in „They" (deutsch hier etwa: „die anderen") um.

LESE-EREIGNIS

Dieser riesige Schinken mit dem Titel Bhutan, A Visual Odyssey Across The Kingdom, *der im Dezember 2003 in Japan zu sehen war, ist 1,50 m hoch und 2,10 m breit. Es wurden nur 500 Ausgaben hergestellt.*

Er behauptet, er habe seine Wahl getroffen, um auf den häufigen Gebrauch dieses Wortes hinzuweisen. „'Die anderen machen aber das und das', 'Die anderen sind Schuld'", sagt er, „wer sind diese 'anderen' überhaupt? Diese 'anderen' erreichen großartige Dinge. Jemand musste doch die Verantwortung dafür übernehmen."

ELVIS' WURZELN

Elvis Presleys Stammbaum wurde bis in das schottische Lonmay zurückverfolgt, wo ihm zu Ehren ein neues Schottenmuster kreiert wurde.

NACHSITZEN

Kimani Maruge sticht zwischen seinen Klassenkameraden der Kapkenduiywa-Grundschule in Kenia heraus, denn er ist doppelt so groß und fast 17-mal so alt wie seine Mitschüler. Der 85-jährige zwängt seine langen Beine während des Unterrichts unter das kleine Pult und trägt als Einziger in der Klasse ein Hörgerät und einen Gehstock bei sich.

WIE IM SCHLAF

Tom Wilson aus dem kalifornischen Los Angeles ist der erste Mensch, der sich durch Amerika geschlafen hat. Die Aktion hieß „sleep across America". In einem Winnebago wurde er durch das Land chauffiert, während er schlief.

JUNGMEDIZINER

1995 graduierte Balamurali Ambati an der medizinischen Fakultät Mount Sinai in New York City im Alter von nur 17 Jahren zum Arzt. Das Durchschnittsalter für den Abschluss liegt bei 26 bis 27 Jahren. Aber trotz seiner Jugend halten ihn die meisten seiner Patienten für einen Erwachsenen, da er über 1,80 m groß ist.

BOND, MATT BOND!

Matt Sherman hält sich für James Bond höchstpersönlich! In seiner Freizeit übt er in seinem Haus in Gainesville, Florida, Überlebenstechniken und gestaltet zusammen mit seinen Kindern seine Lebensmitteleinkäufe, als wäre er auf einer MI6-Mission. Er ist seit über 20 Jahren Sammler von 007-Memorabilien und hat seinen Hobbyraum in einen Schrein für James Bond verwandelt, in dem Bücher, Schmuck und sogar das Rasierwasser seines Helden stehen. Außerdem hat er über $ 10.000 (€ 6.500) für seine Überwachungsausrüstung ausgegeben.

GRÜN IST ALLES

Seit seiner Kindheit ist Bob Green (deutsch: „Grün") von seiner Lieblingsfarbe geradezu besessen. Er lebt in der West Green Street in Greencastle, Indiana, trägt nur grüne Kleidung, fährt ein grünes Auto und hat sogar seine Kinder nach verschiedenen Grüntönen benannt: Forest (deutsch: „Wald"), Olive und Kelly (deutsch: „Gelbgrün").

STOSSPFERD

Diese Skulptur eines Mustangpferdes wurde von Sean Guerrero aus Colorado aus Edelstahl-Autostoßstangen hergestellt. Sie ist fast 4,30 m hoch und wiegt mehrere tausend Kilogramm.

EIGENE ACHTERBAHN

Während der Sommerferien im Jahr 2005 baute ein 14-jähriger Junge aus Oldenburg eine 91 m lange Achterbahn in seinen Garten. Auch den Wagen, der auf der 4,90 m hohen Holzkonstruktion Geschwindigkeiten von bis zu 48 km/h erreichte, hatte er selbst entworfen.

SCHAUMSCHLÄGER

Fan Yang zaubert aus Seifenblasen so gut wie alles. Er pustet Seifenblasen in Seifenblasen, Rauchseifenblasen und drehende, springende oder dahin gleitende Seifenblasen in allen erdenklichen Größen, Formen und Farben.

In Seattle, Washington, schuf der kanadische Seifenblasenfan eine 48 m lange und vier Meter hohe Seifenblasenwand. Drei Jahre später blies er eine so robuste Seifenblase, dass seine Tochter hineinschlüpfen konnte, ohne sie zum Platzen zu bringen. 2001 gelang es ihm, zwölf ineinanderliegende Blasen zu formen, und im selben Jahr erschuf er im schwedischen Stockholm eine lange Kette aus neun aneinanderhängenden Seifenblasen, die frei in der Luft schwebten.

Im Jahr 2004 schloss Fan Yang im kalifornischen Santa Ana Discovery Center 15 Menschen in eine Seifenblase ein.

Fan Yang hat die letzten 20 Jahre seines Lebens der Seifenblasenkunst gewidmet. Wissenschaftszentren auf der ganzen Welt zeigen Anerkennung für die Fähigkeiten des Mannes, der schon in seiner Kindheit Seifenblasen liebte.

LANGE BEINE
Jeff Jay zeigt hier die neue Dimension des Stelzenlaufens auf seinen 18 m hohen Stelzen. Sie wurden von ihm selbst entworfen und gebaut, und er benötigt einen Kran, um sich auf ihnen aufrichten zu können.

CORNFLAKE-LIEBE

Roger Barr aus Richmond, Virginia, hat sein Leben der Aufgabe gewidmet, die Cornflakessorte Boo Berry zu unterstützen. Er liebt das Produkt so sehr, dass er eine eigene Internet-Fanseite entworfen hat und im Supermarkt Konkurrenzprodukte hinter den Regalen versteckt, damit sie sich schlechter verkaufen. Mit seiner Liebe ist er nicht allein: Eine Frau fuhr einst 41.850 km weit, nur um eine Packung Boo Berry zu kaufen.

LETZTER AUFTRAG

Vor seinem Selbstmord im Februar 2005 verkündete der beliebte amerikanische Schriftsteller Hunter S. Thompson, dass er nach seinem Tod eingeäschert und seine Asche mit einer Kanone verstreut werden sollte. Sechs Monate später wurde seine Asche wie gewünscht von einem 47 m hohen Turm hinter seinem Haus in Woody Creek, Colorado, aus in die Luft geschossen.

KÖNIG DER SPINNER

2003 änderte Nick Copeman seinen gutbürgerlichen Namen offiziell in H.M. König Nicholas I. um. Er bezeichnete sich selbst als „den anderen König von Großbritannien" und ritt in voller Montur auf einem Pferd durch seine Heimatstadt Sheringham in Norfolk, verkaufte Adelstitel im Internet und regierte sein „Imperium" von seinem Königspalast, einem Wohnwagen mit zwei Schlafplätzen, aus.

EINKAUFSWAGEN-RECYCLING

Ein einfallsreicher Designer stellt aus überflüssigen Einkaufswagen Möbel her. Colin Lovekin aus dem englischen Exeter baut aus den über 100.000 Wagen, die im Jahr in England verschrottet werden, Sessel und Sofas mit Polsterung, Rollen und einem Korb an der Rückenlehne.

GUMMIBALL MAL ANDERS

Während seiner Arbeit in der Postzentrale einer Anwaltskanzlei in Wilmington, Delaware, musste John Bain jeden Tag Briefe von der Post abholen. Dort nahm er jedes Mal eine Handvoll kostenloser Gummibänder mit und formte sie zu einer Kugel. Sieben Jahre und zwei Monate später wog die Riesenkugel, die aus 850.000 Gummibändern bestand, 1.415 kg, war 1,50 m groß und hatte einen Umfang von 4,60 m. Bain schätzt, dass ihn die Herstellung $ 25.000 (€ 19.000) gekostet hat.

KATAPULT AM KOPF

Monte Pierce, genannt „Slingshot Ears" (deutsch: „Katapult-Ohrläppchen"), aus Bowling Green, Kentucky, kann seine erstaunlich langen Ohrläppchen als Katapulte verwenden und mit ihnen Geldmünzen bis zu drei Meter weit schleudern. Schon seit seiner Kindheit zog er an seinen Ohrläppchen. Dadurch wurden sie nicht nur länger, sondern auch flexibler. Im Ruhezustand hängen sie 2,50 cm herunter, aber zum Schießen dehnt er sie auf 13 cm. Er kann sie sich auch über die Augen ziehen oder aufrollen und in seine Ohren stecken.

TRANSFORMER
Der Brasilianer Olésio da Silva und seine Söhne Vinicius und Marco Aurelio haben gemeinsam ein lebensgroßes Roboterauto gebaut. Ihr Kia Besta ist nun eine 3,70 m hohe, € 92.000 teure Maschine, die bei ihrer sechsminütigen Verwandlung laute Musik spielt.

TÄTOWIERTER FAN
Dan Summers aus Thompsonville, Illinois, ist der wohl größte Fan der Comedy-Serie *The Three Stooges.* Tätowierungen der drei Hauptdarsteller Larry, Moe und Curly bedecken seinen Körper und sein Gesicht.

GEBELLTE DIALEKTE
Die Tierverhaltensforscherin Jill Deringer aus Lantana, Florida, kann das unterschiedliche Bellen von 261 verschiedenen Hunderassen nachahmen!

SELTSAME FÄHIGKEIT
Haben Sie Lust, in einem elektrischen Rollstuhl oder in einem zweisitzigen pedalbetriebenen Dreirad einen Fluss hinunterzufahren? Der verrückte Erfinder Lyndon Yorke aus dem englischen Buckinghamshire macht es möglich. Zu seinen raffinierten und sehenswerten Erfindungen zählen das Dreirad PP Tritanic und die Tritania, ein Rollstuhl aus den 1920er Jahren, komplett mit Grammophon, Champagnerkühler und Picknickkorb.

WAHRER PATRIOT
Ski Demski war ein wahrer amerikanischer Patriot. Er besaß eine amerikanische Flagge, die 154 x 68,80 m maß und 1.360 kg wog. 600 Menschen waren nötig, um sie auseinanderzufalten, und jeder Stern war fünf Meter groß. Er hatte sich die Flagge auch auf die Brust tätowieren lassen. Bis zu seinem Tod im Jahr 2002 kandidierte er immer wieder erfolglos bei den Wahlen zum Bürgermeister von Long Beach, Kalifornien.

KOBRAKUSS
Gordon Cates aus Alachua, Florida, küsst zum Vergnügen Kobras. Er besitzt über 200 Reptilien und behauptet, dass er das Verhalten der Tiere anhand ihrer Körpersprache vorhersagen kann.

SCHWERGEWICHT
Hercules ist ein 3-jähriger „Liger", also ein Tier, dessen Vater ein Löwe und dessen Mutter eine Tigerin ist. Obwohl er noch wächst, ist er auf den Hinterläufen stehend drei Meter groß und wiegt 408 kg. Er frisst neun Kilogramm Fleisch am Tag, zumeist Hühnchen und Rind, kann aber auch 45 kg auf einmal verschlingen. Er ist nicht nur so stark wie ein Löwe, er ist mit einer Maximalgeschwindigkeit von 80 km/h auch so schnell wie ein Tiger!

MUSEEN
Niagara Falls

Ripley's zweitältestes Museum und das erste außerhalb der USA wurde 1963 an den Niagarafällen in Ontario eröffnet. Es wurde zwischen 2003 und 2004 stark modernisiert und bietet eine Ausstellung über waghalsige Kunststücke auf den Niagarafällen und Portraits, die auf Stubenfliegen gemalt wurden.

DOPPELTE ELSTER
Diese Elster mit zwei Köpfen und drei Beinen wurde in den 1990er Jahren in England gefunden.

STEGOSAURUS
Dieses Stegosaurusskelett, das in China gefunden wurde, ist über 145 Millionen Jahre alt.

HAIZÄHNE
Dieser Kiefer eines Megalodon-Hais weist 15 cm lange Zähne auf. Mit seinem Kiefer hätte das Ungetüm einen Kleinwagen zermalmen können.

PFEILSCHWANZKREBS
Diese Kreaturen existieren seit 200 Millionen Jahren und sind näher mit Skorpionen als mit Krebsen verwandt.

MÜLLKUNST
Diese Figuren wurden aus Küchenutensilien, Klempnerbedarf, Autoteilen, Spielzeug und Abfällen hergestellt.

SCHRUMPFKOPF
Der faustgroße Schrumpfkopf ist mit einem Ozelotfell-Kopfband und Papageienfedern geschmückt.

EINHORN
Dieses in England geborene Lamm wies ein einzelnes Horn auf, das zehn Zentimeter weit nach hinten aus seinem Kopf wuchs.

NICHT VERPASSEN!

- Ein tibetanisches Schamanengewand
- Ein Streichholzmodell der Freiheitsstatue
- Eine zweiköpfige Schildkröte
- Ripley's eigener Riesenbierkrug
- Die Bartsammlung
- Ein Schädel eines prähistorischen Riesenbibers
- Das große Fussel-Wandgemälde
- Der winzige Peerskill-Meteorit, der ein Auto traf

ACHTBEINIGER BISON
Der achtbeinige Bison wurde in einer Wildherde in South Dakota entdeckt.

SUPERPILZ

Ty Whitmore aus Kansas City, Montana, entdeckte diesen 25 kg schweren Pilz beim Brennholzsammeln. Um ihn messen zu lassen, schleppte er ihn durch Bäche und Gestrüpp bis zu einem Lebensmittelgeschäft, in dem die freundlichen Mitarbeiter ihm mit Lineal und Metermaß zu Hilfe eilten.

Ty präsentiert stolz seinen 76 cm breiten Riesenpilz.

SURFENDE MÄUSE

Der australische Surf-Fan Shane Willmott trainierte drei Mäuse darauf, am Strand der Golden Coast auf Minisurfbrettern kleine Wellen zu reiten. Harry, Chopsticks und Bunsen leben in winzigen, handgemachten Villen und besitzen sogar eigene Jet-Skies. Sie trainieren in einer Badewanne und müssen sich das Fell färben lassen, ehe sie den Strand besuchen. Willmott erklärt: „Sie sind weiß, und wenn sie in den Schaumkronen verloren gehen, finde ich sie ansonsten nicht wieder."

SIEGERTREPPCHEN

Im September 2002 bezwang der kanadische Paralympicteilnehmer Jeff Adams als erster die 1.776 Stufen des CN Towers in Toronto mit einem Rollstuhl. Er brauchte sieben Stunden, um die Treppen rückwärts hinaufzufahren.

NASSER ARBEITSWEG

Ein Rettungsschwimmer aus dem englischen Essex hat eine Methode gefunden, ohne Stress im Berufsverkehr zur Arbeit zu gelangen: Er schwimmt einfach! Jeden Morgen läuft der 45-jährige Martin Spink von seinem Haus zum nahe gelegenen Strand, überprüft den Stand der Gezeiten, schlüpft aus Hose und Schuhen und schwimmt durch den Brightlingsea Creek. Zehn Minuten später erreicht er das andere Ufer, nimmt einen Plastiksack mit Kleidung von seinem Rücken und zieht sich für die Arbeit um. Auf diese Weise spart er sich die 32 km weite Fahrt von seinem Haus zur Arbeit.

WELTSPITZE

Im Mai 2005 heiratete ein nepalesisches Paar auf der Spitze des Mount Everest, des höchsten Berges der Welt. Kurz nachdem Mona Mulepati und Pem Dorje Sherpa die Spitze erreicht hatten, nahmen sie ihre Sauerstoffmasken für einen Augenblick ab, streiften sich Plastikgirlanden über und gaben einander das Ja-Wort. Der einzige Zeuge war der dritte Teilnehmer der Zeremonie, Kami Sherpa.

PAC-MAN-MANIE

Tim Crist aus Syracuse, New York, hat in seinem Haus einen Pac Man geweihten Schrein errichtet und bezeichnet sich selbst als den Pfarrer der ersten Kirche des Pac Man.

ENERGIEDÜNGUNG

Das Methangas aus dem Kuhdung von der Blue Spruce Farm in Bridport, Vermont, produziert genug Elektrizität für den Verbrauch von 330 Häusern!

SUPERSPARER

Roy Hanes aus Huntington, Vermont, bezeichnet sich selbst als den billigsten Typen der Welt! Aus einer zweilagigen Toilettenpapier-Rolle macht er zwei einlagige, und Papierhandtücher trocknet er und verwendet sie wieder und wieder. Außerdem spart er Geld, indem er Ketchuptütchen aus Restaurants mitnimmt und zu Hause in seine eigene Flasche umfüllt.

BOMBASTISCHE BÄRTE
Bei der Bartweltmeisterschaft 2005 in Berlin standen so einigen die Haare zu Berge! Elmer Weisser (Mitte) gewann mit seinem Brandenburger Tor-Bart in der Kategorie Vollbart/Freistil.

KAKERLAKEN-PROMIS

Der Kammerjäger Michael Bohdan pflegt eine Hassliebe zu Insekten - er hat schon Tausende von ihnen getötet, andererseits stellt er in seiner Kakerlaken-Hall-of-Fame seine besten Fänge aus.

Marilyn Monlak in ihrem berühmten weißen Kleid.

Nachdem Bohdan die Suche nach der größten Kakerlake von Dallas ausgerufen hatte, fragte er sich, was er mit den Kadavern anstellen sollte. Anstatt sie wegzuwerfen, beschloss er, sie als Prominente zu verkleiden. So wurde das Kakerlaken-Hall-of-Fame-Museum geboren.
Jedes Jahr besuchen Tausende neugieriger Besucher das Museum in Plano, Texas, um einen Blick auf solche gepanzerten Helden wie H. Ross Perolak, David Letterlak, Marilyn Monlak und den unvergleichlichen weißgewandeten Liberolaki an seinem kleinen Flügel zu werfen.

Liberolaki bei seinem souveränen Auftritt.

AUGAPFEL
Emma Karp und ihr Vater Helge Lundstrom stellen seit 1988 riesige Apfelmosaike für den Kivik-Apfelmarkt in Schweden her. Für manche von ihnen verwendeten sie bis zu 75.000 Äpfel 15 verschiedener Sorten, die gemeinsam an die 4.000 kg wogen.

ALTER SPIELER
Mit 96 spielte Henry Paynter immer noch als reguläres Mitglied im Kelowna Badminton Club in British Columbia und reiste zu diversen Turnieren. Er starb im April 2005 im Alter von 98 Jahren.

STAATSNAMEN
Der ehemalige Herausgeber des *Wall Street Journal* trug den Namen Vermont Connecticut Royster. Sein Urgroßvater hatte seine Söhne Iowa Michigan, Arkansas Delaware, Wisconsin Illinois und Oregon Minnesota getauft. Die Töchter hießen Louisiana Maryland, Virginia Carolina und Georgia Indiana!

GEHEIMER THRON
Nach dem Tod des Hausmeisters James Hampton im Jahr 1964 fand man heraus, dass er in einer gemieteten Werkstatt in Washington D.C. 14 Jahre lang einen geheimen Thron aus Sperrmüll gebaut hatte. Der glitzernde Thron bestand aus Silber- und Goldfolie, Möbeln, Pappstücken, alten Glühbirnen, Spiegelscherben und gebrauchten Tischauflagen. Mit Reißzwecken, Klebstoff, Nägeln und Klebeband hatte er den Sperrmüll mühsam zu einem schönen Stuhl zusammengefügt. Der Thron, der mit Bibelzitaten verziert war, wurde später dem National Museum of Modern Art gestiftet.

RIESENSTRUMPF
2004 bastelte J. Terry Osborne gemeinsam mit Freunden in King William County, Virginia, einen 10,70 m großen, fünf Meter breiten Weihnachtsstrumpf, den sie mit Geschenken für bedürftige Kinder füllten.

GEBORENER SPORTJOURNALIST
Zach Spedden kommentierte mit nur zehn Jahren 2002 ein komplettes Baseballspiel auf dem Radiosender WHAG 1410 AM in Hagerstown, Maryland. Außerdem moderierte er die Show vor dem Spiel und die anschließende Spielanalyse. Damit wurde ihm ein Traum erfüllt, den er schon als 5-Jähriger gehabt hatte.

LOS GEHT'S!
Die erste offizielle Weltmeisterschaft im Bürostuhlrennen fand am 11.6.2005 im schweizerischen Olten statt. An dem 200 m langen Rennen nahmen 64 Wettkämpfer aus Deutschland, Frankreich und der Schweiz teil.

GENAU WIE HEMINGWAY

Der Höhepunkt des jährlichen Hemingway-Days-Festivals in Key West, Florida, ist der Ernest-Hemingway-Verkleidungswettbewerb. Das Ereignis lockt amerikanische, aber auch internationale Gäste an, die sich in Fischerpullis und andere Sportbekleidung werfen und damit zu Sloppy Joe's Bar spazieren, Hemingways Lieblings-Wasserstelle während seiner Zeit in Key West in den 1930ern. 2005 stach der 61-jährige Briefträger Bob Doughty aus Deerfield Beach, Florida, seine 146 weißbärtigen, rotgesichtigen Mitbewerber aus und schnappte sich den begehrten Titel.

FLIEGENDE KIRCHE

Im August 2003 gingen an Bord eines Flugzeuges, das von Orlando, Florida, nach Las Vegas, Nevada, flog, zehn Paare den Bund der Ehe ein. Passend zu dem verrückten Ereignis war der Pfarrer, der die Paare traute, als Elvis Presley verkleidet.

ALLES ORANGE?

Mike „Orange" Lowrey aus Milwaukee, Wisconsin, trägt ausschließlich orangefarbene Kleidung. Hut, Hemd, Gürtel, Hosen, Turnschuhe und sogar Armbanduhr in leuchtendem Orange sind das normale Alltagsoutfit des Farbfans. „Eigentlich ist das nichts Besonderes," sagt er. „Ich mag die Farbe einfach."

UNTERWASSERHOCHZEIT

Chandan Thakur und Dipti Pradhans Hochzeit im Juni 2003 fand im Vashi Meereszentrum auf der thailändischen Insel Kradan statt - und zwar unter Wasser! Schon die Verlobung, bei der das an Seilen 15 m über dem Pool hängende Paar Ringe austauschte, war von dem Tauchlehrer Ravi Kulkami abgehalten worden. Elf Tage später tauchten Kulkami, das Brautpaar und sieben Verwandte für die 30-minütige Zeremonie unter. In die Säume der Hochzeitskleider waren Metallstreifen eingenäht, damit sie auch unter Wasser in Form blieben.

RIESENOSTERBRÖTCHEN
Der Bäcker Brian Collins präsentiert stolz seinen riesigen Hot Cross Bun, eine englische Osterspezialität der Pegrum's Bakery in Rustington. Das gewaltige Brötchen hatte einen Durchmesser von mehr als 122 cm.

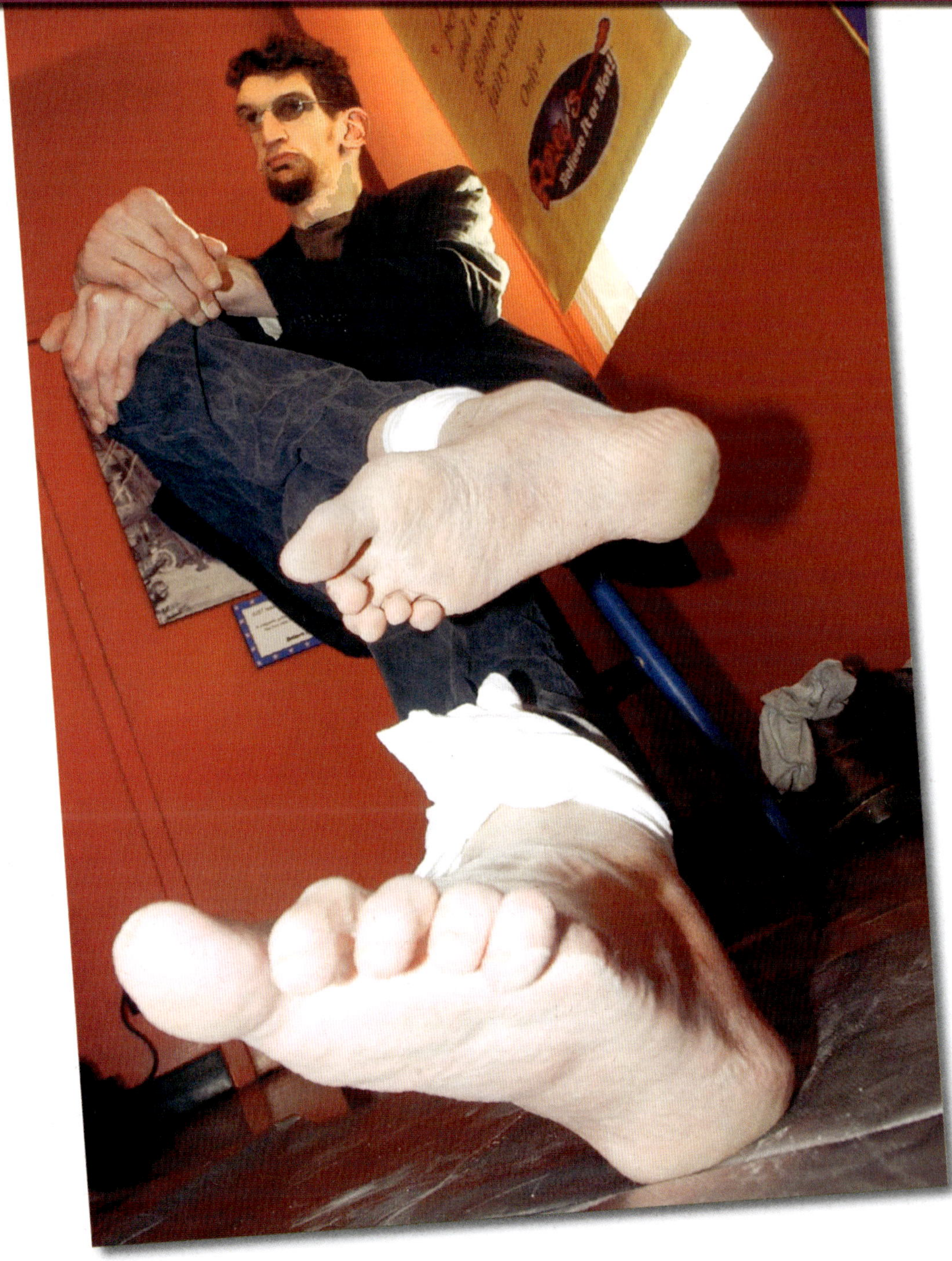

BIGFOOT
Der Schauspieler Matthew McGrory aus Los Angeles hatte 39,70 cm lange Füße und musste für ein Paar Schuhe in Größe 63 schon $ 22.745 (€ 17.175) zahlen. Matthew war immer schon größer gewesen als die anderen: Bei seiner Geburt war er 61 cm lang, und als er aus dem Kindergarten kam, war er 1,50 m groß.

RAKETENPOST

In den 1930er Jahren fasste der deutsche Erfinder Gerhard Zucker im englischen Exil den Plan, Post und Medikamente zwischen den schottischen Inseln Scarp und Harris per Rakete zu transportieren. Zuckers Testrakete verteilte ihren Inhalt jedoch über der gesamten Insel, weswegen die Idee verworfen wurde.

KÖRPER-LITERATUR

Rob Poulos aus Kansas City in Missouri und andere Menschen aus der ganzen Welt halfen der Schriftstellerin Shelley Jackson beim Verfassen einer Kurzgeschichte, indem sie sich je ein Wort der Geschichte in die Haut tätowieren ließen.

DREHWURM

In Al Johnstones sehenswerter Bergvilla in La Mesa, Kalifornien, hat jedes Zimmer eine fantastische Aussicht, denn das Haus dreht sich permanent in einem Rhythmus von 30 Minuten.

BOXER DER ANDEREN ART

Ein ehemaliger Kickbox-Weltmeister hat seinen Hund die Kampfkunst gelehrt! Russ Williams, der eine Kickbox-Schule in North Wales leitet, hat dem Schwarzen Terrier Ringo beigebracht, auf Kommando hochzuspringen und mit seinen Vorderbeinen zuzutreten. Williams sagte: „Mit seinen Pfoten kann er einen echten Knock-Out hinlegen."

DIE WÜRFEL SIND GEFALLEN

Kevin Cook aus Colorado Springs sammelt seit 1977 Spielwürfel. Seine Sammlung umfasst derzeit über 15.500 Exemplare.

BUNGEE-BRAUT

Die Adrenalin-Junkies Huang Guanghui und seine Braut Zhang Ruqiong heirateten im Jahr 2005 während eines Bungeesprungs. Sie hatten sich eine Sondergenehmigung eingeholt, um in dem Vergnügungspark von Wenzhou in China diesen Höhenflug unternehmen zu dürfen. Nach einer kurzen Hochzeitszeremonie auf der Spitze der Bungee-Anlage sprang das Paar von der Plattform. Huang hofft, dass ihre aufregende Eheschließung sie für den Rest ihres Lebens aneinander bindet.

FLIEGENDES AUTO

Molt Taylor aus Portland, Oregon, erfand 1949 das Aerocar, halb Auto, halb Flugzeug, mit dem man zum Einkaufen fahren, aber auch in den Himmel aufsteigen konnte. Es hatte vier Räder, ein Rumpfwerk und Tragflächen und wurde von einem Flugzeugtriebwerk angetrieben. Um seine Erfindung vorzustellen, entfernte Taylor zur Überraschung anderer Autofahrer Rumpfwerk und Tragflächen und fuhr in die Stadt.

NACHGEFRAGT

FESTGEKLEBT

Die Schwager Tim Nyberg und Jim Berg aus Wisconsin sind bekannt als die „Duct Tape Guys" (deutsch: „Die Isolierband-Jungs"). Sie haben über 5.000 Verwendungszwecke für das Produkt gefunden und behaupten, dass man damit wirklich alles reparieren kann.

TIM, WANN IST IHRE LEIDENSCHAFT FÜR ISOLIERBAND ENTSTANDEN?

„1993 verbrachten wir Weihnachten im Haus von Jims Schwester, und ein Sturm verursachte einen Stromausfall. Jim sagte: 'Wenn ich wüsste, wo genau der Stromausfall verursacht wurde, könnte ich das mit Isolierband wieder reparieren.' Seine Frau stimmte ein: 'Jim repariert alles mit Isolierband.' Sie erzählten mir von einigen seiner neuesten Reparaturmaßnahmen, und ich dachte, dass das eine gute Idee für ein Buch wäre. Also saßen wir im Dunkeln um eine Kerze versammelt da und überlegten, wofür man Isolierband alles verwenden könnte. Am Ende hatten wir 365 Möglichkeiten zusammen."

UND WIE WURDEN SIE ZU DEN „DUCT TAPE GUYS"?

„Als ich wieder zu Hause war, illustrierte und gestaltete ich das Buch und schickte es an einige Verleger. Ein Lektor, der aus seinen Unijahren bestens mit den Einsatzmöglichkeiten von Klebeband vertraut war, holte das Buch wieder aus dem 'Abgelehnt'-Stapel heraus und überzeugte seinen Chef davon, es zu veröffentlichen, indem er ihn mit Isolierband an seinen Stuhl fesselte. Das ist jetzt schon sieben Bücher und fast drei Millionen Exemplare her. Ich bin Stand-Up-Comedian und Jim ist von Natur aus witzig, also haben wir die „Duct Tape Guys" gegründet, um bei Interviews eine Show abziehen zu können."

WAS SIND DIE SELTSAMSTEN VERWENDUNGSMÖGLICHKEITEN FÜR KLEBEBAND?

„Ein Hautarzt schrieb uns vor etwa neun Jahren, dass er Warzen erfolgreich behandelt, indem er sie mit einem Stück Klebeband abdeckt, bis sie abgestorben sind. Fünf oder sechs Jahre später erschien ein Informationsbericht für Mediziner, in dem diese Methode offiziell vorgeschlagen wurde. Seitdem schicken uns die Leute ihre Erfahrungen mit Warzen zu. Jims Lieblingsverwendung für Klebeband ist, seine Fernbedienung an seinen Arm zu kleben, damit er sie nicht verliert oder an seine Familie abgeben muss."

WARUM IST ES SO BELIEBT?

„Es bietet schnelle Hilfe und man braucht keine Anleitung. Deswegen sind der eigenen Phantasie keine Grenzen gesetzt. Es ist sehr vielseitig. Wenn man es zwei- oder dreifach nimmt, ist es stark genug, um ein Auto daran aus dem Matsch zu ziehen, aber trotzdem kann man es mit bloßen Händen zerreißen. Jedes Jahr wird genug Klebeband verkauft, um 1,20-mal zum Mond zu gelangen. Wir haben sogar schon von Beerdigungen gehört, bei denen die Familie den verstorbenen Opa geehrt haben, indem jedes Familienmitglied den Sarg mit einem Stückchen Klebeband versiegelt hat."

GIBT ES ETWAS, DAS DEM ISOLIERBAND DAS WASSER REICHEN KANN?

„In unserer Werkzeugkiste befinden sich zwei Dinge: eine Rolle Klebeband und eine Kanne Schmiermittel. Es gibt zwei Regeln, mit denen man gut durchs Leben kommt: Wenn es nicht hält, wie es sollte, nimm Klebeband. Wenn es hält, aber nicht sollte, nimm Schmiermittel."

GIBT ES ETWAS, DAS SIE MIT ISOLIERBAND NICHT HINBEKOMMEN?

„Das ist das Hauptthema unseres siebten Buches Stump the Duct Tape Guys (deutsch: '*Verblüffe die Duct Tape Guys*'). Die Frage, die uns am meisten verblüffte, lautete: Wie hält man jemanden, der in Isolierband vernarrt ist, davon ab, es zu benutzen?
Wir haben keine Antwort gefunden. Je mehr Klebeband man ihm gibt, desto häufiger benutzt er es, und desto mehr Anwendungsmöglichkeiten findet er. Nimm es ihm weg, und umso versessener wird er sein."

PARTYLÖWE

Der amerikanische Bankier George A. Kessler liebte Partys. 1905 schmiss er im Londoner Savoy Hotel eine Geburtstagsfete mit dem Thema Venedig. Er überflutete dafür den Innenhof des Hotels mit blau gefärbtem Wasser, damit er wie ein Kanal aussah, und vor einer gemalten Kulisse saßen die zwei Dutzend Gäste in einer riesigen seidengefütterten Gondel, wurden von Kellnern in Gondoliere-Verkleidung bedient und von dem Opernsänger Enrico Caruso unterhalten. Kesslers Geburtstagstorte war 1,50 m hoch und wurde von einem Babyelefanten in den Hof getragen, der über einen Holzsteg zu der Gondel geführt wurde.

NABELSCHAU

Joel Freeborn aus Wauwatosa, Wisconsin, ist ein menschlicher Flaschenöffner, denn er kann Bierflaschen mit seinem Bauchnabel öffnen!

VIER-JAHRES-FASTEN

Der deutsche Wissenschaftler Dr. Michael Werner verkündete im Mai 2005, er habe seit vier Jahren nichts mehr gegessen. Angeblich hatte er nur Wasser mit etwas Saft getrunken und behauptete, seine Energie aus dem Sonnenlicht zu beziehen.

WISSENSCHAFT MAL ANDERS
Dr. Bunhead, auch bekannt als Tom Pringle, ist ein Lehrer der etwas anderen Art. Er will Jung und Alt mit abenteuerlichen Vorführungen für die Wissenschaft begeistern – und zwar mit einem großen Knall! Er zündet zum Beispiel seinen Kopf an oder feuert aus einer Kartoffelrakete acht Kartoffeln in drei Minuten ab.

SCHRULLIGES SCHLOSS

Als seine Eltern eines Tages bei der Arbeit waren, riss der 17-jährige Howard Solomon die Rückwand ihres neuen Hauses in der Vorstadt heraus und errichtete eine Veranda. Mittlerweile leben seine Eltern in einem Hinterzimmer des Hauses ihres Sohnes - das Schloss steht mitten im Sumpf von Florida. Die ersten Erfahrungen mit dem Anbau inspirierten ihn 1972 zum Bau seines Schlosses in Ona, das heute 1.115 m^2 groß und drei Stockwerke hoch ist. Außen ist es mit glänzenden Aluminium-Druckerplatten verschalt, die auf dem Müll der lokalen Wochenzeitung landeten, und innen ist das Haus vollgestellt mit seltsamen Skulpturen, zum Beispiel einem Gewehr, aus dem eine Toilettensaugglocke hervorschießt.

AUFBLASBARER WECKER

Die chilenischen Erfinder Miguel Angel Peres und Pedro Galvez erfanden das „Guten Morgen Kissen", das als Wecker für taube Menschen gedacht ist. Das Kissen weckt den Besitzer, indem es sich leicht aufbläht und wieder zusammenfällt.

LUXUSKUGEL
Diese Kricketkugel aus Sri Lanka ist mit 2.704 Diamanten besetzt und die angeblich erste Kricketkugel aus Diamanten und Gold.

ELVIS-IMITATOR

Der New Yorker Mike Memphis geht über alle Grenzen, um wie sein Held Elvis Presley auszusehen. Er ist seit seinem 16. Lebensjahr Elvis-Imitator und hat an Elvis' Geburtstag im Jahr 1994 mehrere Gesichtsoperationen vornehmen lassen, um ihm ähnlicher zu werden. Dazu zählten eine Fettabsaugung im Gesicht, Wangenimplantate, ein Unterlippen- und Kinnimplantat und Implantate in den Kieferknochen.

KLINGONENPIZZA

Der amerikanische Star-Trek-Fan Shane Dison ist überzeugt davon, ein Klingone zu sein. Jeden Tag isst er Pizza mexikanischer Art, weil diese der Klingonenkost angeblich am ähnlichsten ist.

DAS SPIEL IST AUS

Der treue Baseball-Fan Joe Vitelli aus Westborough, Massachusetts, wollte das siebte Spiel der Landesmeisterschaft zwischen den New York Yankees und den Boston Red Sox so dringend sehen, dass er einen Beinbruch simulierte, um seine Freundin nicht zu einem offiziellen Anlass begleiten zu müssen. Er trug sechs Wochen lang eine falsche Schiene, saß im Rollstuhl und ging zu mehreren angeblichen Arztbesuchen, ehe man ihn beim Herumlaufen erwischte - und aus war das Spiel!

DER GEIZHALS VON BROOKLYN

Henrietta Howland Green war eine der reichsten Frauen der Welt. Alleine auf einem ihrer Bankkonten lagen 31 Millionen US-Dollar (23,5 Millionen Euro), aber sie lebte ein einfaches Leben in einer heruntergekommenen Wohnung in Brooklyn, die sie selbst im Winter nicht heizte. Zu Mittag aß sie nur Haferbrei, den sie auf der Heizung in ihrer Bank aufwärmte. Sie wusch sich nur selten und trug meist dasselbe abgetragene schwarze Kleid. Von ihrer Taille baumelte an einer Schnur eine ramponierte Handtasche, in der sie billige zerbrochene Kekse aufbewahrte. Als sie 1916 im Alter von 81 Jahren verstarb, hinterließ sie ein Vermögen im Wert von 100 Millionen US-Dollar (755 Millionen Euro).

DER BECHERMANN

Seit 1972 hat der Bechersammler Harold Swauger aus New Philadelphia, Ohio, mehr als 4.500 Becher aus der ganzen Welt zusammengetragen.

WAGEMUTIGER RADLER

Der Mountainbiker Jeff Lenosky aus New Jersey fährt Treppen hinunter, bezwingt mit dem Fahrrad Autos, rast auf einem sechs Zentimeter breiten Geländer entlang oder springt bis zu 1,16 m tiefe Abgründe herab.

AFFENHOCHZEIT

Nachdem sich zwei Affen in einem brasilianischen Zoo 2003 vier Monate lang durch die Gitterstäbe, die sie voneinander trennten, angeschmachtet hatten, durften sie heiraten. Das Paar aus dem Zoo von Rio de Janeiro trug für die Zeremonie Brautkleid und Anzug und bekam seine eigene Hochzeitstorte.

DER GROSSE MR. T

Greg Rivera und Mike Essl sammeln alles rund um das A-Team. Sie sind verrückt nach Mr. T und haben schon 600 Mr.-T-Puppen, -Brotdosen, -Keramiksparschweine, -Spitzer, -Zahnbürsten, -Gläser und vier Schachteln Mr.-T-Cornflakes zusammengetragen.

PRÄSIDENTEN

Ron Regens Ziel im Leben war es, seinem Namensvetter Ronald Reagan zu begegnen. „Meine Eltern haben mich nach ihm benannt. Meine Mutter mochte ihn, und sie fanden das irgendwie witzig." Regen schrieb an Reagan, seitdem dieser Gouverneur von Kalifornien war, und schickte daraufhin an jedes Mitglied des Kongresses zwei Telegramme, trat verschiedenen politischen Gruppen bei und zahlte viel Geld für Galadinners im Weißen Haus. Seine Bemühungen kosteten ihn über $ 20.000 (€ 15.000), aber er kam seinem Ziel nie näher, als bei einer Führung durch das weiße Haus Reagans Hund zu küssen.

GESICHT GESICHTET!
Der Bildhauer Ron Mueck stellte 2002 seine Arbeit, ein lebensechtes schlafendes Gesicht, im Museum für zeitgenössische Kunst im australischen Sydney aus. Das Selbstportrait besteht aus Fiberglas-Kunstharz und ist Teil einer Sammlung „hyperrealer" Figuren des Künstlers.

Pete Cabrinha aus Hawaii reitet am 10.1.2004 eine 21,30 m hohe Welle an der Nordküste von Maui, Hawaii, die unter dem Namen „Jaws" bekannt ist. Es handelte sich um die größte Welle, die bei den Global Big Wave Awards jemals geritten wurde. Cabrinha wollte mit seinem neuen Brett eigentlich nur üben, ehe er an der Reihe war, aber plötzlich bemerkte er, dass der Jet-Ski ihn auf dieser Riesenwelle abgesetzt hatte!

Einfach unglaublich!

EISKALT ERWISCHT

Lewis Pugh betreibt eine Mischung aus Extrem-Schwimmen und Polar-Abenteuern. Der Brite ist nicht nur der erste Mensch, der in jedem der fünf Weltmeere Langstrecken geschwommen ist, er ist auch in der südlichsten Region ins Wasser gegangen, in die sich jemals ein Sportler vorgewagt hat, und hat sich damit den Spitznamen „der Eismann" verdient.

Pugh verdankt seinen Erfolg zu einem großen Teil seinem harten geistigen Training, dem er sich unter Anleitung seines Trainers vor jeder Strecke im eisigen Wasser unterzieht.

Mit nichts weiter am Leib als einer Badehose, einer Schwimmbrille und einer Badekappe sprang Pugh im Dezember 2005 in das eiskalte Meer vor der antarktischen Küste und schwamm bei einer Wassertemperatur von 0°C einen Kilometer weit. Um ihm den Weg zu seinem Ziel bei Peterman Island genau unterhalb des 65. Breitengrades zu bahnen, musste ein Eisbrecher 40 km Packeis durchpflügen. Trotz der Dämmerung und des schweren Schneefalls beschloss Pugh, in der Nacht des 14. Dezember loszuschwimmen, ehe sich die Eisdecke wieder schloss.

Ehe Pugh ins Wasser sprang, ließ er seine Körpertemperatur auf 38,40°C ansteigen, indem er in das eiskalte Meer starrte.

Er trat die große Herausforderung am 94. Geburtstag des norwegischen Abenteurers Roald Amundsen an, der als erster den Südpol erreichte. Pugh benötigte für seine Heldentat 18 Minuten und 10 Sekunden. Er erzählt: „Nach dem Sprung ins Wasser schmerzte mein ganzer Körper. Nach drei Minuten konnte ich meine Hände und Füße nicht mehr spüren, und nach sechs Minuten waren Arme und Beine taub. Ich weiß nicht, wie ich das durchgehalten habe. Ich konzentrierte mich nur darauf, so schnell wie möglich zu schwimmen, um dieser Kälte zu entkommen. Ich kann bis heute kaum fassen, dass ich so nahe am Südpol geschwommen bin!"

Der 37-jährige Pugh liebt es, Grenzen zu überschreiten, die seiner Meinung nach eher geistiger als körperlicher Natur sind.

Pugh wurde von einem 10-köpfigen Team unterstützt, das permanent in Bereitschaft war und physiologische Daten für Forschungs- und Sicherheitszwecke sammelte.

ZURÜCK ZU DEN WURZELN

Mit 62 startete Joe Bowen seine dritte Reise durch die USA. Er wurde bereits 1967 berühmt, als er auf dem Fahrrad 22.530 km weit eine kurvenreiche Reise von Kalifornien in seine Heimat in Kentucky antrat. 1980 lief er auf direkterem Weg auf Stelzen von Los Angeles in Kalifornien nach Powell County in Kentucky. Sechs Monate lang stakste er über 4.800 km weit durch Regengüsse und sengende Wüsten. 2005 fuhr er erneut seine erste Route entlang, diesmal mit 26,30 kg Last auf dem Gepäckträger.

HAI-REITER

Dem furchtlosen Manny Puig reicht es nicht, Haie aus nächster Nähe zu sehen - er will auf ihnen reiten! In einem Boot verfolgt er vor Florida Keys Hammerhaie und hängt sich an sie. Auch vor den gefährlicheren Bullenhaien schreckt er nicht zurück: Er klammert sich an zwei Löchern nahe ihrer Kiemen fest und schwingt sich auf ihren Rücken. Manny reitet in den Sümpfen der Everglades außerdem ohne Hilfsmittel auf Alligatoren. Er erzählt: „Ich verlasse mich nur auf meine Technik und die Gnade Gottes."

ZÄHNE AUF ZACK

Eine 71-jährige Chinesin zog 2005 ein Auto 19 m weit - und zwar an ihren Zähnen! Wang Xiaobei befestigte ein Seilende an dem Wagen und umwickelte das andere mit einem Taschentuch und biss sich daran fest. Unter anderem kann sie mit ihren Zähnen auch einen 25 kg schweren Wassereimer und ein Fahrrad tragen.

FISCH-SCHULE

Dean und Kyle Pomerleau bringen Fischen Kunststückchen bei! Der hier abgebildete Siamesische Kampffisch Sir Isaac Newton konnte nach einer Woche Training durch einen Reifen schwimmen.

MUTIGE SCHWIMMERIN

Die damals 15-jährige Ashley Cowan aus Toronto, Ontario, durchschwamm im September 2001 als jüngster und erster behinderter Athlet der Welt den Erie-See. Die 19 km weite Strecke bewältigte sie in 14 Stunden. Nach einer Gehirnhautentzündung in ihrer Kindheit waren die unteren Teile ihrer vier Gliedmaßen amputiert worden.

SCHNELLER PINSELSTRICH

Der deutsche Künstler Gero Hilliger portraitiert Menschen schneller als eine Polaroidkamera. Für eines seiner Portraits braucht er nur sechs Sekunden - sein Rekord liegt bei 384 Exemplaren in nur 90 Minuten. Er kann außerdem Portraits anfertigen, ohne sein Modell zu sehen, denn einige Berührungen reichen für seine enorme Vorstellungskraft.

KINDERSTUNT

Mit nur 2 ½ Jahren war Evan Wasser das erste amerikanische Skateboard-Ass in Windeln! Auf dem Brett, das fast so groß war wie er selbst, legte er die erstaunlichsten Sprünge hin.

AUF DEN SATTEL!

★ 2004 wurde nach der Idee des „Werner"-Autors Rötger Feldmann die Dolmette gebaut, ein riesiges Motorrad, das von 24 Kettensägen betrieben wurde.

★ Der Argentinier Emilio Scotto fuhr zwischen 1985 und 1995 ganze 735.500 km weit auf einem Motorrad. Er umrundete dabei zweimal den Globus und fuhr durch über 200 Länder.

★ 2003 baute der Schwede Tom Wiberg ein winziges Motorrad, das nur 6,40 cm hoch und 11,40 cm lang war. Es fuhr Dank eines kleinen, ethanolbetriebenen Verbrennungsmotors 1,90 km/h schnell.

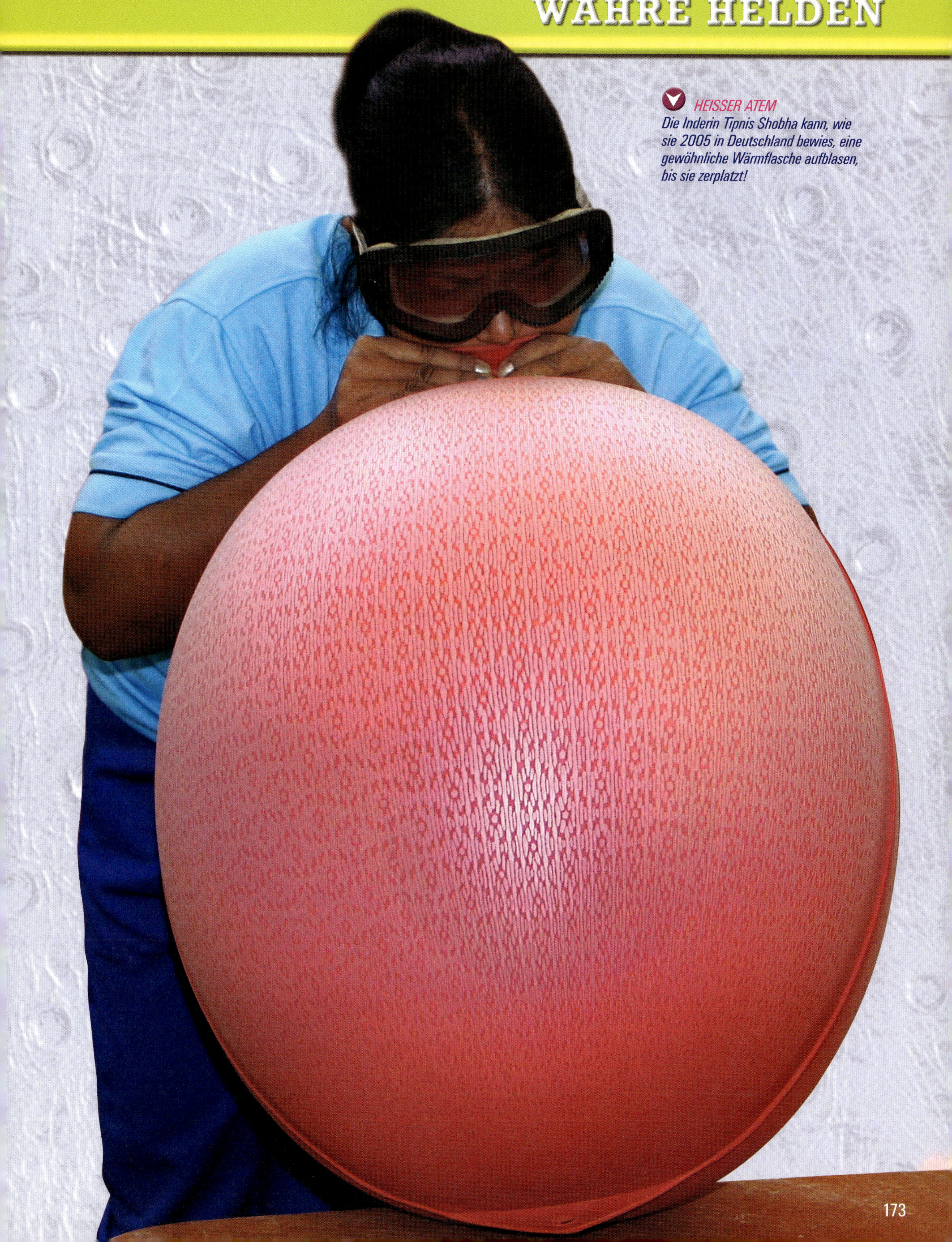

HEISSER ATEM
Die Inderin Tipnis Shobha kann, wie sie 2005 in Deutschland bewies, eine gewöhnliche Wärmflasche aufblasen, bis sie zerplatzt!

TREFFSICHER

Der Dartspieler Perry Prine aus Mentor, Ohio, warf im März 1998 innerhalb von zehn Stunden 6.681 Pfeile, also elf in der Minute, von denen durchschnittlich 2,39 ins Schwarze trafen. Er schätzt, dass er in den zehn Stunden fünf Kilometer vom Dartbrett bis zur Schusslinie hin- und hergelaufen ist.

GEWAGTER SPRUNG

Der 34-jährige indische Polizist R. Velmurugan sprang 2005 zehn Meter tief in ein Becken, das nur 18 cm tiefes Wasser enthielt.

INDIANERPFAD

Der aus Ungarn emigrierte 58-jährige Peter Wolf Toth, der heute in Edgewater, Florida, lebt, reiste zwischen 1971 und 1988 durch die USA und schnitzte in jedem Bundesland Gesichter in Baumstämme. Das Lieblingsmotiv des Bildhauers sind Indianerköpfe. Seine 67 bis zu zwölf Meter hohen Statuen sind in jedem Bundesstaat und in Kanada zu sehen. Der „Pfad der flüsternden Riesen" erstreckt sich von der Hot-Springs-Wüste in Kalifornien bis nach Springfield, Massachusetts.

WEITWURF

Der Magier und Kartentrick-Spezialist Rick Smith jr. aus Cleveland, Ohio, kann eine Spielkarte 66 m weit werfen!

MALEN FÜR DEN MOMENT

Nur mit Hilfe eines Spachtels und Toilettenpapiers hat der „Moment-Künstler" Morris Katz in seiner 50-jährigen Karriere mehr als 225.000 Ölgemälde erschaffen und verkauft. Im Juli 1987 malte er in einem Hotel in seiner Heimat New York City zwölf Stunden am Stück, stellte dabei 103 Gemälde fertig und verkaufte 55 von ihnen noch vor Ort. Einst malte er ein 30 x 40 cm großes Gemälde eines Kindes im Schnee in nur 30 Sekunden.

MUSKELMANN

Isaac „Dr. Size" Nesser aus Greensburg, Pennsylvania, begann bereits mit zarten acht Jahren, Gewichte zu heben. Es überrascht kaum, dass er nun einen Brustumfang von 188 cm und einen Bizepsumfang von 74 cm hat und beim Bankdrücken 374 kg stemmt. Sollten Sie jemals jemanden brauchen, der einen 380-l-Benzinkanister für Sie trägt, fragen Sie einfach Dr. Size!

ZIEGELZAHN
Der 87-jährige Xie Tianzhuang aus China hebt im Oktober 2005 in Hefei mit seinen Zähnen 14 insgesamt 35 kg schwere Ziegelsteine hoch. Er konnte die Ziegel 15 Sekunden lang in der Luft halten.

GLÜCK IM UNGLÜCK

Beim Betrachten dieser Röntgenaufnahme glaubte der Tierarzt Jon-Paul Carew seinen Augen kaum: Ein sechs Monate alter Welpe hatte ein 33 cm langes Zackenmesser verschluckt!

Jane Scarola hatte zu Hause in Plantation, Florida, im September 2005 mit dem Messer einen Truthahn zerlegt und es in die Mitte ihrer Küchenanrichte gelegt. Sie denkt, dass einer ihrer anderen sechs Hunde das Messer heruntergeholt haben muss. Irgendwie bekam Elsie, ihr neugieriger Bernhardinerwelpe, es in die Pfoten und verschluckte es! Es wird vermutet, dass die Klinge vier Tage lang zwischen Elsies Speiseröhre und Magen klemmte, ehe Dr. Carew sie in einer zweistündigen OP herausholte. Dr. Carew erzählt: „Ich konnte es kaum fassen, dass ein so kleiner Hund ein so großes Messer verschluckt, ohne sich ernsthaft zu verletzen, und schon bald wieder fröhlich und munter herumsprang!"

Jon-Paul Carew mit Elsie nach der Operation, bei der das Messer entfernt wurde.

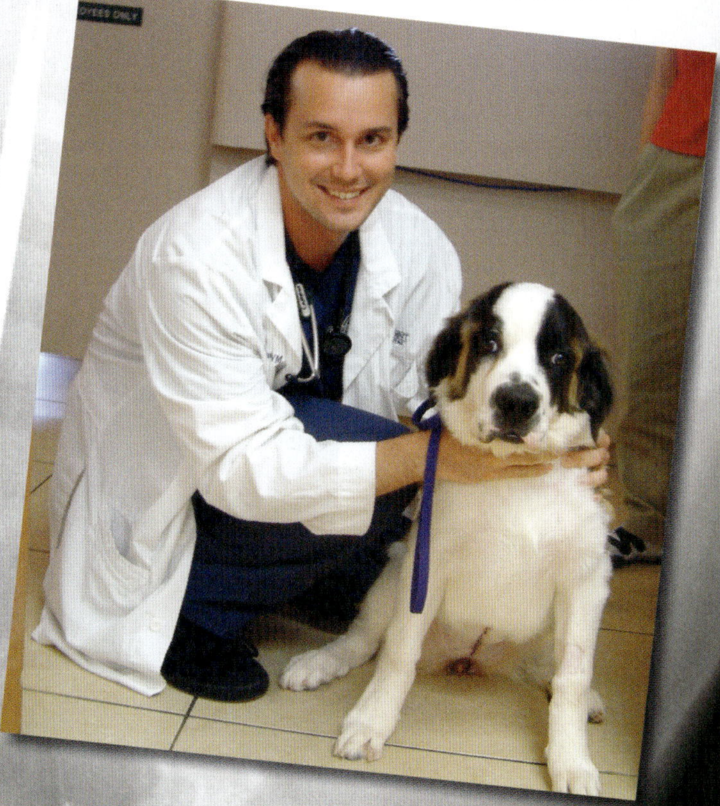

Eine Röntgenaufnahme des Messers, das zwischen Elsies Speiseröhre und Magen steckt.

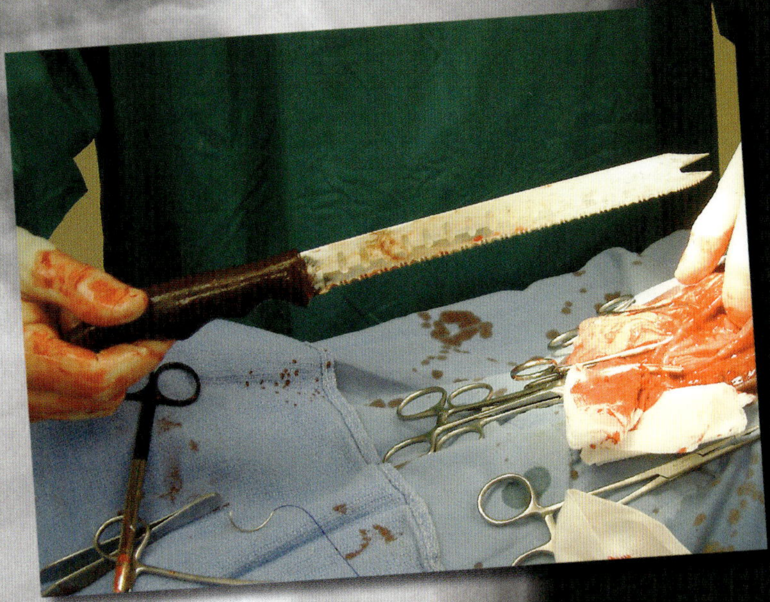

Dieses scharfe Messer wurde Elsie soeben entfernt.

DEN DREH RAUSHABEN
160 m über dem Rhein führten zwei Deutsche 2003 einen spektakulären Motorradtrick vor: Johann Traber fuhr auf einem Motorrad, das an einem Seil befestigt war, und zog ein herabhängendes Trapez mit sich, in dem sein Vater hing, der ebenfalls Johann Traber heißt. Während der 579 m langen Flussüberquerung schwangen sie sich insgesamt 14-mal um das Seil.

MARATHON-MISSION
Margaret Hagerty ist schon auf jedem der sieben Kontinente einen Marathon gelaufen - und das mit 81 Jahren! Die Athletin aus Concord, North Carolina, beendete ihre Mission 2004 mit dem australischen Golden Coast Marathon und war zuvor unter anderem bereits in Griechenland, Brasilien und am Südpol gelaufen. Auf die Frage, wie lange sie noch weitermachen wolle, antwortete sie: „Manchmal denke ich, hier wird mein letzter Lauf stattfinden und danach höre ich auf. Aber anschließend denke ich wieder, dass sie mich eigentlich eines Tages auch einfach von der Straße aufsammeln können."

RITTER DES KAFFEES Mehr als acht Jahre lang ist Rafael Antonio Lozano bei dem Versuch, jeden Starbucks-Coffeeshop der Welt zu besuchen, durch Nordamerika gereist. Im September 2005 hatte der 33-jährige Kaffee-Liebhaber aus Houston, Texas, der unter dem Namen "Winter" reist, unglaubliche 4.886 Starbucks-Filialen in Nordamerika und 213 anderen Ländern, unter anderem Spanien, England, Frankreich und Japan, besucht. Sein Rekord liegt bei 29 Filialen an einem Tag in Südkalifornien.

TAPFERE PFUHLSCHNEPFE
Die Pfuhlschnepfe ist ein Zugvogel, der in einem Flugdauer-Wettbewerb wohl kaum zu schlagen ist! Sie zieht mit bis zu 90 km/h innerhalb von sechs Tagen und sechs Nächten 12.000 km weit von Alaska nach Neuseeland, ohne ein einziges Mal anzuhalten.

LUFTIGES LEBEN
91 m über dem Boden auf einem Seil zu laufen, ist sicher nicht jedermanns Sache, aber Jay Cochrane aus Toronto, Ontario, schafft das sogar mit verbundenen Augen! Er spazierte 184 m weit zwischen den Türmen des Flamingo Hilton Hotels in Las Vegas entlang. Er ist als der „Prinz der Lüfte" bekannt und verbrachte in Puerto Rico bereits 21 Tage auf dem Hochseil. 1995 lief er 639 m hoch über den Jangtse-Fluss in China, und 2001 wagte er sich in 667 m Höhe zwischen zwei 40-stöckigen Gebäuden über den Ai-Fluss im taiwanesischen Kaohsiung.

NICHT AUFZUHALTEN Obwohl er ohne Arme geboren wurde, kann Jim Goldman aus St. Louis in Missouri Baseball spielen, indem er sich den Schläger zwischen Nacken und Schulter klemmt. Mit dieser Methode schlägt er einen von einem Unterliga-Spieler geworfenen Ball 97 km/h schnell.

GIER MACHT BLIND
Diese Kiefernnatter wurde in Gainesville, Florida, in einem Hühnerstall gefunden, nachdem sie zwei Glühbirnen verschlungen hatte, die sie für Eier hielt. Die Birnen waren 3-mal so groß wie der Kopf der Schlange und hätten sie wohl umgebracht, wenn sie nicht operativ entfernt worden wären.

MUTIGER RADFAHRER

Im Juli 1998 sprang Super Joe Reed im kalifornischen Los Angeles 20 m weit von Hausdach zu Hausdach - und zwar auf einem 250 cm^3-Geländemotorrad. Die Dächer befanden sich 43 m hoch über der Straße.

VATERS FUSSSTAPFEN
Der nordamerikanische Motorrad-Stuntman Robbie Knievel, Sohn des berühmten Draufgängers Evel Knievel, sprang 2004 spektakuläre 55 m weit über zwei Hubschrauber und fünf Flugzeuge, die auf der Dachterrasse des New Yorker Intrepid-Museums standen. Er musste eine neun Meter hohe Skirampe aufbauen, damit das Motorrad genug Geschwindigkeit für den weiten Sprung aufbaute.

OHRENWUNDER
Der 39-jährige Zhang Xinquan kann einen Zug an seinem Ohr hinter sich herziehen! Der Chinese zog im Juni 2005 einen 24 Tonnen schweren Zug an einer Kette, die an seinem rechten Ohr befestigt war, 40 m weit. Nach jahrelanger Übung ist sein rechtes Ohr jetzt länger ist als das linke. Im Vormonat hatte er ein Auto 20 m weit an beiden Ohren gezogen, während er auf Eiern lief, ohne diese zu zerbrechen. Der Vater von 15 Kindern kann auch auf rohen Eiern stehen und dabei ein 25 kg schweres Fahrrad mit dem Mund tragen.

BLINDER PASSAGIER
Mit verbundenen Augen und einer Kapuze über dem Kopf fuhr der 19-jährige Samartha Shenoy aus Indien 2004 auf einem Motorroller 24 km weit durch die Straßen von Mangalore.

KURZBESUCH
Im Mai 2004 besuchte Geoff Marshall alle 275 Stationen der Londoner U-Bahn in nur 18 Stunden, 35 Minuten und 43 Sekunden.

MOONWALK-MÄNNER
Im Oktober 2002 lief ein Staffelteam, bestehend aus Adam Hall, Ramsey Brookhart und Joshua Dodd, 48 km weit von Boulder, Colorado, nach Denver - im Moonwalk, der durch Michael Jackson berühmt wurde!

SCHWERER JONGLEUR
Unglaublich, aber wahr: Bob Whitcomb aus Ohio jongliert mit Bowlingkugeln! Er kann drei 7,30 kg schwere Kugeln 62-mal hintereinander fangen.

SCHWEBEBAHN-ABENTEUER
Am 16.3.2004 versuchten 36 Zweierteams in Singapur, sieben Tage lang in Kabinen der Schwebebahn zu überleben. Sie durften jeden Tag eine 10-minütige Toilettenpause einlegen. 19 Paare hielten durch und verließen ihre Kabinen am 23.3. reisekrank nach 168 Stunden Marter in erstickender Feuchtigkeit und klaustrophobischer Enge.

GALERIE
Aus den Archiven

DER AUGENBLÄSER
Alfred Langevin aus Detroit konnte Ballons aufblasen, rauchen und Kerzen ausblasen, indem er Luft durch seine Tränendrüse presste.

RÜCKENLAUF
Yvonne Burkett war so biegsam, dass sie auf ihrem eigenen Rücken laufen konnte! Dieses Foto zeigt sie bei einem Auftritt im Jahr 1934.

GEWICHTSVERLAGERUNG
Johnny Eck aus Baltimore wurde ohne Unterkörper geboren - also lief er auf seinen Händen herum, wie man auf diesem Foto von 1937 sehen kann!

STARKE ZÄHNE
Sam Marlow aus Chelsea, Massachusetts, konnte ein 118 kg schweres Bierfass mit seinen Zähnen anheben, während er einen Handstand machte.

HAARERAUFEN

Joseph Green aus dem New Yorker Brooklyn wurde bekannt unter dem Namen „Der Mann mit dem Eisenhaar“. Sein Haar war so kräftig, dass er mit ihm eine Eisenstange verbiegen konnte!

KÄTZCHEN IN DER HÖHE

Bob Dotzauer, ein Lehrer aus Cedar Rapids, Iowa, balancierte eine Katze in einem Korb auf einer 7,30 m langen Leiter, die er wiederum auf dem Kinn balancierte.

IMMER IM KREIS

„Texas Zeke“ Shumway aus Dallas, Texas, fuhr in Autos und Motorrädern über 80.500 km weit, und zwar in einem fast vertikal stehenden Hippodrom, das einen Durchmesser von nur 14 m hatte!

RIESENFISCH

Herman Newber aus New York fing 1932 diesen Sonnenbarsch, der in seichtem Wasser gestrandet war. Er wog über 318 kg.

EIN BLICK ZURÜCK

Am 1.9.1925 stand Charles Coghlan von den Toten auf, als eine Flut in Galveston, Texas, ihn aus seinem Grab spülte, um Florida herumtrieb und 3.220 km weit um die Küste nach Prince Edward Island beförderte, wo er früher gelebt hatte. Am 27.4.1939 überlebte Mrs. Earl Palmer wie durch ein Wunder, nachdem ihre Halsschlagader aufgeschnitten und 17 Stunden lang nicht behandelt worden war.

DER EISMANN
Der Holländer Wim Hof behauptet, dass er wie Fische eine Art Frostschutzmittel im Blut hat. Im Jahr 2000 schwamm er in einem See bei Kolari in Finnland 57 m weit unter einer Eisdecke und trug dabei nur eine Badehose und eine Schwimmbrille. 2004 verbrachte er eine Stunde und acht Minuten auf dem Eis liegend.

SCHNELLE SCHÖNHEIT
Die „Ein-Minuten-Kosmetikerin" Uma Jayakumar gestaltet nur mit Hilfe einer Haarnadel in sieben Sekunden eine Frisur. Die indische Friseurin machte im Juli 2005 mit einem Essstäbchen 66 Frisuren in nur einer Minute.

ABGESCHLEPPT!
Im Alter von 65 Jahren zog Maurice Catarcio aus Middle Township, New Jersey, auf dem Rücken schwimmend ein 24 m langes Touristenboot über einen See. Mit 72 Jahren zog der ehemalige Ringkämpfer einen 12.247 kg schweren Bus durch eine Straße in New York.

OHNE ANFASSEN
Bei den X-Games 2002 zeigte der 30-jährige BMX-Radfahrer Mat Hoffman aus Oklahoma City den ersten freihändigen 900er-Trick, bei dem das Rad sich 2 ½ -mal um die Achse dreht.

KALTES BETT
Gilberto Cruz ließ sich 2005 für eine Stunde, sechs Minuten und 24 Sekunden in einem brasilianischen Einkaufszentrum in Ribeirao Preto unter Eis begraben. Der 42-jährige lag in einer transparenten Kiste, aus der nur sein Kopf ragte.

KURZ-OFFENBARUNG
Die indische Bildhauerin Rama Satish Shah stellt mit verbundenen Augen fein gearbeitete Darstellungen religiöser Figuren her. In den letzten fünf Jahren hat sie 36.000 Figuren aus Gips geschaffen, die zwischen einem halben und 23 cm groß sind. Für jede braucht sie etwa drei Minuten.

LEINEN LOS!

★ Als eine russische Yacht 2005 im Südmeer ihr Ruder verlor, verwendete die einfallsreiche Crew einfach eine Kabinentür als Ersatz!

★ 1992 fuhr der Japaner Kenichi Horie mit einem Tretboot 7.500 km weit von Hawaii nach Japan. Seine Reise dauerte 3 ½ Monate.

★ Ein im kalifornischen Newport Beach vertäutes Boot sank 2005, nachdem sich 40 Seelöwen darauf niedergelassen hatten!

AUF DEM WASSER WANDELN
Als Rémy Bricka den Atlantik 1972 zum ersten Mal überquerte, befand er sich noch auf einem Luxusliner. 16 Jahre später wollte er seine Reise wiederholen - aber zu Fuß! Der Franzose startete am 2.4.1988 auf den Kanarischen Inseln auf 4,30 m langen Glasfaserschuhen. Hinter sich her zog er ein Boot mit einer sargförmigen Schlafkabine, einem Kompass und einer Anlage zum Entsalzen des Wassers. Er hatte keine Nahrung bei sich, sondern ernährte sich von Plankton und fliegenden Fischen, die ab und zu auf seinem Floß landeten. Er lief 80 km am Tag und erreichte am 31.5. abgezehrt und halluzinierend Trinidad, nachdem er 5.636 km weit über den Ozean gelaufen war.

NACHGEFRAGT
ZÄHNE ZEIGEN

Georges Christen, 46, zählt zu den stärksten Männern der Welt. Er kann mit seinen Zähnen ein startendes Flugzeug anhalten, Züge ziehen, Nägel verbiegen und ein Riesenrad antreiben. Aber er legt Wert darauf, dass er ein äußerst zahmer Riese ist - er isst kein Fleisch.

WAS HAT SIE DAZU INSPIRIERT, EINER DER STÄRKSTEN MÄNNER DER WELT ZU WERDEN? „Schon in meiner Kindheit in Luxemburg faszinierten mich die Kraftmenschen im Zirkus. Mit 16 begann ich mit dem Gewichtheben und dann sah ich einen Franzosen im Fernsehen, der 50 eiserne Zimmermannsnägel verbog. Ich brach seinen Rekord, indem ich mit 19 Jahren 250 Nägel mit meinen Zähnen verbog."

NENNEN SIE BITTE IHRE BERÜHMTESTEN KUNSTSTÜCKE! „Ich habe drei Cessna-Sportflugzeuge mit je 110 PS vom Start abgehalten, eines mit meinen Zähnen und zwei mit den Armen. Außerdem habe ich Lastwagen, Busse, Eisenbahnwaggons und ein 95.000 kg schweres Schiff gezogen - alles mit den Zähnen. Auf der Luxemburger Schobermesse, einem Jahrmarkt, habe ich ein 45 m hohes, 60.000 kg schweres Riesenrad mit einem Seil und meinen Zähnen angetrieben. Außerdem zerreiße ich Telefonbücher - ich kann ein 1.344-seitiges Buch in mehrere Stücke zerfetzen!"

IST IHR SPORT GEFÄHRLICH?
„Bei einem meiner Lieblingsstunts blase ich eine Wärmflasche auf, bis sie zerplatzt. Der Druck könnte in meine Lunge entweichen und mich umbringen. Aber ich trainiere hart und kalkuliere das Risiko genau."

WIE TRAINIEREN SIE, UND WIE SCHÜTZEN SIE IHRE ZÄHNE? „Ich trainiere täglich, nicht nur meinen Körper, sondern auch meine Konzentrationsfähigkeit, damit ich genau im richtigen Moment meine Kräfte freilassen kann. Meine Zähne sind nicht mehr ganz in Ordnung. Als ich 20 war, hat der Zahnarzt mir gesagt, ich solle meine Zähne nicht so strapazieren, aber ich habe nicht auf ihn gehört, und heute kommt er oft zu meinen Vorführungen, weil ich eine gute Werbung für ihn bin! Ich habe auch für eine Versicherungsgesellschaft gearbeitet, die mich aber nicht versichern wollte, weil man nicht weiß, wie gefährlich es ist, ein Flugzeug vom Starten abzuhalten!"

WELCHES IST IHR SCHWIERIGSTES KUNSTSTÜCK? „Ich kann 368 Nägel in nur einer Stunde verbiegen. Auch wenn das nicht so spektakulär ist, ist es aber am schwierigsten, ein Blatt aus 120 Spielkarten zu zerreißen, weil sie klein und schwer zu fassen sind und eine Plastikbeschichtung haben."

WIE KOMMEN SIE AUF NEUE IDEEN?
„Ich habe einige Bücher und Poster von Kraftmenschen aus den alten Zeiten und versuche, ihre Kunststücke in die moderne Zeit zu übertragen. Haben sie früher Pferde angehalten, nehme ich heute Flugzeuge. Ich könnte nach ihrem Beispiel mit meinen Zähnen einen Tisch hochheben, auf dem eine Frau sitzt!"

HAT IHRE STÄRKE SIE SCHON EINMAL IN SCHWIERIGKEITEN GEBRACHT?
„Privat übe ich mich in Friedfertigkeit. Wenn jemand mit mir Kräfte messen will, sage ich immer, dass das nur ein Job für mich ist. Bei einem Auftritt habe ich mal aus Versehen die Stoßstange von einem Auto abgerissen, und auf einem Jahrmarkt zerschlug ich unabsichtlich einen Hau-den-Lukas."

WIE LANGE WOLLEN SIE NOCH IM GESCHÄFT BLEIBEN? „Ich habe meinem Vater, der ein Bürohengst war, den Trick mit dem Telefonbuch beigebracht, als er schon 94 Jahre alt war! Ich habe mir eine alte Hufschmiede gekauft und mache ein kleines Museum daraus, in dem ich alles rund um meinen Beruf ausstellen will. Die Leute können kommen und so trainieren wie die Kraftmenschen der alten Zeiten. Mein Ziel ist es, die Menschen zu unterhalten."

BIERKOPF
Ein Wushu-Kampfkunstmeister macht am 3.5.2005 im chinesischen Nanjing einen Kopfstand auf einer Bierflasche.

KLETTEROMA
Als sich die 78-jährige Großmutter Nie Sanmei 2005 aus Versehen aus ihrer Wohnung im fünften Stock aussperrte, kletterte die Chinesin aus Changsha einfach außen am Gebäude hoch! Sie klammerte sich an die Fenstergitter und erreichte den vierten Stock, ehe die besorgte Schwiegertochter ihr den Schlüssel brachte.

TRAU(B) DICH!
1991 fing Paul J. Tavilla, bekannt als der „Traubenfänger", in East Boston, Massachusetts, eine Weintraube mit dem Mund auf, die sein Bekannter James Dealy aus einer Entfernung von 99,80 m geworfen hatte!

AM DRÜCKER
Rob Kmet und A.J. Zeglen aus Winnipeg, Manitoba, schoben 2005 einen 1.180 kg schweren Sportwagen 70 km weit um die Winnipeg-Gimli-Rennstrecke. Am Ende ihres 24-stündigen Marathons konnten die beiden Männer kaum mehr laufen.

DER VOGELMANN VON DEVON
Jonathan Marshall aus dem englischen Devon ist kein gewöhnlicher Drachenflieger - er schwingt sich mit den Wildvögeln in die Höhe, die er darauf trainiert hat, ihn zu begleiten. Marshall wollte seit seinem achten Lebensjahr mit Vögeln fliegen und hat die letzten zehn Jahre damit verbracht, Falken abzurichten. „Wenn man mit Vögeln fliegt, taucht man völlig in ihre Welt ein", sagt er. „In über 300 m Höhe kann man alles aus ihrer Perspektive sehen - eine großartige Erfahrung!"

MUNDGESTEUERT

Auch wenn die Britin Hilary Lister ihre Arme und Beine nicht mehr bewegen kann, segelte sie im August 2005 alleine über den Ärmelkanal, indem sie ihr Boot *Malin* mit ihrem Mund steuerte. Die 33-jährige kontrollierte das Schiff, indem sie durch zwei Plastikschläuche blies und saugte. Der Druck wurde auf die Pinnen und Segel übertragen. Sie reiste auf diese Weise in einem speziell angefertigten Kielboot sechs Stunden und 13 Minuten lang 34 km weit von Dover, England, nach Calais, Frankreich.

Hilary verwendete eine „Saug-und-Puste-Technik", um ihr Boot zu steuern.

GEWAGTER SPRUNG
Andy Macdonald sprang im Jahr 1999 in East Lansing, Michigan, auf seinem Skateboard 16,10 m weit über vier Autos!

BLINDER RASER
Der blinde Motorradfahrer Mike Newman aus dem englischen Manchester fuhr, gelenkt durch Funk übertragene Anweisungen, auf einem 1.000 cm^3-Motorrad 143 km/h schnell.

FAHRRAD-FREAK

Doug Slaughter aus Greentown, Indiana, beendete 2005 seinen 25-jährigen Marathon, nachdem er 40.230 km weit abseits der Straßen auf seinem Fahrrad gefahren war. Doug wollte immer schon den Umfang der Erde auf dem Rad zurücklegen, weil er aber mit einer leichten Behinderung geboren wurde, fuhr er niemals auf einer Straße. Stattdessen suchte er sich seinen Weg durch Einfahrten, Parkplätze und Waldpfade und maß die Strecke mit einem Kilometerzähler. Einen Teil seiner Strecke legte er auch auf einem Standrad zurück. Nachdem er sein Ziel erreicht hatte, suchte Doug sich eine neue Herausforderung: Er will die doppelte Strecke fahren.

JONGLOGGER Der 33-jährige Michal Kapral aus Toronto, Ontario, lief im September 2005 in drei Stunden und sieben Minuten eine Marathonstrecke und jonglierte dabei!

GEWALTIGER SATZ

Dan Runte aus St. Louis, Missouri, ließ 1999 auf dem Smyrna-Flughafen in Tennessee seinen ferngesteuerten Monstertruck Bigfoot 14 erstaunliche 62 m weit über eine Boeing 727 springen.

BLINDBOWLING

Die Bowling-Jugendmeisterin Amy Baker aus Houston, Texas, trainiert auf ungewöhnliche Weise für ihren Erfolg: Sie bowlt mit verbundenen Augen. Nachdem sie auf Anweisung ihres Trainers Jim Sands begonnen hatte, mit Augenmaske zu üben, verbesserte sich ihre Leistung schlagartig und sie wurde Landesmeisterin.

RÜCKSWÄRTS-BOB

Bob „Rückwärts-Bob" Gray schreibt mit seinen Händen simultan rückwärts und verkehrtherum. Dabei sind ihm die Augen verbunden. Außerdem kann er phonetisch rückwärts sprechen!

DYNAMIT-DAME

Nur durch einen Helm und ein dünnes Kostüm geschützt, hat sich die amerikanische Entertainerin Allison Bly mehr als 1.500-mal durch Sprengkörper mit der Kraft von zwei Dynamitstangen in die Luft jagen lassen! Die „Dynamite Lady" zeigt ihren Trick in einer Kiste, die sie den „Sarg des Todes" nennt, hat bislang aber nichts Schlimmeres erlitten als Knochenbrüche, Gehirnerschütterungen und Pulververbrennungen.

JUNGER SOLDAT

Calvin Graham, der jüngste US-amerikanische Soldat im Zweiten Weltkrieg, wurde in einem Gefecht verletzt und später aus dem Dienst entlassen, weil er sein wahres Alter von zwölf Jahren verheimlicht hatte.

FANTASTISCHE FÜSSE

Claudia Gomez aus Baton Rouge, Louisiana, kann mit ihren Füßen mit Pfeil und Bogen ins Schwarze einer Zielscheibe schießen, während sie einen Handstand macht!

DOPPELSPORT Im Oktober 2002, nur 22 Stunden nach einem Hole-in-One auf dem Pleasant-View-Golfplatz, spielte der 74-jährige Paul Hughes aus Waunakee, Wisconsin, in Middleton eine 300-Punkte-Bowlingrunde.

BLAS-OHR Wei Mingtang aus dem chinesischen Guilin kann mit seinen Ohren Kerzen aus- und Ballons aufblasen. Vor über 30 Jahren entdeckte er, dass aus seinen Ohren Luft entweicht, und kam darauf, sie mit Hilfe eines Rohrs zum Luftballonaufblasen zu verwenden. Sein Rekord liegt bei 20 ausgeblasenen Kerzen in nur 20 Sekunden.

72 IST KEIN ALTER!

Der 72-jährige Ed Whitlock aus Toronto, Kanada, ist der erste Über-70-jährige, der in weniger als drei Stunden einen Marathon lief.

TRAUMTÄNZER

Der uigurische Seiltänzer Aisikaier lebte im Mai 2005 ganze 37 Tage und Nächte lang auf einem 30 m hohen Drahtseil, das über einer Talsperre im chinesischen Nanjing hing. Der 32-Jährige stammt aus einer traditionellen Seiltänzerfamilie und hatte 2004 bereits 26 Tage auf dem Hochseil verbracht. Nachts schlief er in einer Behelfsunterkunft, die an dem Drahtseil hing. Um sich die Zeit zu vertreiben, übte er in luftiger Höhe Hula-Hoop-Tricks und Einradfahren und machte Gleichgewichtsübungen. Mit der Welt zu seinen Füßen hielt er über ein Handy Kontakt, mit dem er Fragen zu seinen Kunststücken beantwortete und mit Fans sprach.

SCHARFE GESCHICHTE!

Bei den Daredevil Ethnic Games, die im Mai 2005 im chinesischen Guiyang stattfanden, wurde der Sport im wahrsten Sinne des Wortes bis auf die Spitze getrieben.

Auf Glasscherben stehen und auf Messerspitzen laufen sind nur zwei der unglaublichen Kunststücke, die bei diesen Spielen der etwas anderen Art gezeigt werden.

Das Miao-Volk, dessen liebster Zeitvertreib das Büffelkämpfen ist, führte die Spiele ein, um sein Können in waghalsigen Disziplinen zu beweisen, zu denen unter anderem das Verschlucken von glühend heißen Schwertern und Barfußlaufen auf den rasiermesserscharfen Klingen eines Messers gehört. Auch Kinder treten auf, zum Beispiel ein 13-jähriges Mädchen, das vorsichtig auf Messerspitzen entlangläuft. Bei der Eröffnungszeremonie führte eine Gruppe von Kung-Fu-Meistern der Miao verschiedene verblüffende Stunts vor.

Anstelle der Hände verwendet dieser Mann seine Brust, um Ziegelsteine herumzuwirbeln. Sie sind an eine Nadel gebunden, die in seiner Haut steckt.

Dieser Teilnehmer zeigt den Zuschauern, wie er ein rotglühendes Schwert verschluckt.

Dieser Miao schiebt sich auf der Klinge eines Riesenmessers vorwärts und streckt seine Arme aus, um das Gleichgewicht zu halten.

EHEGLÜCK

Zhang Jiuyu und Guo Changlan feierten am 23.10.2005 ihre 80 Jahre und 15 Tage währende Ehe im chinesischen Shijiazhuang. Das 96-jährige Paar hat ein Kind, drei Enkelkinder und drei Urenkel.

EIERFÄNGER

Der 25-jährige Brad Freeman aus Calgary, Alberta, fing 2005 mit dem Mund ein hartgekochtes Ei auf, das aus einer unglaublichen Entfernung von 84 m geworfen wurde.

KARAOKE-KÖNIG

Barry Yip, ein DJ aus Hongkong, sang innerhalb von 81 Stunden und 23 Sekunden 1.000 Karaoke-Lieder.

MULI-MARSCH

Pam Fedirchuk und Tara Lewis wollten so gerne auf das Muli-Festival in Ralston, Wyoming, dass sie den ganzen Weg von ihrem Haus in den Rocky Mountains, Alberta, aus auf Mulis bestritten - zwei, auf denen sie ritten, und einem Lasttier. Für die 1.380 km lange Reise brauchten sie 52 Tage.

ALTES ASS

Der 101-jährige Harold Stilson ist der älteste Golfer, der jemals ein Hole-in-One schlug. Im Mai 2001 bestritt er mit einem Schlag das 16. Loch im Deerfield Country Club in Florida. Er hat ein Handicap 27 und golft seit seinem 20. Lebensjahr. Er bestritt das erste seiner sechs Hole-in-Ones aber erst mit 71.

EISENBÄR

Harold „Häuptling Eisenbär" Collins aus Shannon, North Carolina, zog 1999 in New York City einen 22,87 Tonnen schweren Lastwagen in weniger als 40 Sekunden 30 m weit. Der Vollblut-Lumbee-Indianer ist mit seinem Brustumfang von 160 cm wie gemacht für derartige Herausforderungen.

WIKINGER-REISE

Robert McDonald will den Atlantik in einem Nachbau eines Wikingerschiffes überqueren, das aus 15 Millionen Eisstielen besteht, die mit zwei Tonnen Klebstoff aneinandergefügt wurden. Der ehemalige Hollywood-Stuntman aus Florida hat zwei Jahre lang an seinem Schiff *Mjollnir (Thors Hammer)* gebastelt, das 15 m lang ist. McDonald plant, von Holland aus über Dänemark, Schottland, Island, Grönland und Kanada nach Key West zu fahren. Auf dieser Route sind die Wikinger vermutlich vor 1.000 Jahren nach Amerika gelangt.

Das 15 Tonnen schwere Schiff wird durch Ruder und ein Segel an einem neun Meter hohen Mast angetrieben.

SÜSSES GESCHOSS

Im Rahmen eines der seltsamsten Entertainment-Auftritte der USA schießt Scott Jeckel aus seiner Nase Marshmallows in den Mund von Ray Perisin, der sie herunterschluckt. Die beiden Künstler aus Illinois arbeiteten anfangs mit Popcorn, sind aber später auf Marshmallows umgestiegen, weil sie aerodynamischer sind.

TREPPEN-FAN

Bernadette (Hallfeld) Duychak würdigt Aufzüge keines Blickes, denn sie ist verrückt nach Treppen! Im August 2005 kletterte sie die Treppen des 54-stöckigen Harbor-Point-Wohnhauses innerhalb von 24 Stunden über 55-mal hinauf und bestieg damit insgesamt um die 40.000 Stufen. „Als ich mit dem Treppensteigen anfing, habe ich gerade mal 20 Stockwerke am Tag geschafft. Jetzt bin ich bei 2.000 in der Woche!"

WAS FÜR EIN MANN!

Obwohl Dennis Rogers aus Houston, Texas, mit 16 Jahren nur 40 kg wog, konnte er sein doppeltes Körpergewicht über seinen Kopf hieven. Früher war er der Kleinste in seiner Klasse, jetzt wiegt er 72,50 kg und ist in Relation zu seinem Körpergewicht der stärkste Mann der Welt. Er kann mit nur zwei Fingern Bücher zerreißen und ein Stahlband um seinen Nacken in U-Form biegen. 1995 hielt er vier Harley Davidson Sportster-Motorräder, die auf Vollgas liefen, zwölf Sekunden lang fest.

MUSEEN

Surfer's Park

Ripley's erstes Museum im asiatischen Pazifik eröffnete 1988 in Surfer's Paradise an der australischen Gold Coast. 2000 wurde es komplett renoviert und enthält so unglaubliche Ausstellungsstücke wie ein fliegendes Auto, einen tibetanischen Schamanenumhang aus Menschenknochen und eine Schrumpfkopf-Sammlung.

AFRIKANISCHER GOTT
Jeder Nagel, der in diesen afrikanischen Hass-Gott gehämmert wurde, steht für die Bitte, dass einem Rivalen Unglück widerfahren soll.

DINOSAURIEREIER
Diese Eier sind über 100 Millionen Jahre alt und sehr selten.

STEGOSAURUS
Dieses Modell besteht aus den Knochen von elf verschiedenen Tieren, unter anderem von Mäusen und Hühnern.

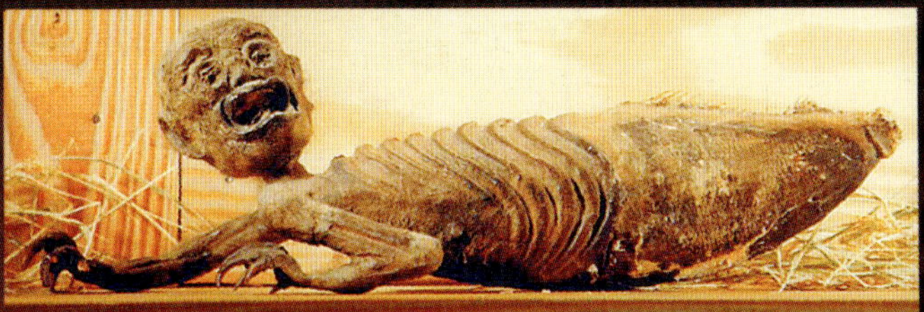

MEERJUNGFRAU
Als diese aus einem Affen und einem Fisch zusammengesetzte gefälschte Meerjungfrau 1842 erstmals öffentlich ausgestellt wurde, hielten sie viele für ein Original!

WOLPERTINGER
Diese mythologische Kreatur aus Bayern ist halb Vogel, halb Säugetier. Ihr Speichel galt als wirkungsvolles Aphrodisiakum.

MÜLL-ENTE
Diese Ente aus verschiedenen Müllresten wurde von dem amerikanischen Künstler Leo Sewell angefertigt.

DREHTUNNEL
Die rotierenden Wände dieses Tunnels geben den Hindurchlaufenden das Gefühl, dass sich der feste Boden unter ihren Füßen bewegt.

NICHT-VERPASSEN!

- Der Schädel eines Triceratops-Dinosauriers
- Eine Riesenschildkröte, die sich an ein Wasserflugzeug klammerte und durch die Luft flog
- Ein Narwal-Stoßzahn
- Der Robert-E.-Lee-Raddampfer aus Streichhölzern
- Ein Zahnersatz für Menschen aus Delfin- und Krokodilszähnen
- Das fliegende Auto
- Das Portrait auf einer Stubenfliege

ASARO-EINGEBORENEN-TANZMASKE
Die in Neuguinea getragene „Schlammmaske" verwandelt ihren Träger angeblich in einen unbesiegbaren Geist.

EINARMIGER GOLFER

Bill Hilsheimer aus Florida schlug innerhalb von sechs Monaten drei Hole-in-Ones, und das, obwohl er nur einen Arm hat! Der 68-jährige aus Nokomis verlor seine rechte Hand bei einem Unfall in seiner Kindheit und kann zum Ausholen nur seinen linken Arm nutzen. Nachdem er 50 Jahre lang auf seinen großen Moment gewartet hatte, gelangen ihm zwischen September 2003 und März 2004 gleich drei Hole-in-Ones! Die Chancen für ein Hole-in-One stehen für einen Amateur-Golfer 12.600:1. Bills Chance war so gering, dass sie nicht zu berechnen ist.

SEHR LAUT ANGESCHRIEEN

Jill Drake aus dem englischen Kent gewann einen Wettbewerb mit einem 129 Dezibel lauten Schrei, etwa der Lautstärke eines Pressluftbohrers!

Zafar Gill aus Pakistan hob an seinem Ohr ein 55-kg-Gewicht und hielt es 12,22 Sekunden lang in der Luft! Sein Kunststück führte er im November 2005 in Deutschland vor.

MENSCHLICHE COMICFIGUR

Der New Yorker Rob Lok wird als menschliche Comicfigur bezeichnet, weil er mit einem Kopf eine Wassermelone zertrümmern kann!

MARATHON AUF RÄDERN

Im Mai 2002 brach das britische Paar Simon und Monika Newbound im irischen Dublin zu einer unglaublichen Motorradreise auf, die sie mehr als drei Jahre kostete. Im Mai 2005 hatten sie 54 Länder besucht und waren 169.000 km weit gefahren. Sie umkreisten dabei einmal die Welt, fuhren von drei verschiedenen Kontinenten aus in die Arktis, durchquerten die USA 5-mal von Küste zu Küste und besuchten jeden amerikanischen Bundesstaat sowie jede kanadische Provinz. Sie fuhren in der Mongolei 2.600 km weit abseits der Straßen, hatten eine Audienz beim Papst in Rom und kampierten auf der Chinesischen Mauer.

EIERKOPF

Der New Yorker Barnaby Ruhe wirft einen Bumerang 30 m weit so genau, dass er auf seiner elliptischen Bahn bei der Rückkehr ein Ei trifft, das sich Ruhe auf den Kopf gelegt hat! Seinen Trick hat er schon über 100-mal erfolgreich vorgeführt und ist bei dieser Vorführung erst wenige Male getroffen worden.

WELTENBUMMLER

Auf seiner 3-jährigen Reise zwischen 2000 und 2003 besuchte Charles Veley unglaubliche 350 Länder, Enklaven, Inseln, Staatenbunde und Territorien und gab eine Million US-Dollar (€ 755.000) für seine fast eine Million Meilen lange Reise aus. Am schwersten zu erreichen war Clipperton Island, ein abgelegenes französisches Hoheitsgebiet, das 1.126 km vor der mexikanischen Küste im Pazifik liegt. Wegen eines heimtückischen Riffs konnte sein Schiff nicht anlegen, weswegen er an die Küste schwimmen musste. „Ich hatte keine andere Wahl", erzählt er. „Ich war wie besessen von meinem Ziel."

SCHLUCKSPECHT SCHLUCKENSPECHT

Stevie Starr, ein 34-jähriger Schotte, übergibt sich berufsmäßig! Er verschluckt Glühbirnen, Münzen, lebende Goldfische und Glasaugen und würgt sie dann wieder heraus.

Stevie verschluckt auch Butan und Seife und lässt anschließend eine gasgefüllt Blase aus seinem Mund aufsteigen. Er schluckt einen Ring und ein geschlossenes Vorhängeschloss herunter, die ineinander verschlungen sind, wenn er sie wieder hervorwürgt! Außerdem befördert er durchnummerierte Münzen in seinen Magen, die er in gewünschter Reihenfolge wieder heraufholt. Sein Talent entwickelte er in einem Kinderheim im schottischen Glasgow. „Ich habe Kleingeld verschluckt, um es vor den anderen Kindern zu verstecken ... ich ahnte nicht, dass ich damit eines Tages meinen Lebensunterhalt verdienen würde!"

Nachdem Stevie die Goldfische mit viel Wasser heruntergespült hat, holt er sie unbeschadet wieder heraus.

Stevie würgt trockenen Zucker hervor, den er zuvor mit einem Glas Wasser heruntergespült hat.

HARTER KERL

Im Juni 2005 machte Bill Kathan jr. aus Vermont in Hartford, Connecticut, als erster Mensch der Welt über 100 Liegestütze in einer Minute - auf den Handrücken! „Wild Bill", wie man ihn auch nennt, bewies mit seinen 109 Liegestützen in 60 Sekunden, was für ein harter Kerl er ist.

DUNKELFAHRT

Im September 2005 fuhr der Südafrikaner Hein Wagner, 33, aus Cape Town, 270 km/h schnell Auto, obwohl er von Geburt an blind ist.

ÜBER DEN PAZIFIK

Steve Fisher aus Toledo, Ohio, überquerte 1997 den Pazifik von Kalifornien aus nach Hawaii auf einem 5,20 m langen Windsurfbrett. Die 4.200 km lange Reise auf der *Da Slippa II* dauerte 47 Tage.

ENTFESSELT!

Der in Queensland lebende Entfesselungskünstler Ben Bradshaw befreite sich im April 2005 im australischen Sydney in nur 38,59 Sekunden aus einer Zwangsjacke, während er in einem Wassertank gefangen war.

SUPEROMA

Eine kalifornische Großmutter fuhr 2002 alleine auf einem 3,40 m langen Wasserfahrzeug die nordamerikanische Westküste hinunter. Die 56-jährige Jane Usatin aus Carlsbad fuhr in Blaine, Washington, los und kam 28 Tage später am Ende ihrer 2.941 km langen Reise in Mexiko an.

KUGELTURM

Im November 1998 stapelte David Kremer aus Waukesha, Wisconsin, ohne Hilfsmittel zehn Bowlingkugeln vertikal aufeinander.

AMERIKANISCHE ODYSSEE

Im Juni 2005 bestieg Jason Hill in Deadhoarse, Alaska, sein Fahrrad und trat in die Pedale. Im Januar 2006 erreichte er Missoula in Montana, aber sein eigentliches Ziel ist Tierra del Fuego in Argentinien. Er hatte für die 30.600 km lange Strecke vom Polarkreis bis in den untersten Zipfel Südamerikas über zwei Jahre veranschlagt.

LA-OLA MAL ANDERS

Unglaubliche 42 brasilianische Surfer ritten am 18.11.2005 gemeinsam eine Welle in Macumba Beach in Rio de Janeiro.

HOCH IM SATTEL

Im April 2005 gewann Randy Davisson aus Decatur, Alabama, seine Wette, auf demselben Pferd in jedem Bundesstaat der USA und jeder Provinz Kanadas zu reiten. Seine Reise auf seinem treuen Appaloosa-Pferd Eli Whitney dauerte fast fünf Jahre und endete, als Randy auf der hawaiianischen Insel Oahu in den Sattel stieg.

Randy und sein Pferd Eli hielten auf ihrem Weg vor Postgebäuden an, um Fotos zu schießen.

STARTKLAR
Robert Magniccari aus Rockaway, New Jersey, nahm an zwei Flughäfen in New Jersey innerhalb von 24 Stunden 190 Starts und Landungen vor.

AMERIKA-TOUR
Don Boehly aus Grayson, Kentucky, machte sich im September 2004 auf den Weg, um mit dem Fahrrad 40.000 km weit durch alle 50 Staaten der USA zu fahren. Er ist einer der vielen Radfahrer, die nach den Anschlägen vom 11.9.2001 durch die USA radeln, um Spenden für umgekommene Feuerwehrleute zu sammeln.

DER SCHUBKARRENMANN
1975 schob Rev. Geoffrey Howard, ein Pfarrer aus dem englischen Manchester, eine alte chinesische Segelschubkarre 3.218 km weit durch die Sahara.

GROSSZÜGIGE SPENDE
Der Deutsche Frank Loose spendet jede Woche Blut und hing bereits 800-mal an der Kanüle.

IST JA SCHARF!
Red Stuart aus Philadelphia, Pennsylvania, schluckte im September 2005 ganze 25 Schwerter auf einmal. Nach jahrelangem Training konnte er unter anderem ein 80 cm langes Breitschwert sowie 24 kleinere, 46 cm lange Schwerter gleichzeitig schlucken.

KINN HOCH!
Im Dezember 2003 balancierte David Downes aus dem englischen Felixstowe auf seinem Kinn drei Minuten und 32 Sekunden lang ein Bügelbrett.

GOLF-VERRÜCKT
Als Dave Graybill 2003 zum Golfen ging, besuchte er keinen gewöhnlichen Golfplatz. Der Feuerwehrmann aus Glendale, Arizona, hatte sich eine 6.566 km lange Golfroute zusammengestellt, die ihn durch die USA führte. Sein erstes Tee steckte er in den Santa Monica Pier in Kalifornien, und das 18. Loch befand sich im Central Park in New York. Seine Runde dauerte sieben Monate und führte ihn durch 16 Staaten und zu einigen der bekanntesten amerikanischen Sehenswürdigkeiten. Er schlägt seine Bälle durch Wüsten, über Flüsse, auf Straßen und sogar von einem Flugzeug aus ab!

HAUS AM ABGRUND

Eine Familie aus dem neuseeländischen Waihi entkam unverletzt, nachdem ihr Haus mitten in der Nacht 15 m tief in ein Loch gerutscht war!

GLÜCKSZAHLEN

Kris Wilson schreibt zwei Stunden am Tag Zahlen auf einen Notizblock, um seinem Ziel näher zu kommen, als erster Mensch der Welt alle Zahlen von eins bis eine Million aufgeschrieben zu haben. Wilson, der aus Provo in Utah stammt, begann im Februar 2004 mit seinem merkwürdigen Hobby. 18 Monate später war er schon fast bei 600.000 angelangt, im Februar 2008 vollbrachte er den ungewöhnlichen Rekord. Er bietet seine Zahlen als Jubiläums- und Geburtstagszahlen zum Verkauf an und signiert sie mit „Mr. Million".

KLEINE TÄNZERIN

Eine 4-jährige Chinesin kann 91 m weit auf einem Hochseil laufen, das 30 m über dem Grund hängt! Die kleine Yin Feiyan aus der Provinz Anhui ist schon seit ihrem zweiten Lebensjahr Seiltänzerin.

TANZFIEBER

Der US-amerikanische Entertainer David Meenan steppte im Oktober 2001 in Red Bank, New Jersey, in 7 ½ Stunden 52 km weit.

DREHWURM

Der Australier R.J. Brunow fuhr im Mai 2005 auf der Queensland Rennstrecke in einem Holden-Gemini-Auto 64 aufeinanderfolgende 360°-Drehungen. Dabei zerstörte er vier brandneue Reifen.

ALTES RAD

Archäologen haben in Slowenien das vermutlich älteste Rad der Welt entdeckt. Es ist zwischen 5.100 und 5.350 Jahre alt.

RÜCKWÄRTSSALTO

Josh Tenge aus Incline Village, Nevada, gelang 2000 ein 13,70 m langer Rückwärtssalto auf einem Sandboard.

OMA SPRING!

Als Thelma Tillery ihrem Enkel versprach, dass sie an ihrem 85. Geburtstag einen Fallschirmsprung machen würde, wusste sie, dass sie ihr Wort halten musste. Im September 2005 landete die mutige Dame sicher in Kearney, Nebraska.

RETTER IN DER NOT

Die 73-jährige Norwegerin Inge Kavli sprang in einen Fjord und schwamm 20 m weit, um einen kleinen Jungen zu retten, der mit seiner Mutter bei einem Unfall mit dem Auto ins Wasser gestürzt war.

FUSS-CELLO

Wenn Tad Lietz aus Appleton, Wisconsin, Cello spielt, beeindruckt er nicht nur mit seinen vollendeten Fähigkeiten - ihm fehlt der linke Arm. Deswegen streicht er das Instrument mit seinem linken Fuß!

WILDER BIKER

Im März 2005 fuhr der Australier Matt Mingay im Temora Aerodrome in New South Wales auf dem Hinterrad seines Motorrades einen Kilometer weit mit einer Geschwindigkeit von 225 km/h.

AUF NÄGEL GEBETTET

Harley Newman legt sich auf nur vier Nägel, ohne sich zu verletzen. Der US-Entertainer öffnet außerdem Zahlenschlösser mit seinen Zähnen, indem er die Nummern mit der Zunge ertastet, und lässt sich mit einem Vorschlaghammer Zementblöcke auf seinem Gesicht zertrümmern. Außerdem trug er eine 771 kg schwere Menschenpyramide, während er auf einem Nagelbett lag, und er entkommt mit angehaltenem Atem einem 400 m langen Stück Frischhaltefolie.

NACHGEFRAGT
FLINKE FINGER

Der australische Kampfkunstexperte Anthony Kelly, 43, hat eine so schnelle Reaktionsfähigkeit, dass er fliegende Pfeile fängt und schneller schlägt als Muhammad Ali auf dem Höhepunkt seiner Karriere. Außerdem kann er Gotcha-Kugeln aus der Luft greifen.

WIE HABEN SIE IHRE REAKTIONSFÄHIGKEIT ENTWICKELT? „In meiner Kindheit und Jugend sah ich Filme mit Bruce Lee und Muhammad Ali und war fasziniert von der Schnelligkeit ihrer Bewegungen. Ich habe auf der ganzen Welt trainiert und den schwarzen Gürtel in sechs Kampfsportarten. Ich habe das erste elektronische Gerät zur Messung der Reaktionsgeschwindigkeit entwickelt, das von den traditionellen chinesischen Holz-Testpuppen inspiriert wurde. Meine Reaktionszeit lag unter einer drei Hundertstel Sekunde."

SEIT WANN ÜBEN SIE, DINGE AUS DER LUFT ZU FANGEN? „1999 sah ich einen alten Kung-Fu-Film, in dem der Held einen Pfeil fing. Ich lernte in nur einer Woche, es ihm gleichzutun. Heute kann ich 38 Pfeile von drei acht Meter entfernten Bögen in nur zwei Minuten fangen."

WIE SIND SIE AUF DIE IDEE MIT DEN GOTCHA-KUGELN GEKOMMEN? „Ein Schüler aus meinem Kampfkunstzentrum in Armidale, New South Wales, hatte ein Gotcha-Gelände. Er fragte mich, ob ich auch Gotcha-Kugeln fangen könnte, und jetzt steht mein Rekord bei 28 Fängen auf 20 m in nur zwei Minuten und elf Fängen mit verbundenen Augen."

WIE GEFÄHRLICH IST IHR SPORT? „Eine Gotcha-Kugel erreicht eine Geschwindigkeit von bis zu 8,35 m in der Sekunde. Das sind etwa 70 Kugeln in zwei Minuten. Ein Treffer ist sehr schmerzhaft, und wenn ich einen Rekordversuch mache, bin ich danach grün und blau. Einmal hätte ein Pfeil fast meinen Kopf durchbohrt. Nur mit aller Kraft konnte ich ihn abwehren. Vermutlich ist mein Sport nicht unbedingt sehr klug."

HABEN SIE EINE BESONDERE TECHNIK? „Ich orientiere mich an Geräuschen. Auf einer Stoppuhr kann ich sagen, ob zwischen den akustischen Zeichen zwei oder drei Hundertstel Sekunden lagen. Wenn ich blind Gotcha-Kugeln fange, verlasse ich mich auf das Geräusch, richte den Ball auf mich aus und verringere seine Geschwindigkeit in Millisekuden."

WIE SCHNELL KÖNNEN SIE SCHLAGEN? „Ich halte den Rekord für die meisten Schläge pro Sekunde bei 347, und den für die meisten Schläge in der Stunde, der bei 11.856 liegt. Ich schlage durchschnittlich 10-mal pro Sekunde zu. Bruce Lee lag bei etwa acht, und Muhammad Ali bei sechs oder sieben."

WIE TRAINIEREN SIE? „Ich übe ständig, und sei es der Versuch, durch eine Ladentür zu schlüpfen, die sich gerade schließt. Meine Ernährung ist ungewöhnlich, denn ich esse nur Fleisch und Kartoffeln und lehne Obst und Gemüse ab. Ich weiß aber nicht, ob das einen Unterschied macht."

KOMMEN IHRE TALENTE AUCH IN ANDEREN LEBENSBEREICHEN ZUM EINSATZ? „Ich reise durch die ganze Welt und trete im Fernsehen auf. Außerdem bin ich der führende Reaktionstrainer der Welt und Vollzeitlehrer für Kampfkunst."

WAS PLANEN SIE FÜR DIE ZUKUNFT? „Ich versuche herauszufinden, wie schnell der Körper sein kann. Den alten Kampfkunsttrick, bei dem man Bretter zerbricht, möchte ich neu definieren. Ich befestige drei Bretter aneinander und zerstöre das mittlere, während die beiden äußeren ganz bleiben. Kein Fachmann kann mir erklären, wie das funktioniert! Die alten Meister glaubten, dass Geräusche die Innereien eines Menschen zum Explodieren bringen können, aber das sollte ich wohl lieber nicht ausprobieren - also versuche ich, Ballons zerplatzen zu lassen."

EIN BLICK ZURÜCK
Roger Riddell aus Charlotte, North Carolina, sprang 2003 in Yakima, Washington State, auf seiner Harley Davidson über sechs Autos. Das Besondere dabei: Er saß rückwärts auf dem Sattel!

RÜCKWÄRTS
Der Amerikaner Steve Gordon fuhr im Juni 1999 in Springfield, Missouri, auf seinem Einrad erstaunliche 109 km weit rückwärts!

VERFLIXT UND ZUGENÄHT!
Obwohl die Amerikanerin Sapna Goel ihre Arme und Beine nicht bewegen kann, kann sie malen und nähen. Sapna, die als Kind unter Polio litt, kann mit der Zunge einen Faden einfädeln.

WAGHALSIGER SPRUNG
Der Neuseeländer A.J. Hackett sprang am 17.8.2005 unglaubliche 233 m tief vom Macau-Turm. Er hat bei seinem 20-sekündigen Flug Geschwindigkeiten um die 150 km/h erreicht und hing an einem besonderen Seil, das seinen Fall erst nervenzerreißende zehn Meter über dem Boden abbremste.

UNTERWASSERWELT
Zwei italienische Taucher verbrachten im September 2005 zehn Tage lang unter Wasser. Stefano Barbaresi und Stefania Mensa ertrugen Kälte, Erschöpfung und Dehydrierung, um in acht Metern Tiefe auf dem Meeresboden vor der italienischen Insel Ponza zu leben. Sie schliefen unter Bettgestellen, die umgedreht wurden, damit die Taucher nicht an die Oberfläche trieben, und verbrachten die meiste Zeit in ihrem „Unterwasserhaus", das aus zwei Sofas, einem Trainingsrad, Büchern und einem wasserdichten Fernseher bestand.

ABGETRIEBEN
Die Fischer Lafaili Tofi und Telea Pa'a aus West-Samoa überlebten sechs Monate in einem kleinen Metallboot, in dem sie 3.990 km weit im Pazifik trieben.

MINI-OPER
Australische Wissenschaftler haben mit einem Laser eine Replik der Oper von Sydney projiziert, die so klein war, dass sie für das bloße Auge wie ein Staubkorn aussah.

KAMELSPRUNG
Beim Yemeni-Traditional-Sports-Festival 2004 wurde Ahmed Abdullah al-Abrash zum Weltmeister im Kamelspringen gekürt, nachdem er mit einem Trampolin über eine drei Meter lange Kamelreihe gehüpft war.

WELTENBUMMLER
Am 20.6.1970 machten sich die Brüder David und John Kunst in ihrer Heimat Waseca, Minnesota, auf, als Erste einmal um die ganze Welt zu wandern. Vier Jahre, drei Monate und 21 Paar Schuhe später kehrte David nach seiner 23.255 km langen Reise nach Hause zurück. Sein Bruder war in Afghanistan auf der Hälfte der Strecke von Wegelagerern überfallen und getötet worden.

ZUGEPACKT!
In einer Ausgabe der *Ripley's Believe It or Not!*-Fernsehsendung fing Terry Bryan aus Colorado Springs einen 217 km/h schnellen Pfeil mit bloßen Händen aus der Luft! Damit nicht genug: Er wiederholte den Trick mit verbundenen Augen!

FLEDERMAUSBISS
Jeanna Giese aus Wisconsin ist der erste bekannte Fall, in dem eine Person Tollwut ohne Impfung überlebte! Die 15-jährige war im September 2004 von einer Fledermaus gebissen worden.

AUF ZWEI RÄDERN
Der Stuntman-Motorradfahrer Johnny Airtime aus Las Vegas sprang mit seinem Motorrad über die sich drehenden Rotoren von vier Hubschraubern!

SCHNELLSPRINGER
Der 47-jährige Jay Stokes aus Arizona sprang im November 2004 in nur 24 Stunden unglaubliche 534-mal mit dem Fallschirm ab! In Lake Elsinore, Kalifornien, unterstützten ihn drei Piloten in zwei Flugzeugen, die sich in zwei- bis dreistündigen Schichten ablösten, sodass Stokes alle zwei Minuten und 45 Sekunden abspringen konnte.

Der „Tausendfüßlerkönig" Montri Siangwong und die „Skorpionköngin" Kanjana Kaetkeow heirateten am 14.2.2006, dem Valentinstag, im Pattaya Beach Resort in Thailand. Der Höhepunkt der thailändischen Zeremonie, zu der auch singende Mönche, Tausendfüßler und Skorpione gehörten, war das „Hochzeitszimmer", das die Form eines Sarges hatte. Das Brautpaar verbrachte im Jahr 2002 zusammen mit 3.400 Skorpionen 32 Tage in einem Plastikkäfig, und der Bräutigam allein ließ sich 2003 schreckliche 28 Tage lang in einen Käfig mit 1.000 Tausendfüßlern sperren.

Einfach unglaublich!

SCHRÄGE TÖNE

Es wundert kaum, dass Ken Butlers Musikinstrumenten-Sammlung nicht bei jedem Zuhörer auf offene Ohren stößt. Ken zieht gewöhnlichen Instrumenten die Zahnbürsten-Geige, die Golfschläger-Sitar und das Hockeyschläger-Cello vor.

Der New Yorker baute sein erstes seltsames Instrument 1978, als er ein Griffbrett, Stimmwirbel und einen Steg an ein kleines Handbeil baute und es wie eine Geige spielte. Der Erfolg seiner Axtgeige inspirierte ihn dazu, mehr als 200 genauso verrückte Instrumente aus Gegenständen wie Fahrradrädern, Regenschirmen, Gewehren und Schneeschaufeln zu basteln. Meistens wählt er Gegenstände aus, die ungefähr die Form des Instruments haben, das er bauen will. Der amerikanische Musiker und Künstler, der als Kind Geigespielen lernte, hat seine Kunstwerke schon in Museen und Galerien in Peru, Europa und Tokyo sowie in zahlreichen Ripley's-Museen ausgestellt. 1997 brachte er sein erstes Album *Voices of Anxious Objects* (*Die Stimmen besorgter Objekte*) heraus und trat mit einem Orchester auf, das 15 seiner Instrumente spielte.

Ken entlockt so gut wie jedem Gegenstand Töne. Auf diesem Bild demonstriert er sein Können mit einem Fahrradrad.

Der Musiker Ken Butler inmitten einiger seiner verrückten Instrumente, zum Beispiel einem Hockeyschläger-Cello in der oberen Reihe.

Um gute Instrumente zu bauen, wählt Ken Butler eher robuste, aber leichte Gegenstände aus, die Platz für Stimmwirbel und Saiten bieten.

BLITZABLEITER
Carl Mize wurde schon 4-mal in seinem Leben von einem Blitz getroffen! 2005 erwischte es ihn zum vierten Mal, als er gerade auf dem Campus der Universität von Oklahoma arbeitete. Er wurde für vier Tage ins Krankenhaus eingeliefert.

KUGELSICHER
Ein britischer Hersteller hat eine kugelsichere Aktentasche entwickelt. Wenn ihr Benutzer unter Beschuss steht, kann die braune Ledertasche geöffnet und als Schutzschild benutzt werden. Sie wehrt Handfeuerwaffen bis zum Kaliber einer 44er Magnum ab.

KÜRBIS-KÄHNE
Howard Dill züchtet seine Kürbisse nicht nur wegen der Samen, sondern auch, um Rennboote daraus schnitzen zu lassen.. Er baut eine Riesensorte namens Atlantic Giant an. Nachdem er die Samen verkauft hat, spendet er die ausgehöhlten Früchte für die alljährliche Kürbis-Paddel-Regatta in Windsor, Kanada. Im Jahr 2005 paddelten bei dem Wettbewerb 40 Teilnehmer um die Wette über den Pesaquid-See und saßen dabei in bis zu 272 kg schweren Kürbissen. Der Sieger schafft den Parcours in durchschnittlich zehn Minuten.

TOTAL VERNETZT
Mitch Maddox aus Dallas, Texas, ließ sich offiziell in DotComGuy umbenennen und lebte ein ganzes Jahr lang nur von Dingen, die er im Internet kaufen konnte.

HELDENMUT
Kyla Smith hob nach einem Autounfall in der Nähe von Washington, England, ein Auto, das eine Tonne wog, 15 cm weit hoch, um ihren eingeklemmten Freund zu befreien. Der Wagen wog etwa 20-mal so viel wie sie selbst. Die tapfere Frau verletzte sich bei ihrer Heldentat einen Rückenwirbel.

UNGEBETENER GAST
Als Beverly Mitchell nach einem zweiwöchigen Urlaub ihr Haus in Douglasville, Georgia, betrat, entdeckte sie, dass die Lichter brannten und ein ihr unbekanntes Auto in ihrer Auffahrt parkte. Eine fremde Frau war in ihr Haus gezogen, hatte die Räume umdekoriert und trug sogar Beverlys Kleider!

FLIEGENDE NONNE
In Madonna Buders Brust schlägt mehr als eine Seele: Sie hat nicht nur an über 300 Triathlon-Läufen, inklusive einiger Ironman-Triathlons, teilgenommen, sondern lebt außerdem ein ruhiges Leben als römisch-katholische Nonne. Die heute über 70-jährige Schwester Madonna stammt aus Spokane, Washington, und läuft seit 1978. Ehe sie an dem ersten Marathon in Boston teilnahm, bat sie den örtlichen Bischof um die Teilnahmeerlaubnis.

GEDANKENKRAFT
Der Magier Paul Carpenter aus Houston, Texas, beherrscht die Kunst der Psychokinese. Indem er Kraft seiner Gedanken Metall verbiegt, verblüfft er sein Publikum in USA.

TROCKEN BROT
Vivien Anderson aus dem englischen Cambridgeshire zeigt ein Brötchen, das aus dem Ersten Weltkrieg stammt! Es war Teil der Verpflegung ihres Großvaters, der damals im Militärdienst stand. Das Brötchen wird in der Familie weitervererbt und ist etwa 90 Jahre alt.

STARKER ZWERG
Als Rique Schill aus Jamestown, North Dakota, 1984 unter dem Familienwagen feststeckte, hob sein 9-jähriger Sohn Jeremy den Wagen hoch, obwohl er selbst nur 30 kg wog.

DOOFER DIEB
Michael Adams aus dem englischen Manchester brach in ein denkbar ungünstiges Gebäude ein: Er raubte ein Fachgeschäft für Überwachungskameras aus und wurde dabei von acht verschiedenen CCTV-Kameras aufgezeichnet.

TIEF GEFALLEN
2004 stürzte in England ein Auto, in dem vier junge Mädchen saßen, eine 33 m hohe Klippe hinab und überschlug sich dreimal, ehe es aufrecht auf den Felsen landete, nur einige Meter von der tosenden See entfernt. Wie durch ein Wunder war die schlimmste Verletzung, die den Mädchen widerfuhr, ein gebrochener Knöchel.

IN FLAMMEN!
2002 überlebte der 52-jährige Bob Clewis aus San Antonio, Texas, eine Tankstellen-Explosion, nachdem ein einfacher Funken statischer Elektrizität von seiner Jacke sich entzündet und Bob in Flammen hatte aufgehen lassen.

EISIGES WUNDER
An einem warmen Sommertag im Jahr 2005 wurde ein Cricketspiel bei Faversham in England plötzlich unterbrochen, als ein riesiges Eisstück vom Himmel fiel und auf dem Feld zersprang. Der Himmel war damals wolkenlos, und es war kein Flugzeug in Sicht.

TOLLES GESCHENK
Helen Swisshelm aus Lutz, Florida, bekam 2001 das schönste Weihnachtsgeschenk ihres Lebens - ihren High-School-Ring, den sie 53 Jahre zuvor verloren hatte. Zuletzt sah sie das Stück aus Gold und Onyx 1948, als sie mit Freunden im Hudson River in der Nähe ihrer Heimat Cohoes, New York, schwamm. Sie hatte nicht geglaubt, ihn jemals wiederzufinden. Ein halbes Jahrhundert später erhielt sie einen Anruf von einer Nonne der katholischen Schule, die Helen in Albany besucht hatte. Ein Mann, der mit einem Metalldetektor den Hudson durchsucht hatte, fand einen High-School-Ring des Jahrgangs 1948, und die Nonne hatte anhand der eingravierten Initialen gefolgert, dass er Mrs. Swisshelm gehören musste.

AUF DEM TROCKENEN ...
... saß dieser Seehund, der auf einem Pfosten vor der schottischen Küste gestrandet war. Er musste neun Stunden lang ausharren, ehe die Flut zurückkehrte und er sich endlich wieder ins Wasser rollen konnte.

AHNUNGSLOSES OPFER
Als Wendell Coleman, 47, aus Jacksonville in Florida mit Kopfschmerzen, geschwollenen Lippen und Pulververbrennungen erwachte, begab er sich in ein Krankenhaus. Die Ärzte fanden eine Kugel in seiner Zunge - aber Coleman hatte nicht einmal bemerkt, dass man versucht hatte, ihn zu erschießen!

GLÜCKSHAUS
2003 zerstörte das sogenannte „Zedern"-Feuer in Südkalifornien 268.300 ha Land. Schießlich erreichte es auch die wohlhabende Vorstadt von Scripps Ranch, die 26 km vor San Diego liegt. Die Flammen verschlangen hier jedes einzelne Haus - bis auf eines.

FEUERVOGEL
Der Hauptfeuerwehrmann Donald Konkle aus Harrisburg, Pennsylvania, fand heraus, dass ein Hausbrand ausgelöst wurde, nachdem ein Vogel eine glimmende Zigarette in sein Nest eingebaut hatte!

DOPPELTE LAURA

Als Laura Buxton aus dem englischen Staffordshire im Juni 2001 an ihrem zehnten Geburtstag einen Luftballon aufsteigen ließ, wusste sie noch nicht, dass er 225 km weiter in Wiltshire von einem anderen 10-jährigen Mädchen gefunden werden würde: Laura Buxton! Die Mädchen waren nicht nur gleich alt und hatten denselben Namen, sie hatten auch dieselbe Haarfarbe und die gleichen Haustiere: einen Hund, ein Meerschweinchen und ein Kaninchen.

SPÄTE FREUNDE

Als der 71-jährige Harry Dillon einen Brief abschickte, auf dem nur der Name eines ehemaligen Kriegskameraden sowie die Stadt, in der er möglicherweise lebte, standen, wurden die britischen ehemaligen Soldaten nach 50 Jahren wiedervereint!

VERLORENER STIFT

1953 verlor Boone Aiken seinen gravierten Füllfederhalter in Florence, South Carolina. Bei einem New-York-Aufenthalt drei Jahre später fand seine Frau neben dem Eingang ihres Hotels einen Stift auf der Straße - es war der verlorene Füller!

BRIEFTASCHE GEFUNDEN!

Nachdem James Lubeck 1966 in Marblehead Harbor, Massachusetts, seine Brieftasche verlor, war er sicher, sie niemals wiederzufinden. Aber im August 2005 wurde er von Antonio Randazzo kontaktiert, der in einem Netz voller Dorsche, Flundern und Schellfische die Kreditkarten aus dem Geldbeutel gefunden hatte, 40 km entfernt von dem Ort, an dem Lubeck ihn verloren hatte.

GEBURTSTAGSWUNDER

Vier Generationen einer Familie aus dem australischen Brisbane haben denselben Geburtstag: den 1.8.! Norma Steindl wurde am 1.8.1915 geboren, ihr Sohn Leigh am 1.8.1945, Leighs Tochter Suzanna am 1.8.1973 und deren Sohn Emmanuel am 1.8.2003.

AM SEIDENEN FADEN
Der Fallschirmspringer Greg Gasson führt atemberaubende Kunststücke in der Luft vor. Tausende von Metern über Eloy, Arizona, hält er sich wagemutig an nur einer Leine seines Fallschirms fest.

WEHNACHTSGESCHENKE

Mathilda Close wurde am ersten Weihnachtsfeiertag 2005 geboren und ist damit die dritte Generation ihrer Familie, die am 25.12. Geburtstag hat! Auch ihre Mutter Angela und ihre Großmutter Jean Carr haben dasselbe Geburtsdatum.

HERZERWEICHEND

Als Nigel Kirk aus dem englischen Burton-on-Trent sein Badezimmer renovierte, entging er um nur einen Millimeter dem Tod! Der 53-Jährige hatte sich aus Versehen mit einer Nagelpistole ins Herz geschossen, als er ausrutschte. Das fünf Zentimeter lange Geschoss bohrte sich direkt in sein Herz, traf aber verhärtetes Narbengewebe, das Nigel 30 Jahre zuvor nach einer Krankheit entwickelt hatte. So verpasste der Nagel um Haaresbreite die lebenswichtigen Herzgefäße.

KALK-KAUER

Rena Bronson aus Macon, Georgia, hat seltsame Ernährungsgewohnheiten. Sie isst jeden Tag Kalk! Seit 1992 verschlingt sie immer wieder Klumpen von weißem Kaolin. Sie leidet deswegen zwar unter Verstopfung, möchte auf die cremige Konsistenz in ihrem Mund aber nicht verzichten.

WÜSTENHUND

Max, ein einjähriger Golden Retriever, überlebte 2005 drei Wochen und drei Tage lang alleine in der Wüste von Arizona. Der Hund war fortgelaufen, nachdem der Lastwagen seines Besitzers Mike Battles einen Autounfall hatte. Der Hund wurde schließlich unter einem Busch gefunden.

DOPPELGEBURT

Die Zwillingsschwestern Mary Maurer und Melanie Glavich brachten 2005 im Abstand von nur 35 Minuten Söhne zur Welt. Ihre Geburtstermine waren auf denselben Tag, den 27.5., festgelegt gewesen, aber beide bekamen zu früh Wehen. Sie gebaren in nebeneinanderliegenden Räumen in einem Krankenhaus in Middleburg Heights, Ohio.

KOPFLOSES HUHN

Am 10.9.1945 hieb der Bauer Lloyd Olsen mit einer Axt seinem 5 ½ Monate alten Hahn Mike den Kopf ab. Aber das kopflose Tier pickte auf dem Hof in Fruita, Colorado, einfach weiter nach Körnern!

Olsen besuchte Los Angeles, San Diego, Atlantic City und New York und stellte sein „Wunderhuhn" Mike als Nebenattraktion aus.

Olsen entschied, Mike zu verschonen, und fütterte ihn mit einer Pipette mit Getreide und Wasser. Der Großteil von Mikes Kopf war in ein Glas eingelegt worden, aber ein Teil seines Gehirns und eines seiner Ohren hingen noch an seinem Hals. Da der Großteil der Reflexhandlungen eines Huhns über den Gehirnstamm kontrolliert wird, lebte Mike weiter. In den nächsten 18 Monaten stieg Mikes Gewicht von 1,10 kg auf 3,60 kg an. Das Tier wurde für über $ 10.000 (€ 7.550) versichert, und Lloyd reiste mit seinem „Wunderhuhn" durch die USA und verlangte 25 Cent Eintritt. Mike erstickte schließlich auf seinem Weg zu einem Auftritt in Arizona. Olsen hatte die Pipette nicht finden können, mit der er Mikes offene Speiseröhre säuberte.

Mike, das kopflose Huhn, „pickte" nach Futter und „putzte" sein Gefieder wie die anderen Hühner auf der Farm.

ÜBERRASCHUNGSPOST

Der ehemalige polnische Soldat Karol Brozda, 79, der heute in der Tschechischen Republik lebt, hält einen Brief hoch, den er im Februar 1945 aus einem amerikanischen Gefangenenlager in Frankreich an seine Eltern geschickt hatte, um ihnen mitzuteilen, dass er noch lebte. Seine Eltern erhielten den Brief im März 2005!

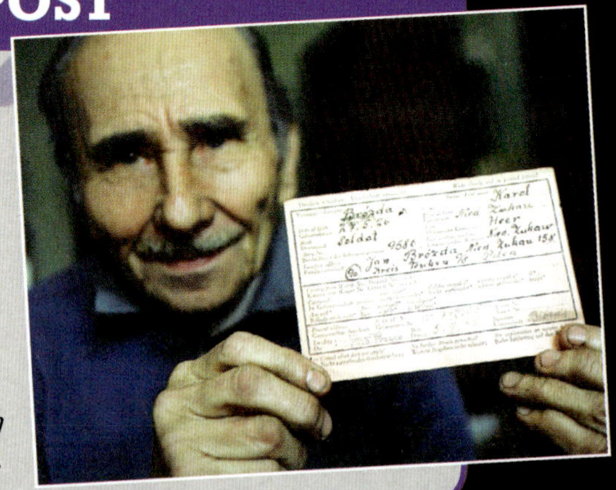

Brozdas Brief kam erst nach unglaublichen 60 Jahren an.

KROKO-ATTACKE

Shelly Hazlett wurde bereits 29-mal operiert, seitdem sie während einer Vorführung im Krokodilpark ihres Onkels in Australien von einem Krokodil angegriffen worden war. Als Shelly im Matsch ausrutschte, packte das Tier ihren Unterkörper mit seinem Maul und ließ sie erst los, nachdem ihr Vater ihm die Augen ausgestochen hatte.

INVASION DER INSEKTEN

Im November 2004 bekamen die Urlauber auf den kanarischen Inseln einen Schock, als sie sich den Strand mit einem Schwarm von etwa 100 Millionen roten Heuschrecken teilen mussten. Viele der krabbeligen Besucher lebten nicht lange genug, um die schöne Aussicht genießen zu können, weil sie sich die Beine gebrochen und die Flügel zerrissen hatten, als sie im heftigen Wind und strömenden Regen von der Nordwestküste Afrikas aus über das Meer getrieben worden waren.

BÖSE ÜBERRASCHUNG

Horst Lukas aus Iserlohn wurden zwölf Fahrräder, vier Boote, ein Wohnwagen und eine Hebebühne geschickt, nachdem ein Hacker unter seinem Namen für fast € 275.000 bei eBay eingekauft hatte.

OBSTSCHLACHT

Jedes Jahr stellen die Bewohner des norditalienischen Städtchens Ivrea eine Mittelalterschlacht nach, indem sie sich als Soldaten verkleiden und einander mit Orangen bewerfen!

MAGNETISCHE ANZIEHUNG

Erika zu Stimberg ist unwiderstehlich, jedenfalls für Gabeln, Löffel und Bratpfannen, die seit zwölf Jahren auf sie fliegen und an ihr kleben bleiben. Ärzte aus dem deutschen Brakel können ihre magnetische Anziehungskraft nicht erklären.

BIEGSAM
Die Schlangenmädchen aus dem Mongolischen Staatszirkus können ihre Körper zu den verrücktesten Formen verdrehen! Ihre Gliedmaßen und Gelenke sind so biegsam, dass sie auch die unglaublichsten Positionen einnehmen können.

LIEBLINGSGETRÄNK

Eine Familie aus dem englischen Cheshire ist so verrückt nach dem Erfrischungsgetränk Vimto, dass sie im Garten einen unterirdischen Tank gebaut hat, der das Getränk über Röhren in die Küche leitet, in der ein Zapfhahn installiert ist.

FESTGENAGELT

Aufgrund einer verschwommenen Sicht ging Patrick Lawler aus Denver, Colorado, im Januar 2005 zum Zahnarzt, wo sich herausstellte, dass er sich einen zehn Zentimeter langen Nagel mit der Nagelpistole durch seinen Mund in den Schädel geschossen hatte!

KRABBENDUSCHE

Auf dem Berg Soledad in Kalifornien regnete es im April 2005 Krabben! Hunderte der winzigen Schalentiere fielen während eines Sturms vom Himmel. Experten erklärten, dass sich Jungkrabben häufig im seichten Wasser zusammenrotten, wenn die See durch starke Stürme aufgerührt wird, und dass die Tiere vermutlich durch eine riesige Meeresfontäne auf den Berg geschleudert wurden.

ENGELSKAMERA

Laurie Robinson macht Fotos von Grabsteinen auf den Friedhöfen von Los Angeles, Kalifornien. Wenn sie ihre Bilder entwickelt, erscheinen darauf mysteriöse Engels- und Geisterfiguren. Sie glaubt, dass sie positive Energien aussendet, aufgrund derer sich die Geister auf den Bildern zeigen.

ZERQUETSCHT

2005 entkamen zwei Gefangene aus einem Gefängnis in Kentucky, indem sie sich in einem Müllwagen versteckten. Zwei Tage später wurden ihre Leichen auf einer nahe gelegenen Müllhalde entdeckt. Die Knastbrüder hatten nicht gewusst, dass der Müll aus dem Gefängnis doppelt komprimiert wurde, bevor er auf die Müllhalde kam, um derartige Fluchten zu verhindern.

LÖWENWÄCHTER

Unglaublich, aber wahr: Ein 12-jähriges Mädchen aus Äthiopien verdankt sein Leben einem Rudel Löwen. Im Juni 2005 wurde das Mädchen von sieben Männern gekidnappt, die sie zur Ehe zwingen wollten, aber die Entführer wurden von drei Löwen verjagt, die das Mädchen danach mindestens einen halben Tag lang bewachten. Ein Polizeibeamter erklärte: „Sie bewachten es, bis wir es fanden. Die Löwen ließen das Mädchen wie ein Geschenk zurück und verschwanden im Wald. Es war wie ein Wunder!" Ein Experte für Wildtiere vermutet, dass das Weinen des Mädchens von den Tieren für das Miauen eines Jungtiers gehalten wurde, was erklären könnte, weswegen die Löwen nicht angriffen.

UNTER STROM

Frank Clewer spazierte im September 2005 im australischen Warrnambool herum. Dabei lud sich seine Jacke mit 30.000 Volt statischer Elektrizität auf. Clewer hinterließ Brandspuren, versengte Teppiche und geschmolzenes Plastik.

ROBOWALZER
MS DanceR ist eine Roboter-Tanzpartnerin, die in Japan hergestellt wurde. Auf ihrer Festplatte befinden sich die Grundschritte für Walzer, sie kann die nächsten Schritte voraussagen und menschlicher Führung folgen. Außerdem reagiert sie auf Druck in ihren Armen und im Rücken, um mit ihrem Partner im Rhythmus zu bleiben.

GALERIE

Aus den Archiven

MEISTER DER MUSIK
Mort Mortensen aus New York konnte auf zwei Flügeln zwei verschiedene Klavierstücke gleichzeitig spielen. Auf dem Höhepunkt seiner Karriere gelang ihm sein Kunststück sogar mit verbundenen Augen und Handschuhen, während die Tastaturen mit einem Tuch bedeckt waren.

JÄGER OHNE ARME
Obwohl J. Oscar Humphrey ohne Arme geboren wurde, war er der beste Vogeljäger in ganz Arkansas.

SALTO MORTALE
Mit nur zehn Jahren sprang Joyce Hart aus New Jersey einen Rückwärtssalto durch zwei Reifen.

ZUGEKNÖPFT
Professor Leo Kongee nähte sich überall am Körper Knöpfe an die Haut, auch, wie hier abgebildet, an seine Zunge. Außerdem durchbohrte er seine Brust, seine Wangen und seine Ohren mit Stäbchen. Das Foto stammt aus dem Jahr 1932.

STAMMSTRASSE
1934 wurde ein umgefallener Mammutbaum, der ungefähr 2.000 Jahre alt war, im Giant Forest in Kalifonien in eine Autobahn verwandelt.

DAME IN MAIS
Virginia Winn aus Texas nähte 1938 ganze 60.000 Maiskörner auf ein Abendkleid. Das Gewand wog 18 kg.

VERFANGEN
Der Pilot Gus Manhart verfing sich mit seinem Flugzeug kurz nach dem Start in Hochspannungsleitungen, konnte aber zum Glück unverletzt herunterklettern.

HOLZHAHN
Dieser wasserspuckende Baum wurde 1932 in Fort Defiance, Virginia, fotografiert.

EIN BLICK ZURÜCK

Am 26.1.1917, einen Tag vor ihrem Tod, verbrannte Matilde Kovacs ihre Erbschaft ihn Höhe von 500 Millionen Kronen, um ihre Erben zu ärgern. Am 20.10.1927 verlor Susan D. Marcich aus Chicago über Nacht all ihr Haar. Sie hatte sich mit voller Haarpracht ins Bett gelegt, aber als sie aufwachte, fand sie keine Spur mehr davon. Am 14.5.1849 fiel in Irland auf einer Fläche von 1.036 km² schwarzer Regen.

GEISTERRADAR

Dieses taschengroße Gerät soll Menschen helfen, Geistern aus der anderen Welt aus dem Weg zu gehen. Auf dem Bild wird es gerade auf einem Friedhof in Tokio eingesetzt und soll „unbekannte Energien, Geister und Gespenster" aufspüren, indem es winzige magnetische Abweichungen, Licht- und Temperaturveränderungen sowie Bewegungen wahrnimmt. In der Bedienungsanleitung werden acht verschiedene Spektren genannt, die von harmlosen verlorenen Seelen, die in unserer Welt feststecken, bis zu bösen Geistern reichen.

GLÜCKLICHER ZUFALL

Eddie May jr. aus Georgia aß beim Autofahren, fiel in Ohnmacht und stieß mit einem vorbeifahrenden Wagen zusammen. Der Aufprall löste den Bissen aus seiner Kehle, und Mayer erwachte unverletzt!

KLOSCHUSS

Als der pensionierte Polizist Craig Clancy im April 2005 auf der Toilette saß, schoss er aus Versehen auf einen Mann. In San Antonio, Texas, fiel seine Pistole aus dem Halfter, während er seine Hose herabließ. Er versuchte, die Waffe aufzufangen, erwischte den Abzug und gab zwei Schüsse ab, von denen eine die Kabinenwand durchlöcherte und das Bein eines Mannes streifte, der sich gerade die Hände wusch.

EINDEUTIGER BEWEIS

Im Juni 2005 betrat ein Mann eine Pizzabude in Las Vegas, bestellte eine Pizza und bat um ein Bewerbungsformular. Anschließend raubte er den Laden aus und entkam mit $ 200 (€ 150). Aber die Polizei musste nicht sonderlich lange ermitteln, denn der Dieb hatte in das Formular unter anderem seinen Namen und seine Adresse eingetragen.

EINGEDÖST

Ein Lastenflugzeug kreiste im März 2005 über eine halbe Stunde lang über dem Flughafen der französischen Stadt Nizza, weil ein Fluglotse eingeschlafen war.

ALTER NACHBAR

Gilbert Fogg aus dem englischen Nettleham entdeckte, dass sein Nachbar Tom Parker ein langverlorener Kriegskamerad aus dem Zweiten Weltkrieg war. Gilbert hatte gedacht, dass Tom in einer Schlacht gefallen war.

BLÜTEN-KAUTION

Nachdem der Betrüger Darrell Jenkins aus Springfield, Massachusetts, 2005 wegen Falschgeldbesitzes inhaftiert wurde, wollte er seine Kaution von $ 500 (€ 377) mit Blüten bezahlen.

HUNDEFUTTER

Ein Mann aus dem belgischen Schaarbeek setzte im April 2005 seine Wohnung in Brand, als er seinen Hund auf einem Grill einäschern wollte und dabei zuviel Benzin benutzte.

TABAKTRANK

Nachdem ein Mann 2005 in Washington einen Sattelzug gestohlen hatte, musste er die Polizei rufen, weil er aus einer Tasse getrunken hatte, die er in der Fahrerkabine gefunden hatte. Was er für ein Erfrischungsgetränk hielt, waren in Wirklichkeit die Kautabakreste des Wagenbesitzers.

WÜRFELKÖNIG

Unglaublich, aber wahr: Der 14-jährige Shotaro Makisumi aus Japan löst Rubiks Zauberwürfel in nur 13,72 Sekunden.

NACHGEFRAGT

ENTFESSELT

Der Dunkle Meister der Entfesselung Steve Santini aus Kanada ist auch bekannt als „Der extremste Entfesselungskünstler der Welt". Der 45-Jährige bringt mit Heavy- Metal-Musik und mittelalterlichen Folterinstrumenten seinem Publikum das Fürchten bei.

SEIT WANN INTERESSIEREN SIE SICH FÜR ENTFESSELUNGSKUNST?

„In der Schule habe ich ein Buch über Houdini vorgestellt und fing anschließend an zu experimentieren. Es gibt keine Anleitungen. Meine Eltern bekamen ständig Anrufe wie: 'Ihr Junge springt gerade in Fahrradketten gewickelt in unseren Pool'!"

UND WIE GING ES WEITER?

„Mit 14 bin ich zum ersten Mal aus einer Gefängniszelle ausgebrochen - ich hatte mich aber freiwillig einsperren lassen! Ich kaufte alte Handschellen und Schlösser, nahm sie auseinander und untersuchte ihre Funktionsweise. Ich wusste gar nicht, dass es Trickschlösser gibt, und lernte deswegen von Anfang an, wie man mit echten umgeht."

HABEN SIE WÄHREND EINER VORFÜHRUNG SCHON EINMAL UM IHR LEBEN GEBANGT?

„Zu Silvester 2005 habe ich den Krematoriumstrick vor einem Publikum mit 35.000 Gästen und 15 Millionen Fernsehzuschauern vorgeführt. Mehr Zuschauer hat es noch nie bei einem solchen Kunststücktrick gegeben. Ich befand mich in einer Kammer mit nur drei Millimeter dicken Wänden, trug Handschellen und war mit einem Vorhängeschloss an eine Kette gefesselt, die an die Tür geschweißt war. An drei Seiten der Kammer befanden sich Propanfeuerwerfer, und ich musste innerhalb einer Minute entkommen, ehe die Luft über 200°C heiß wird und man nicht mehr atmen kann. Aber eine der Handschellen klemmte, und ich musste meinen Atem anhalten, bis ich freikam."

WAS FÜR ENTFESSELUNGSKUNSTSTÜCKE BEHERRSCHEN SIE SONST NOCH?

„Viele. Zu meinen Favoriten gehört die Flucht aus einem zugenagelten und mit einem Vorhängeschloss versehenen Sarg, der sich in neun Metern Tiefe unter Wasser befindet. Oder aus einer Hochsicherheitszelle im Todestrakt auszubrechen, in dem der letzte Mann saß, der in Kanada öffentlich hingerichtet wurde."

WAS MACHT IHRE SHOW ZU ETWAS BESONDEREM?

„Ich bin anders als die Entfesselungskünstler in glitzernden Anzügen, wie man sie aus Las Vegas kennt. Ich wollte die Magie aus dem Spiel lassen und alle Entfesselungen direkt vor den Augen des Publikums stattfinden lassen. Die Menschen sind fasziniert vom Anblick von Schmerz und Gefahr. Ich verwende düstere Heavy-Metal-Musik zur Untermalung."

WARUM „DER DUNKLE MEISTER"?

„Nicht etwa, weil ich Satanist oder ein schlechter Mensch bin, sondern weil ich den Albtraum vieler Menschen nachstelle und Instrumente aus den dunkelsten Zeiten der menschlichen Geschichte verwende. Ich kombiniere moderne Technologie wie Kettensägen mit alten Instrumenten wie Daumenschrauben und der Eisernen Jungfrau."

VERWENDEN SIE HYPNOSE UND DIE TRICKS VON SCHLANGENMENSCHEN?

„Ich bin kein Schlangenmensch - ich bin ja nicht mal schlank! Ich verwende Hypnose, um mich zu konzentrieren. Aber am wichtigsten sind extreme Dickköpfigkeit und eine sehr hohe Schmerzverträglichkeit."

HABEN SIE LAMPENFIEBER?

„Sehr sogar! Jedes Mal könnte etwas furchtbar schiefgehen. Aber wenn man erst mal gefesselt ist, darf man keine Angst mehr haben, sonst ist man erledigt!"

HABEN SIE PLÄNE FÜR DIE ZUKUNFT?

„Ich möchte mich auf eine mittelalterliche Streckbank spannen und unter Wasser versenken lassen. Noch nie ist jemand aus einer Streckbank entkommen, erst recht nicht aus einer versenkten! Ich bin kein Masochist, ich weiß einfach nur, was die Leute aus den Schuhen haut!"

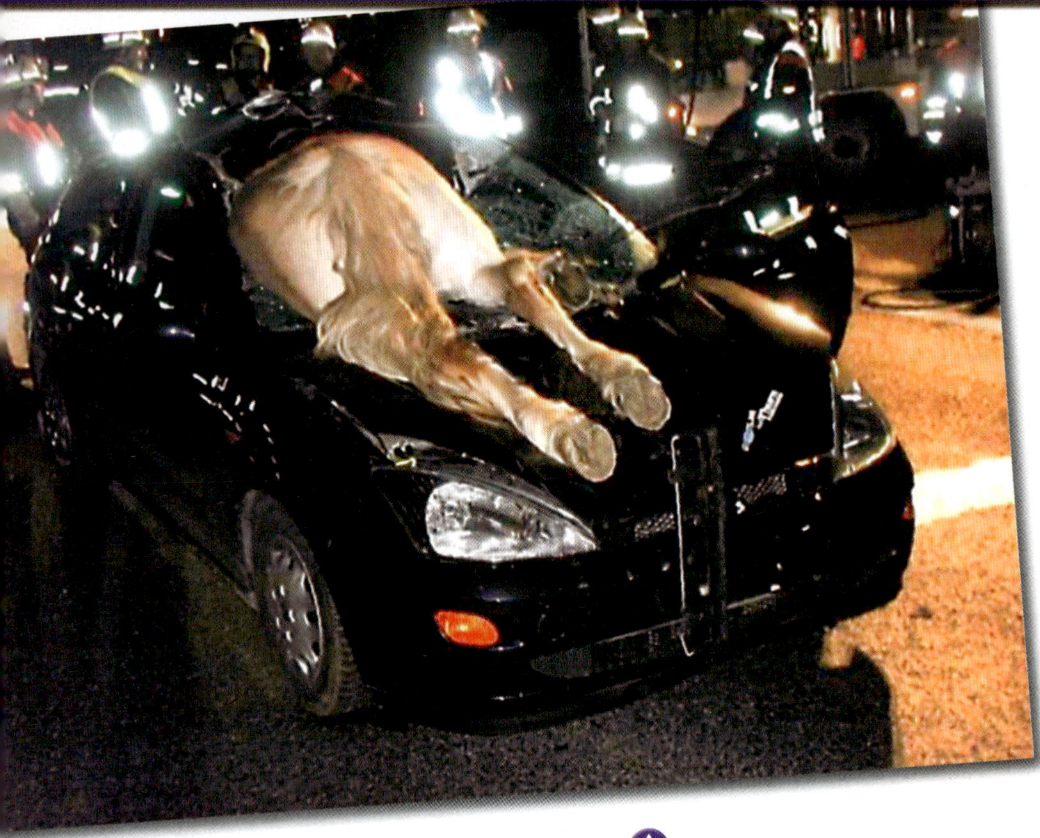

SELTSAMER ZUFALL
1966 entging Christina Cort nur knapp dem Tode, als ein Lastwagen in ihr Haus im brasilianischen Salvador krachte. 23 Jahre später lebte sie noch immer im selben Haus, als ein weiterer Lastwagen in ihr Haus fuhr - gelenkt vom selben Fahrer!

ZUG UM ZUG

- Der Russe Vladimir Rasimov trank so viel Wodka, dass er auf den Zuggleisen einschlief und erst aufwachte, als ein 140 Tonnen schwerer Lastzug über ihn hinwegrauschte.
- Ein Jack-Russell-Terrier namens Sam überlebte, nachdem er im englischen Cheshire von einem Zug angefahren worden war.
- 2002 steckten in der Nähe von Birmingham, England, Hunderte von Zugpassagieren über eine Stunde lang fest - der Zugführer hatte sich verfahren!

KARTOFFELRING
40 Jahre, nachdem sie ihren Ehering in einem Kartoffelfeld verloren hatte, fand eine deutsche Bäuerin ihn in ihrem Essen wieder - mitten in einer Kartoffel!

DURCHGEKNALLT
Von den vier im April 2003 im deutschen Hausen aus ihrer Koppel ausgebüchsten Pferden überlebten nur drei. Eines wurde auf der Stelle getötet, als es über eine Straße galoppierte, von einem Auto angefahren wurde und durch die Windschutzscheibe brach. Der 26-jährige Fahrer überlebte wie durch ein Wunder unverletzt.

STERNSTUNDEN
Der US-amerikanische Schriftsteller Mark Twain wurde 1835, im Jahr des Halley'schen Kometen, geboren. Er sagte, er wäre mit dem Kometen gekommen und würde auch mit ihm wieder gehen. Der Komet tauchte 1910 wieder auf, und im Alter von 74 Jahren verstarb Twain im selben April.

GEFÄHRLICHES ZIEL
Harold Parris, der seit 55 Jahren regelmäßig Golf spielt, begab sich im April 2005 ohne seine Brille auf einen Golfplatz. Bei seiner Runde auf dem Robbers-Row-Golfplatz in South Carolina schlug Parris den Ball aus Versehen auf den Rücken eines Alligators.

BÜROKLAMMERNKETTE
Die Eisenhower Junior High School in Taylorsville, Utah, ist eine Schule der besonderen Art, denn die Schüler stellen sich immer wieder gewaltigen Aufgaben. Vom 26. bis zum 27.3.2004 bastelten sie eine Riesenkette, die 35,68 km lang war und aus 1.560.377 Büroklammern bestand. Für die 24-stündige Arbeit teilten sie sich in Gruppen mit verschiedenen Aufgaben ein, um ihre unglaubliche Leistung zu vollenden.

VIERBEINIGER FAHRGAST
Als der schwarze Labrador Archie 2005 auf einer schottischen Bahnstation von seinem Herrchen getrennt wurde, fuhr er einfach mit dem Zug nach Hause. Er stieg nicht nur in die richtige Linie, sondern verließ den Zug auch an der richtigen Station. Als der Zug von Aberdeen nach Inverness in die Station einfuhr, trottete der schlaue Hund hinein und stieg zwölf Minuten später beim nächsten Halt Insch, seiner Heimatstation, wieder aus.

SPÄTE RACHE
1893 ließ der Texaner Henry Ziegland seine Freundin sitzen, woraufhin sie Selbstmord beging. Aus Rache schoss ihr Bruder Ziegland ins Gesicht, aber die Kugel streifte ihn nur und schlug in einen Baum ein. 20 Jahre später wollte Ziegland diesen Baum mit Dynamit aus dem Boden sprengen, und die Explosion katapultierte die Kugel aus dem Holz. Sie traf Ziegland tödlich in den Kopf.

BERMUDA-DREIECK
1975 wurde ein Mann beim Mofafahren auf Bermuda von einem Taxi überfahren. Ein Jahr später wurde sein Bruder auf demselben Mofa bei einem Unfall mit demselben Taxifahrer getötet. Selbst der Fahrgast war derselbe.

GLÜCKSKIND
Bei einem Autounfall im Jahr 2004 in Massachusetts wurde ein Baby aus dem Autofenster geschleudert, flog durch die Luft und landete auf dem Gehweg, wurde fast von einem anderen Auto überfahren und überlebte wie durch ein Wunder mit nur einigen Prellungen.

ELVIS-RELIKTE
Unter den vielen Elvis-Relikten, die bei eBay verkauft wurden, befanden sich unter anderem der Ast eines Baumes (€ 680) und ein Plastikfarn (€ 566) aus Elvis' Haus in Graceland und eine Kugel von seinem Billardtisch (€ 1.360). Ein Original-Elvis-Zahn wurde nicht versteigert, weil niemand den Einstiegspreis von $ 100.000 (€ 75.500) bezahlen wollte.

WELLENREITER
Der brasilianische Surfer Serginho Laus erreichte sein Lebensziel, als er im Juni 2005 ganze 33 Minuten lang auf ein und derselben Welle ritt und dabei eine Strecke von 10,10 km zurücklegte. Er traf in der Mündung des Araguariflusses in Nordostbrasilien auf die gewaltige Welle, die durch den Gezeitenwechsel entstanden war.

UNTERWASSERPOST
Der pazifische Inselstaat Vanuatu hat die erste Unterwasserpost der Welt eröffnet, die von Postbeamten in Tauchausrüstung betrieben wird.

(VER)KAUFSUCHT
Die Schnäppchenjägerin Suzie Eads aus Rantoul in Kansas hat so viele Gegenstände auf eBay verkauft, dass sie ihrer Familie aus den Einkünften ein Haus bauen konnte! Sie hat insgesamt mehr als 17.000 Gegenstände versteigert, unter anderem eine leere Bierdose für $ 380 (€ 287). Ihr Nummernschild trägt die Buchstaben EBAY QUN.

EIN LEUCHTENDES BEISPIEL

Eine normale Glühbirne hält durchschnittlich 1.000 Stunden. Aber in der Feuerwache von Livermore, Kalifornien, brennt eine Glühbirne mit Carbon-Glühdraht schon seit über 100 Jahren!

Die Vier-Watt-Birne wurde 1901 eingesetzt und brannte, während das erste Flugzeug startete, das Frauenwahlrecht eingeführt wurde, zwei Weltkriege stattfanden, der Mensch ins All vordrang, 19 verschiedener amerikanischer Präsidenten und 25 Olympischen Spielen. Besucher kommen selbst aus Südafrika und Schweden, um die berühmte Glühbirne zu bewundern. Techniker glauben, dass sie ihre hohe Brenndauer der niedrigen Wattzahl sowie der Drahtdicke zu verdanken hat. Ihr langes Leben ist umso erstaunlicher, weil sie, bevor ihre Geschichte 1972 von einem Lokalreporter enthüllt wurde, von den Feuerwehrmännern als Glücksbringer verwendet wurde. Sie schlugen gegen die Birne, ehe sie mit dem Feuerwehrauto einen Einsatz fuhren. Außerdem hat das glühende Wunder zahlreiche „Anschläge" von herumfliegenden Footballs und Frisbeescheiben überlebt. Heute wird sie wie ein wertvoller Stein behandelt. Tim Simpkins, der Aufseher der Livermore-Pleasanton-Feuerwehr, sagt: „Ich möchte nicht mehr im Dienst sein, wenn sie eines Tages ausgeht." Der Slogan der Stadt, der in den 1920er Jahren eingeführt wurde, weil die Luft in der Gegend so rein ist, passt übrigens: „Lebe länger in Livermore".

Das weltweite Interesse an der Glühbirne von Livermore ist so groß, dass sie ihre eigene Website hat, auf der eine Live-Webcam den Besuchern beweist, dass sie immer noch brennt.

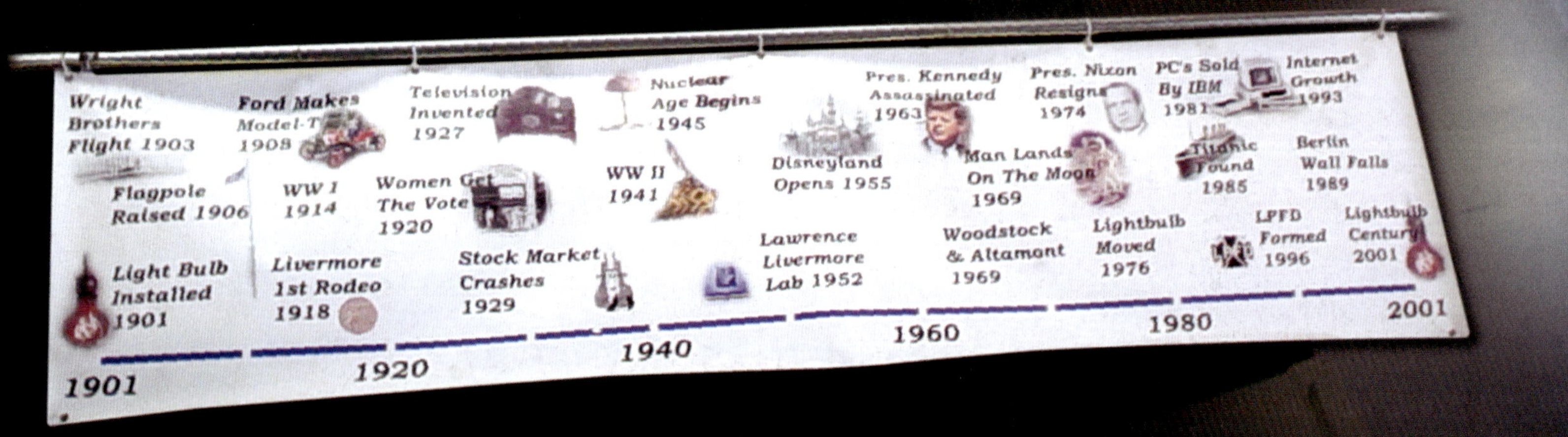

Beim Transport der ältesten bekannten funktionierenden Glühbirne der Welt 1976 für einen Umzug, wurde sie mit der größten Vorsicht behandelt. Die Birne wurde wie bei einem Notfalleinsatz mit heulenden Sirenen und Blaulicht durch die Stadt gefahren.

TIERKUNST
Das Schildkrötenmännchen Koopa der US-Künstlerin Kira Varszegi hat mehr als 100 eigene Bilder verkauft. Er malt sie, indem er seinen Bauch mit Farbe bedeckt und dann über eine Leinwand läuft. Die Bilder sind durchschnittlich $ 135 (€ 102) wert.

POESIE DER GERECHTIGKEIT
Nachdem zwei amerikanische Diebe ein Scheckbuch aus dem Haus von Mr. und Mrs. David Conner gestohlen hatten, gingen sie mit einem selbst ausgefüllten Scheck über $ 200 (€ 150) zur Bank. Die Bankangestellte bat sie, einen Augenblick zu warten, und rief heimlich den Sicherheitsdienst - sie war Mrs. Conner.

HECHELN VERBOTEN
Drei Polizeiwagen rasten im August 2005 auf einen Notruf hin zu einem Haus in Lake Parsippany in New Jersey. Als sie eintrafen, teilte ihnen die Eigentümerin mit, dass sie gerade ihrem Schäferhund beigebracht hatte, wie man die Polizei anruft. Der Telefonist hatte nur „schweres Atmen" gehört.

ZUSAMMENGEFALTET
Der Schlangenmensch Hugo „Der Flaschenmann" Zamoratte kann fast jeden Knochen in seinem Körper ausrenken und sich in eine Flasche quetschen!

SCHIESSHUND
Der bulgarische Jäger Vasil Plovdiv wurde 2005 von seinem Hund angeschossen, dem er gerade mit dem Griff seines Gewehrs einen Vogel aus dem Maul schlagen wollte. Der Deutsche Hühnerhund wollte seine Beute aber nicht herausgeben und sprang auf Plovdiv zu, löste den Abzug aus und durchlöcherte seine Brust mit Kugeln.

SMITH-PARTY
Alle 57 David Smiths, die im Telefonbuch des Staates Vermont zu finden sind, trafen sich für eine gemeinsame „David-Smith-Nacht".

FUNKENHELL
Nachdem sich ein 82-Jähriger 2005 in Glen Burnie, Maryland, aus seinem laufenden Auto ausgesperrt hatte, beschloss er, den Motor zu stoppen, indem er das Benzin aus dem Tank entfernte. Er verwendete dazu einen elektrischen Staubsauger, um den Treibstoff abzusaugen, und als ein Funken die Dämpfe entzündete, musste der Mann mit Verbrennungen ins Krankenhaus eingeliefert werden.

SCHWIMMENDE KIRCHE
2003 wurde die 185 m² große Malagawatch United Church 32 km weit über Wasser und Straßen zu ihrem neuen Standort in Highland Village, Iona, Nova Scotia, transportiert.

VERBORGENE KUGEL
25 Jahre lang trug Adrian Milton aus New York eine Kugel in seinem Schädel mit sich herum, von der er nichts wusste. Er erinnerte sich nur, dass ihm nach einem Vorfall im Jahr 1976 plötzlich Blut vom Kopf heruntergelaufen war, hatte aber vermutet, dass er von Schutt von einer Baustelle getroffen worden war. Tatsächlich aber war ihm in den Kopf geschossen worden. Sein Geheimnis kam 2001 bei einer Routineuntersuchung ans Licht.

GELDREGEN
Zwei Motorradfahrer verloren 2005 stattliche $ 20.000 (€ 15.100) Bargeld, als auf einer Autobahn bei Winchester, England, ihr Rucksack aufging. Obwohl Fahrer anhielten, um ihnen beim Einsammeln zu helfen, wehte eine starke Brise die Banknoten über die Straße, und nur eine kleine Menge des Geldes konnte gerettet werden.

HAUCHDÜNN
Physiker aus dem englischen Manchester und dem russischen Tschernogolowka haben einen dünnen Stoff namens „Graphen" erfunden, der nur ein einziges Atom dick ist!

NAMEN MACHEN LEUTE
Der amerikanischen Küchengöttin Martha Stewart gelang im September 2005 in ihrer TV-Show ein echter Hingucker. Sie lud insgesamt 164 Martha Stewarts ein, von denen einige mit Männern mit ebenso berühmten Namen verheiratet waren (z. B. ein Jimmy und ein Rod). Quotenliebling aber war eine Bulldogge, die ihren Namen trug.

VERRÜCKTE WERBEFLÄCHE
Karolyne Smith aus Salt Lake City, Utah, bot auf eBay ihre Stirn für Werbung in Form einer Tätowierung an. Höchstbietender war mit $ 10.000 (€ 7.550) das Golden-Palace-Online-Casino.

KÖRPERSPRACHE
Unglaublich, aber wahr: Ein Inder lebte 21 Jahre lang mit der Leiche seiner Mutter zusammen. Syed Abdul Ghafoor hob den einbalsamierten Körper seiner Mutter zu Hause in einem Glassarg auf und fragte die Leiche sogar um Rat, bevor er wichtige Entscheidungen traf.

ZUKUNFTSVISION
Eine der größten Verrücktheiten in Las Vegas ist die „Morph-Zelle", in der Tag für Tag bis zu 300 Paare herausfinden können, wie ihr zukünftiges Kind aussehen könnte. Die Fotomorphose-Maschine verschmilzt die Gesichter der beiden Partner und erschafft so eine Simulation ihres Nachwuchses. Einige Paare haben die Maschine angeblich sogar genutzt, um herauszufinden, ob sie heiraten sollten oder nicht.

KRÖTENGIFT
Hunde im australischen Northern Territory bekommen einen ordentlichen Rausch, wenn sie das Gift vom Rücken der Agakröte lecken. Die örtliche Tierärztin Megan Pickering sagte, dass einige Hunde süchtig nach den Halluzinogenen werden und sie schon mehr als 30 Hunde behandelt hat, die eine Überdosis erwischt hatten.

ZUGBRÜCKEN-LADY
Eine 79-Jährige erlebte 2005 ein lebensgefährliches Abenteuer, als sie von einer 30 m hohen Zugbrücke herunterhing. Die pensionierte Lehrerin Helen Koton überquerte einen Kanal in Hallandale Beach, Florida, als die Zugbrücke hochgezogen wurde. Sie klammerte sich an das Geländer, während sich die Brücke immer höher schraubte, und hing mit vom Knöchel baumelnder Handtasche in der Luft. Autofahrer alarmierten den Brückenaufseher, der Helen wieder auf den Boden zurückholte.

ZWEIKÖPFIGER PFAU
Dieser zweiköpfige Pfau lebte auf einer Farm in Texas und wurde fast zwei Jahre alt. 2003 wurde er von Tim Dobbs aus Midland, Texas, ausgestopft. Ripley hat vor, einen DNA-Test durchzuführen, um herauszufinden, ob die beiden Köpfe tatsächlich von ein und demselben Tier stammen.

MUSEEN New Orleans

Das Museum in der der Nähe des historischen Französischen Viertels von New Orleans hat den Hurrikan Katrina verhältnismäßig unbeschadet überstanden und wurde kürzlich wiedereröffnet. Unter anderem ist hier eine Sammlung zu John F. Kennedys Mörder Lee Harvey Oswald zu sehen, zum Beispiel eine Locke und sein Zehenschild aus dem Leichenschauhaus.

TABAKBLATT
Auf dieses Skelett eines Tabakblattes wurde ein Bild geätzt.

SCHÄDELSCHALE
Diese Schale, die aus dem Schädel eines tibetanischen Mönches gefertigt wurde, diente den Mitbrüdern als Trinkgefäß.

LÖWENSARG
Der ghanesische Schöpfer dieses Sarges war besonders stolz auf seinen König der Tiere.

LOUIS ARMSTRONG
Dieses Portrait der Jazz-Legende besteht aus 21.000 individuell geschliffenen Kristallen.

NICHT VERPASSEN!

- Das menschliche Skelett aus Elfenbein
- Das Zehenschild aus dem Leichenschauhaus und eine Haarlocke von der Leiche von Lee Harvey Oswald
- Kamelknochen-Schnitzerei
- Die Londoner Tower Bridge aus Streichhölzern
- Der mumifizierte Kopf des amerikanischen Kannibalen Alferd Packard
- Ein Riesenreifen
- Ein Robotersoldat aus Autoteilen

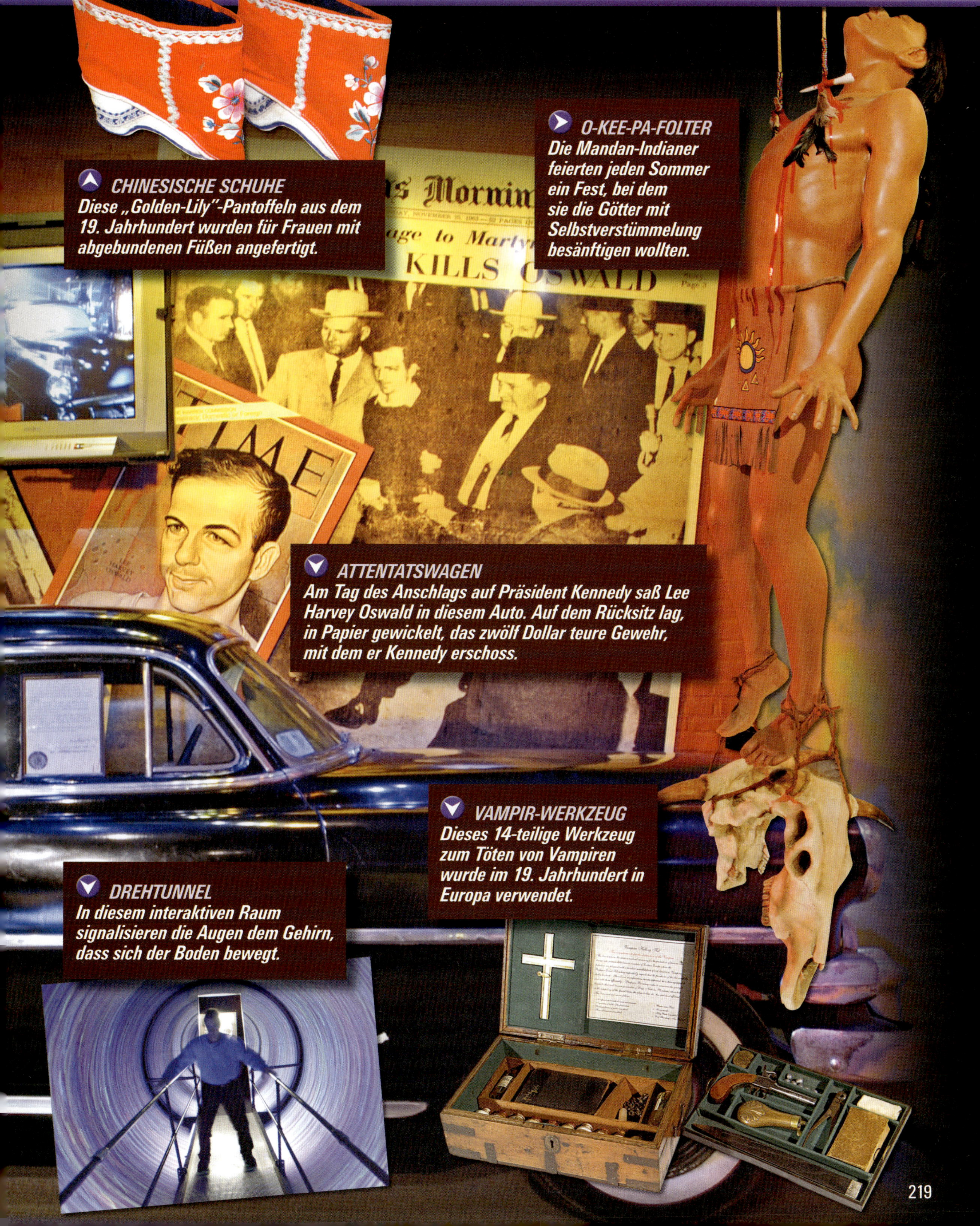

CHINESISCHE SCHUHE
Diese „Golden-Lily"-Pantoffeln aus dem 19. Jahrhundert wurden für Frauen mit abgebundenen Füßen angefertigt.

O-KEE-PA-FOLTER
Die Mandan-Indianer feierten jeden Sommer ein Fest, bei dem sie die Götter mit Selbstverstümmelung besänftigen wollten.

ATTENTATSWAGEN
Am Tag des Anschlags auf Präsident Kennedy saß Lee Harvey Oswald in diesem Auto. Auf dem Rücksitz lag, in Papier gewickelt, das zwölf Dollar teure Gewehr, mit dem er Kennedy erschoss.

VAMPIR-WERKZEUG
Dieses 14-teilige Werkzeug zum Töten von Vampiren wurde im 19. Jahrhundert in Europa verwendet.

DREHTUNNEL
In diesem interaktiven Raum signalisieren die Augen dem Gehirn, dass sich der Boden bewegt.

IN DER TIEFE

Das Poseidon-Unterwasser-Resort ist ein neues Hotel auf den Bahamas, in dem man für $ 1.500 (€ 1.130) eine Nacht in einem Raum verbringen kann, der 20 m unter dem Wasserspiegel liegt. Alternativ kann man es sich auch im Poseidon's Leir bequem machen, einem Zwei-Zimmer-Bungalow, der über der Kante eines Riffs hängt und nur unterirdisch zu betreten ist. Inklusive einem privaten U-Bootkapitän und einem Butler kostet es $ 20.000 (€ 15.100) pro Nacht.

GEWICHTIGES PROBLEM
Steven Newell aus dem kanadischen London, Ontario, wurde 2005 ins Krankenhaus eingeliefert, nachdem er sein Planschbecken mit einem Durchmesser von 2,40 m auf seinen Balkon geschafft und mit 2.423 l Wasser gefüllt hatte. Der Balkon gab unter der Last von 2 ½ Tonnen nach.

EXPLOSIVE WÄSCHE
Daphne Jones aus Great Yarmouth, England, ging zur Arbeit und ließ währenddessen ihre Waschmaschine laufen. Durch die Vibrationen des Geräts fiel eine Dose Sprühfarbe herunter, gefolgt von einer Schere, die die Dose durchbohrte. Die Dose wurde vom Heizofen entzündet, und es kam zu einer Explosion, die das Dach vom Haus hob.

WOLLIGES WUNDER
Ein Schaf konnte 1978 in den schottischen Highlands lebendig geborgen werden, nachdem es 50 Tage lang unter einer Schneewehe begraben gewesen war.

MIT DEN FÜSSEN VORAN
Eine 26-jährige Kroatin fiel 2005 zwölf Meter tief aus ihrem Wohnungsfenster in Zadar, überlebte aber, nachdem sie mit den Füßen zuerst aufgekommen war.

STECKEN-GEBLIEBEN
Die Zypriotin Kively Papajohn, 76, steckte vom 28.12.1987 bis zum 2.1.1988 in einem Fahrstuhl fest. Sie überlebte, indem sie Nahrung aus ihrer Einkaufstasche aß.

AUFGESAUGT
Bei seiner Flucht aus einer Spirituosenhandlung in Buffalo, New York, aus der er eine Kiste Brandy entwendet hatte, ließ Thomas L. Hunter die Kiste auf den Gehweg fallen, wobei die Flaschen zerbrachen. Er wurde festgenommen, als er den Brandy mit einem Strohhalm vom Boden aufsaugen wollte.

GLÜCKSFALL
Martin Tlusty aus Prag verlor, als er 2005 mit seinen Freunden kletterte, den Halt, rutschte aus und fiel 305 m tief von einer Bergwand. Er zog sich nichts weiter als Schnitte und Prellungen zu.

SEILSPRINGER
James Thompson aus Willow Glen, Kalifornien, kann Seilspringen, während er das Gewicht von vier Erwachsenen auf seinem Rücken trägt. Er springt auch hockend mit einem 77 kg schweren Mann auf dem Rücken und stehend mit einer 113 kg schweren Person auf den Schultern.

ZERZAUSTES VIEH
Als eine Katze 2005 in Gardnerville, Nevada, einen zwölf Meter hohen Strommast emporkletterte, um ein Vogelnest auszunehmen, bekam sie einen starken Stromschlag. Sie fiel von dem 25.000-Volt-Mast herab und hatte von Kopf bis Fuß versengtes Fell. Trotzdem überlebte sie.

HALSBRECHERISCH
Ein englischer Teenager entdeckte 2004, dass er seit mindestens zehn Jahren mit einem gebrochenen Hals herumgelaufen war! Liam Careless erfuhr von Ärzten aus Manchester, dass nur ein einziger Stoß ihn hätte umbringen können.

ERSTES WORT
Terry Wallis lag nach einem Autounfall in Arkansas im Jahr 1984 ganze 19 Jahre lang im Koma. Als er im Juni 2003 mit 39 Jahren wieder erwachte, lautete sein erstes Wort: „Mom"!

TÖDLICHER TRAUM
Die Lehrerin Charisse Hartzol verbrachte im April 2005 ein Urlaubswochenende. Hier träumte sie von ihrem eigenen Tod. Besorgt packte sie ihre Taschen und fuhr nach Hause, um in die Kirche zu gehen. Auf halber Strecke hatte sie einen Autounfall und starb.

EINGELEGTER DRACHE

Die Wissenschaftler des britischen Naturkundemuseums glaubten 2003 ihren Augen kaum, als man ihnen ein blasses Drachenbaby unter die Nase hielt, das in einem Glas in Formaldehyd eingelegt war.

Der Drache wurde in Wirklichkeit von Modellbauern des Fernsehsenders BBC hergestellt und erwies sich als Teil eines raffinierten Werbefeldzugs.

Der Drache war offenbar von David Hart entdeckt worden, dem Enkel eines ehemaligen Museumspförtners, als er seine Garage in Oxfordshire aufräumte. Bei dem Fundstück lagen Dokumente, denen zufolge der Drache dem Naturkundemuseum angeblich Ende des 19. Jahrhunderts von deutschen Wissenschaftlern angeboten worden war. Man hatte abgelehnt, weil man den Drachen für eine Fälschung hielt. Als moderne Wissenschaftler die Geschichte untersuchten, stellte sich heraus, dass die Kuratoren des Museums damals recht gehabt hatten: Es handelte sich tatsächlich um eine Fälschung. Aber auch die neue Geschichte war eine Fälschung! Hart hatte sie erfunden, um Werbung für einen Roman von Allistair Mitchell zu machen. Der Drache war für die BBC-TV-Serie *Walking With Dinosaurs* angefertigt worden.

Schwindler behaupteten, dass der Drache über 100 Jahre alt und in Formaldehyd konserviert worden sei.

HUNDETANZ

Der letzte Schrei für amerikanische Hundebesitzer ist der Hundetanz. Auch wenn es sich in erster Linie um eine Spaßveranstaltung handelt, nehmen die Teilnehmer die Sache sehr ernst. Schiedsrichter bewerten die Paare nach Technik und künstlerischem Ausdruck. „Man muss sich fließend und elegant bewegen", sagte Patie Ventre, die hier mit Dancer abgebildet ist.

Die Hunde tragen während ihrer Tanzübungen verzierte Halsbänder.

FRIST ABGELAUFEN

In einer kalifornischen Bibliothek wurde ein Buch mit 78 Jahren Verspätung abgeliefert. Jim Pavon erklärte, dass er die Ausgabe von Rudyard Kiplings *Kim* in einer Kiste seiner verstorbenen Tante gefunden hatte, die sich das Buch 1927 von einer Bibliothek in Oakland geliehen hatte. Die Bibliothek verzichtete auf die $ 600 (€ 453) Leihgebühren, die sich über die Jahre angesammelt hatten.

FALSCHE ZÄHNE

Drei Jahre, nachdem ein Taiwanese bei einem Sturz seine dritten Zähne verloren hatte, stellte er im Jahr 2005 fest, dass sie die ganze Zeit über in seinen Bronchien gesteckt hatten! Der 45-Jährige beschwerte sich bei einem Arzt über Atemnot, woraufhin das vermisste Gebiss entdeckt wurde.

STRICKKUNST

Die kanadische Künstlerin Janet Morton stellt Kunstwerke wie das "Domestic Interior" her, zu dem unter anderem dieses gestrickte Telefon samt Tisch gehören. Es handelt sich dabei nur um eines ihrer vielen gestrickten Kunstwerke, zu denen auch "Cozy" zählt, für das sie ein Landhaus aus Toronto Island mit über 800 Pullover bedeckte.

SCHÖNE ÜBERRASCHUNG

Als das Haus von Albert Trevino in Bluebird Canyon, Kalifornien, 2005 bei einem Erdrutsch zerstört wurde, konnte er nur seinen Ausweis, ein paar wichtige Papiere und das Lieblingsbild seiner Frau retten, das sie in den 1980er Jahren für weniger als $ 100 (€ 75) auf einem Flohmarkt gekauft hatte. Später fand der 74-Jährige heraus, dass das gerettete Bild ein $ 500.000 Dollar (€ 377.500) teures Meisterstück des amerikanischen modernen Künstlers Joseph Kleitsch war!

STACHELN ZUM FRÜHSTÜCK

Der Chinese Zhong Zhisheng fängt Wespen nicht nur, er verspeist sie auch! In seiner Heimat Shaoguan entfernt er kostenlos Wespennester aus den Häusern seiner Kunden, wenn er die Insekten mitnehmen und zu Hause braten darf!

MAISZEPPELIN

Im August 2005 ließ eine Kirche in British Columbia ein Luftschiff aus Mais bauen! Die Mitglieder der Prince George's First Baptist Chuch verwendeten 1.300 kg Popcorn-Körner und eine ähnliche Menge Sirup als Klebstoff, um einen sechs Meter hohen Zeppelin zu bauen. Vorher wurde eine Form für Rumpf, Nase und die drei Meter langen Flügel angefertigt, und die einen Meter breiten fassförmigen Triebwerke mussten mit zwei Gabelstaplern und zwei Gerüsttürmen bewegt werden.

SCHNAPP DIE TRAUBE!

Wenn Steve Spalding seinen Mund aufmacht, stehen die Chancen gut, dass ihm eine Traube hineinfällt. Der „Traubentyp" aus Carrollton, Texas, kann bis zu 60 Trauben in der Minute mit dem Mund auffangen, die meist sein Bruder Scott wirft. Steve ist es mit seiner Kunst todernst. Als er seine Frau Denise kennenlernte, ließ er sie vom 22. Stock des Sahara Hotels in Las Vegas aus Trauben in seinen Mund werfen. Sein Ziel ist es, eine Traube aufzufangen, die vom Dach des alles überragenden Stratosphere Hotels in Las Vegas geworfen wurde - aus einer Höhe von etwa 275 m!

EXTRAPORTION FINGER

Devender Harne, ein 13-jähriger Junge aus dem indischen Nagpur, hat insgesamt 25 Finger und Zehen. Die zusätzlichen Gliedmaßen sind voll funktionsfähig und normal groß und halten Devender nicht von seinem Lieblingssport Cricket ab.

ZWILLINGSTRAGÖDIE

Im März 2002 wurden finnische Zwillingsbrüder, 71, im Abstand von zwei Stunden auf derselben Straße bei identischen Fahrradunfällen getötet. Beide Männer wurden von Lastwagen überfahren. Der Unfall des zweiten Opfers fand nur einige Hundert Meter von der Unfallstelle des ersten statt.

RETTENDER ANRUF

Als Leonard Diaz aus Kolumbien in den Anden strandete, wurde er gerettet, nachdem ihn ein Angestellter seiner Telefongesellschaft auf seinem abgelaufenen Handy anrief, um ihn zu fragen, ob er mehr Zeit kaufen wolle.

YAK-SKI

Yak-Ski ist eine neue Extremsportart, die im indischen Manali ausgeübt wird. Ein Skifahrer steht am Fuß eines Hügels und hält eine Schale voller Nüsse. Dabei hängt er an einem Seil, das über einen Flaschenzug um den Bauch eines Yaks auf dem Gipfel gebunden ist. Wenn der Fahrer laut mit der Schüssel klappert, läuft der Yak den Hang hinab und zieht den Skifahrer dabei bergauf.

GLÄUBIGE GESUCHT

Der Lutheranerkirche im schwedischen Landeryd hat in der Lokalzeitung eine „Gesucht! "-Anzeige aufgegeben, mit der sie um Kirchgänger wirbt.

IRONIE DES DIEBSTAHLS

Zu den Gegenständen, die aus der All-Souls-Kirche im Juli 2005 im englischen Peterborough gestohlen wurden, gehörte eine 60 cm hohe Statue des Heiligen Antonius von Padua, der der Schutzpatron der verlorenen und gestohlenen Gegenstände ist.

GEORGE II.

Als sich George D. Bryson Ende der 1950er Jahre geschäftlich in Louisville, Kentucky, aufhielt, wohnte er in Zimmer 307 des Brown Hotels. Als er im Scherz fragte, ob es Nachrichten für ihn gäbe, überreichte ihm der Rezeptionist einen Brief, der an den Vormieter des Zimmers adressiert war: Einen weiteren George D. Bryson!

BELLEN UNERWÜNSCHT

Der 20-jährige Mark Plumb aus Houma, Louisiana, wurde im August 2005 festgenommen, nachdem er angeblich bellend aus einem Haus gerannt und den Briefträger in die Schulter gebissen hatte.

ATEMALARM

Eine japanische Telekommunikationsfirma entwickelt gerade das erste Handy der Welt, das seinem Benutzer mitteilt, wenn er Mundgeruch hat!

MIT DEM ESSEN SPIELT MAN SCHON! Das Wiener Gemüseorchester war bei einem Konzert in London zu sehen. Das 1998 gegründete Orchester besteht aus Musikern, die Instrumente spielen, die fast ausschließlich aus Gemüse bestehen.

GEFÄHRLICHE FREUNDSCHAFT

Awiey Hernandez wurde 2005 inhaftiert, als er die 90. Polizeiwache in Brooklyn, New York, besuchte, um die Lage eines Freundes zu überprüfen, und auf einmal vor seinem eigenen „Gesucht!"-Plakat stand.

GENAU RECHTZEITIG
Als sich Mrs. Willard Lovell 1974 aus Versehen aus ihrem Haus in Berkely, Kalifornien, ausgesperrt hatte, versuchte sie auf verschiedene Weisen erfolglos, sich wieder Zutritt zu verschaffen. Sie wollte gerade aufgeben, da kam der Briefträger mit einem Brief von ihrem Bruder, der sie einige Wochen zuvor besucht hatte. In dem Umschlag befand sich der Haustürschlüssel, den zurückzugeben er bei seiner Abreise vergessen hatte.

RETTUNGSSCHWEIN
Joanne Altsman verdankt ihr Leben ihrem vietnamesischen Hängebauchschwein Lulu. Als Joanne einen Herzanfall bekam, während sie 1998 in ihrem Wohnwagen Ferien auf Presque Isle in Pennsylvania machte, rannte das Schwein durch die Hundeklappe in der Tür und das Tor mitten auf die Straße und legte sich mit ausgestreckten Beinchen auf den Rücken, um ein Auto anzuhalten. Ein Fahrer stoppte, folgte Lulu in den Wohnwagen und fand Joanne bewusstlos vor. Die Ärzte bestätigten später, dass sie innerhalb von 15 Minuten gestorben wäre, wenn das Schweinchen nicht gewesen wäre. Lulu erhielt einen Tapferkeitspreis und einen riesigen glasierten Krapfen.

VERBORGENE MINE
Nach seinem Angebot, einen unebenen Küchenboden im Medienzentrum von Bristol, England, zu reparieren, entdeckte Pete Taviner 2001 einen alten zwölf Meter tiefen Minenschacht unter dem Linoleum. Der Boden war verrottet, und das Loch war nur noch von dem Bodenbelag bedeckt worden.

PATENTE FRISUR
In den USA gibt es ein Patent für die Frisur, bei dem sich Männer ihr weniges Haar auf einer Kopfseite lang wachsen lassen und es sich dann über die Glatze kämmen.

GELECKT
Der 50-jährige Wang Yide aus dem chinesischen Jianyang malt seine Bilder mit Fingern und Zunge. Er ist einer der wenigen Künstler, die mit dieser Methode noch traditionelle chinesische Kunst anfertigen.

NACHGEFRAGT

DER SCHOCKFAKTOR

Der walisische Great Voltini, der mit bürgerlichem Namen Sebastian Vittorini heißt, ist ein Meister des Elektroschocks. Der 41-Jährige liebt es, eine halbe Million Volt durch seinen Körper fließen zu lassen, bis ihm die Blitze aus den Fingern fahren.

SEIT WANN INTERESSIEREN SIE SICH FÜR ELEKTRIZITÄT?

„Ich sah ein Kabarettstück mit einem elektrischen Stuhl und war fasziniert von der Funktionsweise, also baute ich meinen eigenen. Und das war erst der Anfang!"

WELCHER IST IHR BERÜHMTESTER TRICK?

„Der 'Blitzmann'. Ich stehe oder sitze auf einer riesigen Teslaspule, einer 4,30 m hohen Drahtsäule, die nach ihrem Erfinder Nikola Tesla benannt ist. Sie verwandelt Elektrizität in etwa eine halbe Million Hochfrequenz-Volt. Mein Körper wird buchstäblich zum menschlichen Ableiter, und Funken und Blitze schießen aus meinen Fingerspitzen."

TUT DAS WEH?

„Wenn man es richtig macht, ist es ein angenehmes Kitzelgefühl. Aber wenn man es falsch macht, ist es sehr schmerzhaft."

WELCHEN GEFAHREN SETZEN SIE SICH AUS?

„Wenn man es falsch macht, verkrampfen sich die Muskeln unwillkürlich, was sehr unangenehm ist. Es ist derselbe Effekt, wie wenn ein Mensch wegen eines Stromschlags quer durch den Raum geschleudert wird. Ein Herzstillstand kann auch ausgelöst werden – bei diesem Trick sind schon Menschen gestorben. Auf lange Sicht kann es eine partielle Nervenlähmung durch langfristige Nervenschädigung verursachen."

WARUM GEHEN SIE DAS RISIKO EIN?

„Bislang habe ich nur wenige Schläge bekommen und hatte kleinere Verbrennungen von den Funken. Am erschreckendsten ist eigentlich, dass ich keine Kontrolle mehr über mich habe, wenn ich auf der Maschine stehe - meine Sicherheit liegt also in den Händen anderer. Dafür fühlt es sich absolut unglaublich an, und vor meinen Augen funkeln Blitzbündel herum. Das ist das Schönste, was ich jemals gesehen habe. Ich liebe es über alles."

WARUM TÖTET SIE DER SCHLAG NICHT SOFORT?

„Man glaubt, dass die Frequenz mit 300 kHz im Gegensatz zu den 50 Hz von gewöhnlichem Haushaltsstrom so hoch ist, dass die Nerven nicht darauf reagieren, so wie man eine Hundepfeife nicht hören kann. Wenn ich mich in einem vollständigen Kreislauf befinden würde, wäre ich auf der Stelle tot, beispielsweise wenn sich ein Lichtblitz mit etwas Geerdetem wie einer Vorhangstange verbinden würde."

BEHERRSCHEN SIE AUCH ANDERE TRICKS MIT ELEKTRIZITÄT?

„In meiner Show mache ich viele Stunts mit Elektrizität und Statik. Ich verbringe auf der Bühne viel Zeit damit, meiner hübschen Assistentin Schwester Electra, die auch meine Freundin ist, Stromschläge zu verpassen. Ich entzünde eine benzingetränkte Fackel mit den Funken, die von meinen Händen fliegen. Diese Nummer habe ich schon im Fernsehen aufgeführt!"

GAB ES WEGEN IHRER KUNST JEMALS PROBLEME?

„Am Anfang habe ich mit den Geräten in meiner Küche geübt. Beim Bau meiner ersten Spule klopfte mein Nachbar. Ich hatte seinen Computer zerstört."

WAS WOLLEN SIE ALS NÄCHSTES TUN?

„Ich arbeite an einer Figur namens Sir Voltalot. Die Show soll lose auf der Artussage basieren. Sir Voltalot, er wird eine riesige Teslarolle und Elektrizität nutzen, um Jungfrauen in Not zu retten und den Heiligen Gral zu finden."

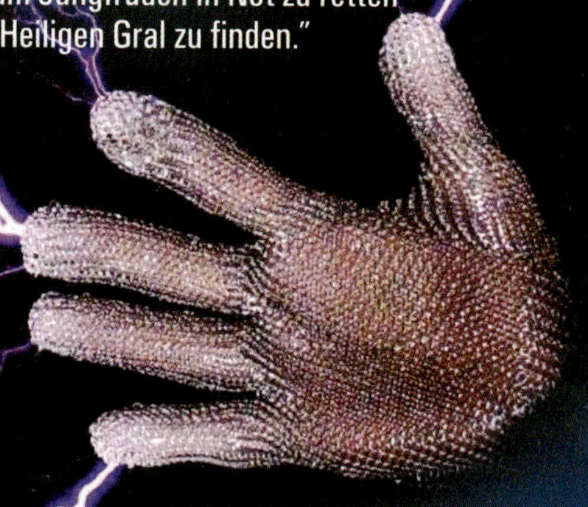

MARATHON-MEDITATION
Im Dezember 2005 behauptete der 18-jährige Ram Bahadur Bomjon aus Südnepal, die Kunst der Meditation bis zu einer Ebene beschritten zu haben, auf der er über sieben Monate lang ohne Wasser und Nahrung leben konnte. In der Zukunft will er sechs Jahre lang meditieren, um erleuchtet zu werden.

UNGLÜCKSKLEE
Obwohl George Kaminski mehr als sein halbes Leben in den Gefängnissen der USA verbracht hat, hat er über 73.000 vierblättrige Kleeblätter gesammelt. Er fand sie auf dem Gelände mehrerer Gefängnisse in Pennsylvania, aber als er 2005 in eine Anstalt mit verringerten Sicherheitsbestimmungen verlegt wurde, stellte er mit Entsetzen fest, dass dort kein Klee wuchs. Er befürchtete, dass sein Erzrivale Edward Martin sen., ein Rentner aus Soldotna, Alaska, die Gelegenheit nutzen würde, um seine eigene Sammlung von 76.000 vierblättrigen Kleeblättern zu vergrößern.

NÄCHTLICHE ABENTEUER

★ Ian Armstrong aus dem englischen Cheshire mähte mitten in der Nacht schlafwandelnd den Rasen.
★ Stephen Hearn fuhr in der Nähe von Birmingham, England, seinen Wagen mit 113 km/h zu Schrott, während er schlafwandelte. Als man ihn fand, trug er einen Schlafanzug und schnarchte vor sich hin.
★ Der Schlafwandler Thomas Manninger kletterte in seinem Haus in Eltville am Rhein aus dem Fenster im ersten Stock und eine Regenrinne empor. Anschließend spazierte er auf dem Dach herum. Als er erwachte, verlor er das Gleichgewicht und fiel sechs Meter tief zu Boden.

TEURER TOAST
Eine Scheibe des halbgegessenen French Toasts von Sänger Justin Timberlake, komplett mit Gabel und Sirup, wurde auf eBay für unglaubliche $ 4.000 (€ 3.020) verkauft.

VERRÜCKTER SPRUNG
2005 wurde Jeff Foran schwer verletzt, als er aus einem 96 km/h schnell fahrenden Auto sprang, um eine Zigarette zurückzuholen, die aus dem Beifahrerfenster geweht worden war. Er erlitt Verletzungen an Augen, Nase und Kinn.

DÄMLICHER DIEB
Thomas E. Mason wurde verurteilt, nachdem er im Juni 2005 eine Bank in Winona, Minnesota ausgeraubt hatte. Er wurde in der Nähe festgenommen und von den Bankangestellten identifiziert. Der Hauptbeweis gegen ihn war der Zettel, den er dem Kassierer vorgehalten hatte. Darauf stand: „Hi, ich bin Thomas Mason".

PARK-PATROUILLE
Bei einem unglaublichen Ausdauertest lief der 38-jährige Lehrer Christopher Calfee aus Richmond, Virginia, im September 2005 fast 92 Stunden lang durch einen Park, ohne zu schlafen. Vier Tage und vier Nächte lang umrundete er den Chesterfield's Pocahontas State Park. Bis auf eine 3-stündige Pause, in der er sich von seinen Dehydrationserscheinungen erholte, machte er nur alle 40 km weit eine Essenspause, schlief auf seinem 508 km weiten Lauf aber keine einzige Sekunde. Seine Schmerzen waren so groß, dass er seine mit Blasen übersäten Zehen mit Klebeband schützen musste.

VOLLGESTOPFTE KIRCHE

Die Hochzeit der Kanadierin Christa Rasanayagam war alles andere als eine ruhige Veranstaltung: 2004 wurde die Braut in Ontario von 79 Brautjungfern im Alter von Eins bis 79 zum Altar geführt, die sich den begrenzten Platz mit den 47 Trauzeugen des Bräutigams teilen mussten.

HOLPRIGE LANDUNG

Ein Deutscher überlebte im Jahr 2005 wie durch ein Wunder, als er auf einer Flugzeug-Landebahn bei Bitburg mit seinem Porsche Hochgeschwindigkeitsfahren übte und ein Flugzeug auf seinem Dach landete! Der 55-Jährige raste gerade mit mehr als 160 km/h über den Asphalt, als sich der unglaubliche Unfall ereignete.

TEURES WASSER

2005 bot Sasha Gardner aus dem englischen Bournemouth auf eBay einen Eimer Seewasser für € 75 an. Ein Londoner griff innerhalb einer Woche zu!

KURZES AMT

Unglaublich, aber wahr: David Rice Atchinson war nur einen Tag lang Präsident der USA! Als James K. Polks Amtszeit am Sonntagmittag, dem 4.3.1849, endete, und sein Nachfolger Zachary Taylor erst am nächsten Tag vereidigt werden wollte, regierte Atchinson, der Vorsitzende des Senats, das Land rechtlich gesehen für die Übergangszeit. Auf die Frage, was er an diesem historischen Tag getan hätte, antwortete er, dass er nach den vielen langen Nächten vor allem geschlafen habe.

JUNGGEBLIEBEN

Auch wenn sie beeindruckende 96 Jahre alt ist, steigt Peggy Barrett regelmäßig in einem Segelflieger in die Lüfte auf. Gemeinsam mit anderen Über-90-Jährigen aus dem englischen Gloucester hat sie die "Alterslosen Segelflieger" gegründet.

Peggy in ihrem Segelflieger im Cotswold Gliding Club in England.

NIAGARA-PLATSCHER

Im Oktober 2003 fiel Kirk Jones aus Canton, Michigan, ohne Sicherheitsausrüstung die Niagarafälle herab und überlebte! Touristen beobachteten, wie Jones in der Strömung des Niagaraflusses auf dem Rücken entlangtrieb, über den 55 m tiefen Horseshoe-Wasserfall auf der kanadischen Seite fiel und sich dann an Steinen aus dem Wasser zog.

UNERWARTETE LANDUNG

Die Fallschirmspringerin Mari Ganelli, 40, überlebte im August 2005 wie durch ein Wunder, als sie mitten auf der vielbefahrenen Adriatica-Autobahn in Italien landete. Sie wollte eigentlich auf einem nahe gelegenen Feld aufkommen, aber heftige Windböen trieben sie vom geplanten Kurs ab, und mehrere verblüffte Fahrer mussten vor ihr ausweichen.

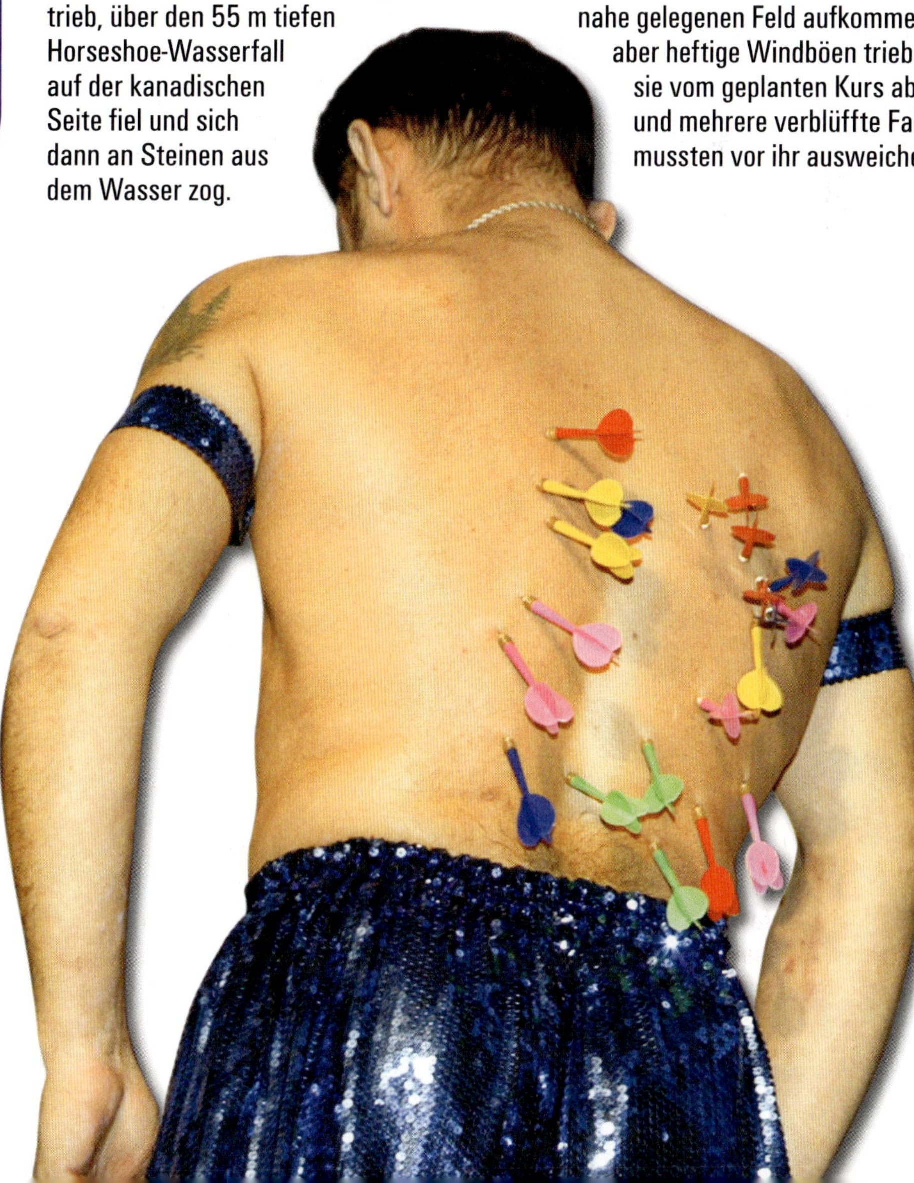

MENSCHLICHE DARTSCHEIBE
Evgeny Kuznetsow aus Dzerzhinsk in Russland bei einem Auftritt als menschliche Dartscheibe im Januar 2006 in Moskau. Die Pfeile wurden ihm in den Rücken geworfen, aber erstaunlicherweise verlor er nicht einen Tropfen Blut.

Das alljährliche Zitronenfest im französischen Menton ist ein weltberühmter Karneval der etwas anderen Art. Die Dekorationen und Umzugswagen bestehen aus Zitronen- und Orangenskulpturen. Unfassbare 500.000 Gummibänder und 130 Tonnen Zitrusfrüchte werden jedes Jahr von über 300 Freiwilligen in zusammengerechnet 20.000 Arbeitsstunden in eine fantastische Festdekoration verwandelt.

Einfach unglaublich!

ENTERPRISE-EINRICHTUNG

Tony Alleyne ist weiter gegangen als jemals ein Innenarchitekt zuvor: Er baute seine Wohnung in eine Replik des Raumschiffs Enterprise um.

Der *Star-Trek*-Fan Tony aus dem englischen Hinckley sah sich stundenlang Videos seiner Lieblingsserie an, um die Transportkonsole aus der Enterprise nachzubilden. Als er keinen Ort fand, an dem er sie aufstellen konnte, baute er kurzerhand seine Wohnung passend um. Zwischen 1999 und 2004 arbeitete er an der futuristischen Atmosphäre in seiner Wohnung, zu der auch stimmengesteuerte Lampen, realistische Konsolenverschalungen und ein Unendlichkeitsspiegel über der Toilette gehören. Tony schläft nicht in einem normalen Schlafzimmer, sondern in einem Nachbau der Anlage, mit der die Besatzung an weit entfernte Orte gebeamt wird. Lautsprecher spielen Sound-Effekte aus der Serie nach, und in der Ecke steht ein Pappaufsteller von Patrick Stewart alias Capt. Jean-Luc Picard, dem Commander aus *Star Trek: The Next Generation.* „Wenn man etwas anfängt, muss man es auch zu Ende bringen", sagt Tony.

Tony steht neben seinem Pappaufsteller von Capt. Jean-Luc Picard in seinem Wohnzimmer, in dem sich auch seine Transporterkonsole befindet.

Jedes Detail von diesem Bildschirm gegenüber der Küche bis zu den Wohnungsfenstern folgt dem Star-Trek-Thema.

Tony in seiner umgebauten Küche mit futuristischen weißen Verschalungen und spezieller Beleuchtung unter den Regalen.

Diese Leuchtfelder beweisen Alleynes erstaunliches handwerkliches Geschick und die Originaltreue seiner Nachbauten.

STIFTEN GEHEN
Emanuel Petran, 62, aus der Tschechischen Republik, hat in beinahe 30 Jahren unfassbare 3.333 Bleistifte angesammelt. Er möchte seine Sammlung mit einer weiteren zusammenbringen, um ein Museum für holzummantelte Graphitstifte zu eröffnen.

HORNHEBER

Der Chinese Wang Ying kann bis zu 14 Ziegelsteine an einem „Horn" hochheben, das ihm aus der Stirn wächst. Als seine Ärzte ihm mitteilten, dass sie den fünf Zentimeter langen Tumor wegen seiner Lage nicht entfernen könnten, beschloss der 74-Jährige, ihn einfach in seine Kraftmensch-Vorführungen einzubauen, die er seit seinem achten Lebensjahr zum Besten gibt. Er hebt die Ziegel an einem Seil hoch, das um den Tumor gebunden wurde.

PORTRAIT-ZAUBERER

George Vlosich III. aus Lakewood, Ohio, fertigt detaillierte Portraits von Berühmtheiten wie den Beatles oder Baseballstar Mickey Mantle an - und zwar mit dem Zauberzeichner, der Zeichentafel mit den Drehknöpfen! Bis zu 100 Stunden sitzt er an einem Bild und verkauft seine Meisterstücke als einzigartige Kunstwerke. Er besaß sogar einen Zauberzeichner, der vom ehemaligen amerikanischen Präsidenten Bill Clinton signiert war.

ROBOTERMENSCHEN

Eine japanische Firma hat eine Fernbedienung erfunden, mit der man menschliche Bewegungen steuern kann. Ein Headset sendet eine niedrige Voltladung Strom durch den Kopf des Trägers, die die für das Gleichgewicht zuständigen Nerven beeinflusst.

GESICHTSBEHANDLUNG

Drei Teams von Wissenschaftlern aus den USA, Frankreich und Ägypten haben eine erstaunlich detaillierte Rekonstruktion des Gesichts des antiken ägyptischen Königs Tutenchamun hergestellt. Jedes Team arbeitete an einem Modell des Gesichts des jungen Pharaos, basierend auf etwa 1.700 hochaufgelösten CT-Scan-Bildern der Mumie. Die Modelle enthüllen, wie der König an seinem Todestag vor fast 3.300 Jahren ausgesehen haben mag. Offenbar war er ein gesunder, aber etwas schwach gebauter 19-Jähriger von 1,67 m Größe.

MASSEN-ENTFESSELUNG

Im Oktober 2005 nahmen über 50 Entfesselungskünstler an verschiedenen Orten zwischen Australien und Kalifornien an der Weltweiten Entfesselungskünstlerstaffette teil - der größten Vorstellung, die es in der Branche jemals gegeben hatte. Einer der aufregendsten Beiträge kam von Paul Sautzer alias Dr. Wilson, der auf Mount Desert Island in Maine aus einer Kombination von Vorhängeschlössern, Fesseln und Ketten sowie einem „Die Schmetterlingspuppe" genannten Eisenhalsband entkam.

RASENDER OLIVER

Als sich der Vater des 3-jährigen Oliver Willment-Coster aus dem englischen Bournemouth einen Schokoladenriegel kaufen ging, löste der Kleine die Handbremse des Wagens, nahm die Parkstellung aus der Gangschaltung und lenkte das Auto einhändig die Straße entlang, bis er in einen geparkten Polizeiwagen krachte.

Oliver war auf dem Beifahrersitz des Wagens seines Vaters angeschnallt, als er losfuhr.

GESETZLICH GETRAUT
Im Rahmen einer besonderen Zeremonie im israelischen Eilat heiratete Sharon Tendler 2005 den Delfin Cindy. Auf Knien gab sie dem Meeressäuger einen Kuss und überreichte ihm ein Stück Hering. Sharon und Cindy lernten sich vor 15 Jahren kennen, und seitdem hat Sharon das Tier zwei- bis dreimal im Jahr besucht.

BOTSCHAFT IM KORNFELD

Der Bauer Andrew Rand aus Nova Scotia machte seiner Freundin einen Antrag, indem er mit Traktor und Egge in riesigen Buchstaben die Worte „LISE MARRY ME" (deutsch: „Lise, heirate mich) in ein Roggenfeld mähte. Inspiriert von seiner Idee wollte Chris Mueller aus North Dakota seiner Freundin Katie Goltz dieselbe Frage stellen - gepflügt in ein Sojabohnenfeld. Aber als er fast schon fertig war, stellte er fest, dass der Platz nicht reichte. Zum Glück konnte er auch mit „Katie, will you M-A-R-Y me" das Herz seiner Angebeteten, die den Antrag aus der Luft sah, gewinnen.

162 HOCHZEITEN

Unglaublich, aber wahr: Der 75-jährige Bosnier Nedeljko Ilincic behauptet, dass er 162-mal geheiratet hat! Angeblich ist er mit 15 zum ersten Mal den Bund der Ehe eingegangen und sagt: „Danach kam eine Ehefrau nach der nächsten."

BOMBASTISCHE BÜGEL

Der schottische Künstler David Mach stellt naturgetreue Modelle aus Kleiderbügeln her! Zunächst fertigt er dafür eine Plastikform des Modells an, an das er die Bügel heftet. Jeder Bügel wird individuell geformt und gebogen und mehrfach mit den umliegenden verschweißt. Mach lässt die Haken herausstehen, um seinen Skulpturen eine geisterhafte Aura zu verleihen.

DEPRIMIERENDES DATUM

Psychologische Forschung in Großbritannien hat ergeben, dass der „Blaue Montag" der deprimierendste Tag im Jahr ist. Er fällt immer in die letzte volle Woche im Januar.

LUXUSLATSCHEN

Ein Kaufhaus in Tokio hat ein Paar Pantoffeln im Angebot, das vom Zauberer von Oz inspiriert wurde. Auf ihnen glitzern 690 Rubine, und sie sind ca. 1,51 Millionen Euro wert.

SELTSAME LIEBE

Als die politische Aktivistin Regina Kaiser 1981 in ihrer Berliner Wohnung festgenommen und ins Hauptquartier der Stasi abgeführt wurde, befürchtete sie das Schlimmste. Doch stattdessen verliebte sie sich in den Vernehmungsbeamten Uwe Karlstedt, mit dem sie nach 27 Jahren heute immer noch zusammen ist.

VIEL HEISSE LUFT
Heißluftballons bei den Startvorbereitungen auf einem Luftstützpunkt in Chambley, Nordfrankreich, am 23.7.2003 (links). Die 261 Ballons rahmten die Straße und sollten alle gleichzeitig in einer Linie aufsteigen.

AROMA-BOWLING

Für den Bowlingspieler, der den Sieg riechen kann, stellt die Firma Storm Products aus Brigham City, Utah, duftende Bowlingkugeln her, beispielsweise mit den Aromen Zimt, Orange, Amaretto oder Kirsche. Sie kosten umgerechnet zwischen € 110 und € 190.

TRAUERMARSCH

Bei der Bestattungsprozession des Eisverkäufers Derek Greenwood aus dem englischen Rochdale tauchten zwölf Eiswagen auf, die auf dem Weg zum Friedhof alle ihre Werbemelodien erklingen ließen.

ÜBERRASCHTER HÄUPTLING

Mick Henry aus dem englischen Yorkshire entdeckte mit 59 Jahren, dass er der Stammeshäuptling des Ojibwaystammes aus dem kanadischen Manitoba ist!

RIESENAUFTRAG

Gita, einer 47-jährigen Elefantendame aus dem Zoo von Los Angeles, mussten im September 2005 Teile ihres entzündeten Zehs entfernt werden. Cesar Lua, der orthopädische Schuhe herstellt, wurde beauftragt, einen Schuh anzufertigen, der die Wunde während des Heilungsprozesses sauberhält. Mit Fotografien und Maßangaben machte er sich an die Arbeit und baute innerhalb von zwölf Stunden einen $ 450 (€ 340) teuren, runden Schuh aus einem Zentimeter dickem braunem Leder. Der Riesentreter hatte einen Umfang von 135 cm und einen Durchmesser von 48 cm. Er wurde mit einem Gurt am Fuß des Elefanten befestigt.

ALCATRAZ-WUNDER

Einem 9-Jährigen gelang, woran viele vor ihm gescheitert waren: Er floh aus Alcatraz! Johnny Wilson aus dem kalifornischen Hillsborough schwamm die 2,20 km lange Strecke von der Insel nach San Francisco in weniger als zwei Stunden, um Geld für die Opfer des Hurrikans Katrina zu sammeln.

NILPFERDSCHWEISS

2005 sammelte und untersuchte Professor Christopher Viney von der Universität von Kalifornien Nilpferdschweiß, weil er hoffte, daraus ein neues Sonnenschutzmittel für Menschen gewinnen zu können.

DIE WOLFSJUNGEN

Jesus Aceves erkennt fast jeder auf den ersten Blick. Wie in nur einem Fall unter 50 Milliarden hat das Gen, das für das Haarwachstum verantwortlich ist, seine Gesichtsbehaarung nicht „ausgeschaltet".

Die als Hypertrichosis (etwa: „viel Haar") bekannte Besonderheit hat ihm ein dunkel behaartes Gesicht und den Spitznamen „Der Wolfsjunge" eingebracht. Hypertrichosis ist erblich - 24 Mitglieder von Jesus' Familie leben damit, auch seine Schwester und sein Großonkel, Manuel der Wolfsmann. In seiner Heimat Mexiko konnte Jesus zwar keine Arbeit finden, doch nun reist er mit Zirkussen und als Nebenattraktion durch die ganze Welt. Er betrachtet seine haarige Erscheinung als Gottesgeschenk und mag die Aufmerksamkeit, die er deswegen erregt. „Es gefällt mir, wenn Kinder mich verwundert anstarren", erzählt er. „Ich fühle mich dabei wie ein Star."

Larry und Danny Ramos Gomez, die ebenfalls an Hypertrichosis leiden, treten im Mexikanischen Nationalzirkus auf.

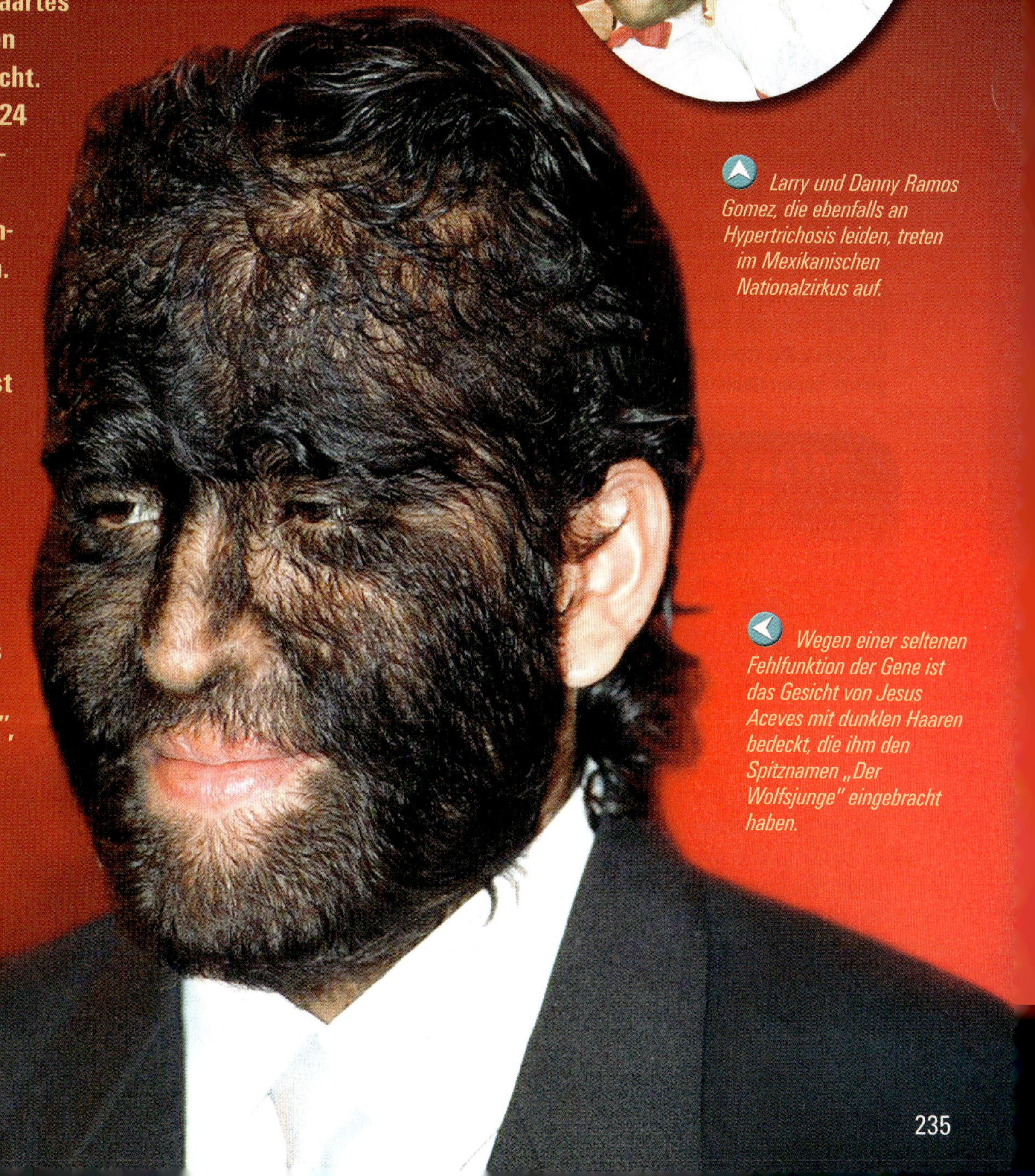

Wegen einer seltenen Fehlfunktion der Gene ist das Gesicht von Jesus Aceves mit dunklen Haaren bedeckt, die ihm den Spitznamen „Der Wolfsjunge" eingebracht haben.

EIN KOPF GEFÄLLIG?
Während des mazedonischen Neujahrskarnevals in Vevcani verkleideten sich 2006 die Dorfbewohner als „Kopfbraten". Im Rahmen des 1.300 Jahre alten traditionellen Karnevals treten die Dorfbewohner bei verschiedenen Anlässen auf.

PFERDEGEBISS
Der 9-jährige Kanadier Mark Henry verblüffte seine Zahnärzte mit seinem fast 2,50 cm langen rechten Vorderzahn. Dr. Gabriela Gandila aus Owen Sound in Ontario, die das merkwürdige Gebilde entfernte, sagte, dass er ausgesehen habe wie ein Pferdezahn.

SCHNELLES GEBISS
Im August 2005 wurde Sheeshpal Agarwal offiziell zum flinkesten Gebissentferner Indiens erklärt. Der 51-Jährige kann seine Dritten mit seiner Zunge 176-mal in nur fünf Minuten herausnehmen und wieder einsetzen.

HELLWACH
Silvio Jarquin Rostran und Janeth Margarita Cerrato aus Nicaragua gewannen 2005 einen Marathon im Wachbleiben: Sie machten 51 Stunden lang kein Auge zu.

ABGEFAHREN
Ein 100-jähriger belgischer Autofahrer namens Cyriel Delacauw bekam 2005 einen Versicherungsnachlass, weil er in 80 Jahren Fahrpraxis keinen einzigen Unfall gebaut hatte!

EINGEIGELT
Ein 1,80 m großer Mann, der sich auf der Flucht vor der Polizei befand, wurde nach Monaten in einem äußerst merkwürdigen Versteck gefunden. Er hatte sich in einem Fernseher in einem Wohnwagen in der Nähe von Bainbridge, Georgia, verkrochen. Der Flüchtling war der Polizei von Florida im September 2004 entwischt.

CLEVERE CHEERLEADER
Nachdem ein Mann in Ann Arbor, Michigan, nach einem Autounfall Fahrerflucht begangen hatte, wurde er nicht etwa von der Polizei gestellt, sondern von einer Cheerleadergruppe! Die Mitglieder des Lincoln-Highschool-Teams waren Zeugen des Unfalls und merkten sich das Nummernschild des Flüchtigen, indem sie es in einen Schlachtruf verwandelten.

BESESSENES AUTO
Christine Djordjevic ist davon überzeugt, dass ihr Auto besessen ist! Im März 2005 sprang der Wagen ohne Fahrer an, fuhr rückwärts in das Haus eines Nachbarn in South Haven, Indiana, und verursachte dabei einen Schaden in Höhe von mehreren tausend Dollar. Die Polizeibeamten schenkten der Geschichte keinen Glauben, bis sie beobachten konnten, wie der 1995er Mercury Tracer Trio erneut einfach startete und die Straße entlangfuhr. Sie konnten ihn abstellen, ehe er weiteren Schaden anrichtete.

GLÜHENDE SCHWEINE

Bei Tageslicht erkennt man, dass die Augen, Zähne und Hufe der Schweine grün sind und die Haut einen grünen Schimmer aufweist. Im Dunklen leuchten sie unter Schwarzlicht hell.

Was ist grün, grunzt und leuchtet im Dunkeln? Na klar, ein taiwanesisches Schwein!

Taiwanesische Wissenschaftler haben drei fluoreszierende Schweine gezüchtet, indem sie die Gene von Quallen in normale Schweineembryos eingepflanzt haben. Andere Länder hatten schon zuvor teilweise leuchtende Schweine gezüchtet, aber diese sind die ersten, die von oben bis unten grün sind. Selbst die Herzen und anderen inneren Organe sind grün. Die Quallen-DNA wurde in insgesamt 265 Schweineembryos eingepflanzt, die in acht verschiedene Säue eingesetzt wurden. Vier der Säue wurden schwanger, und 2005 kamen drei grüne männliche Ferkel zur Welt. Zwei Jahre zuvor hatten die Wissenschaftler den ersten leuchtenden grünen Fisch erschaffen. Nun hoffen Forscher, dass die Schweine der Stammzellenforschung zu neuen Ergebnissen verhelfen, mit denen man menschliche Krankheiten heilen kann.

HOCKEY IM NASSEN
Unterwasserhockey wurde 1954 von Feldhockeyspielern erfunden, die sich während des Winters fit halten wollten. Hier sieht man ein Team der Roger Bacon High School in Cincinnati, Ohio, bei einem Nationalspiel gegen die Michigan State University.

ISAK UND DER RIESENKÜRBIS

Als der 9-jährige Isak Spanjol 2004 einen Kürbissamen in den Garten seiner Eltern in Brooklyn, New York, pflanzte, ahnte niemand, dass daraus eine Monsterpflanze werden würde. Der seltene Flaschenkürbis wickelte sich um Kabel und kroch über die Zäune in die Nachbargärten. Einige der Früchte waren zwei Meter lang, fast 60 cm größer als der kleine Gärtner selbst!

ÖKOAUTO

Mali Blotta und David Modersbach fuhren 2004 ganze 17.700 km weit von Kalifornien nach Argentinien in einem Kombiwagen, der mit wiederverwertetem Pflanzenöl statt mit Benzin betrieben wurde.

WAHNSINNSKÜRBIS

Der Kürbis, den Ron und Sue Boor beim West-Virginia-Kürbisfest vorstellten, musste von fünf Männern und einem Gabelstapler auf die Waage gehoben werden! Die Boors züchten schon seit 1990 Kürbisse und haben ein 492 kg schweres Riesengemüse herangezogen. In Spitzenzeiten wuchs er pro Nacht um 16 kg und „soff" 750 l Wasser am Tag.

SELBSTHEILUNG

Der 39-jährige Mexikaner Pedro Lopez verblüffte Ärzte, indem er erfolgreich eine schwierige Operation an sich selbst durchführte. Er führte eine Nadel durch seinen Bauchnabel ein und ließ Wasser aus seinen Lungen ab, das ihm die Atmung erschwerte. Fachleute bezeichnen seine Selbstheilung als Wunder. „Wir führen solche Flüssigkeit nur in kleinen Mengen ab", sagte ein Arzt, „aber dieser Mann hat sich drei Liter Flüssigkeit abgesaugt, und das ohne Betäubung!"

KLEINER RICHTER

Nathaniel Skiles aus Kirkland, Washington, wurde innerhalb von zwei Jahren 3-mal zum Geschworenen berufen - und dabei ist er erst sechs! Das Versehen trat auf, weil auf seinem Personalausweis ein falsches Geburtsdatum eingetragen worden war.

ELEFANTEN-TRETMÜHLE
Weil Maggie, ein afrikanisches Elefantenmädchen, 454 kg Übergewicht hatte, ließ der Leiter des Alaska-Zoos ein Laufband für sie anfertigen, auf dem sie die überschüssigen Pfunde abtrainieren konnte. Es ist sechs Meter lang, 2,40 m breit, wiegt 7.244 kg und ist die vermutlich erste Tretmühle der Welt, die extra für einen Elefanten gebaut wurde.

SPÄTE POST

Evelyn Greenawald aus Anamosa, Iowa, bekam im Oktober 2005 eine Postkarte von ihrer Tochter Sheri aus Deutschland - mit einer Verspätung von 27 Jahren! Als Sheri die Karte schrieb, begann sie gerade ihre Karriere als Opernsängerin in Europa. Heute lebt sie in San Francisco.

PLÄTZCHEN FÜR DEN FRIEDEN

Merry Debbrecht aus Rose Hill in Kansas backt bis zu 480 Plätzchen am Tag und schickt sie an die US-Soldaten im Irak. Im Sommer 2005 hatte sie schon über 30.000 Plätzchen verschickt und sagte, dass sie erst aufhören würde, wenn der Krieg endet.

SEEHUND IM GEPÄCK

Ein Mann aus Colorado wurde 2004 festgenommen, nachdem er versucht hatte, in Boston, Massachusetts, mit einem abgerissenen Seehundkopf im Gepäck ein Flugzeug am Logan Airport zu besteigen. Das Sicherheitspersonal entdeckte den Kopf in einem kleinen Kühler.

MOTORRADBAUM

Wer eine Harley Davidson besitzt, parkt sie meist in der Auffahrt oder der Garage. Aber Richard Woodworth hängt seine Maschine in einen Baum vor seinem Haus in Raleigh, North Carolina, und bezeichnet das Ganze als Kunst.

UNERWARTETER BESUCH

Nachdem der Fernseher von Chris van Rossman aus Corvallis, Oregon, das internationale Satelliten-Notrufzeichen aussendete, standen Rettungseinheiten von Polizei und Militär vor Chris' Tür, um das Gerät zu sichern!

NAMENSSUCHE

Pete Trainor gründete 2005 eine Internetseite, auf der er weitere 1.999 Petes suchen wollte, um sich in London mit ihnen zu versammeln. Grund dafür war eine Wette.

GEISTERWÄCHTER

Dave Davison übt einen der seltsamsten Berufe der USA aus: Er bewacht eine echte Geisterstadt! Silver City in Idaho wurde Ende des 19. Jahrhunderts von Goldsuchern gegründet und ist im Winter eine Geisterstadt. Die 40 Häuser, die heute Sommerurlaubern gehören, sind zu dieser Zeit verlassen, und das Dorf ist wegen starkem Schneefall meist von der Außenwelt abgeschnitten. Der Wächter Davison vertreibt Diebe, die auf Schneefahrzeugen angefahren kommen, damit Silver City nicht ganz von der Landkarte verschwindet.

GANZ IN ROSA

Als 700 Gefangene im Jahr 2005 von ihrem überfüllten Gefängnis aus 3,20 km weit in eine neue, größere Einrichtung in Phoenix, Arizona, laufen sollten, hatte Sheriff Joe Arpaio eine durchschlagende Idee, wie man Fluchtversuche verhindern könnte: Er kleidete sie in flauschige rosafarbene Unterwäsche und Flipflops! Er ging davon aus, dass es den abgebrühten Gefangenen einfach zu peinlich wäre, in diesem Aufzug davonzulaufen.

FLIPFLOP-KUNST
Der Australier John Dahlsen legt letzte Hand an seine Skulptur aus Hunderten von Flipflops am Bondi Beach in Sydney an. Sie war Teil der „Sculptures by the Sea"- („Skulpturen am Meer") -Ausstellung im Jahr 2004. Dahlsen sucht an den Stränden Australiens nach angespülten Plastikgegenständen, aus denen er Kunstwerke herstellt.

GALERIE
Aus den Archiven

IN DIE HAUT GESCHRIEBEN
Rosa Barthelme aus Kansas trug den Spitznamen „Die menschliche Tafel", weil Buchstaben, die man leicht auf ihre Haut schrieb, herausstanden und etwa 30 Minuten lang sichtbar blieben.

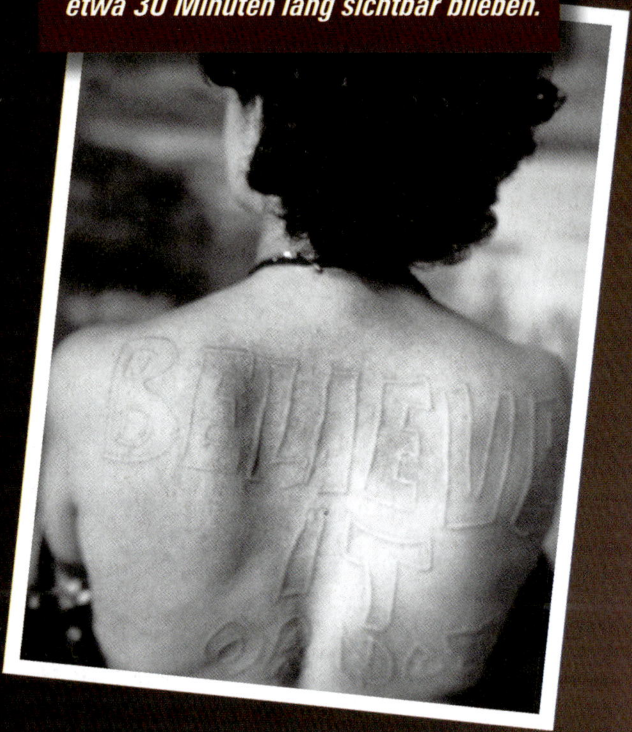

EINE HANDVOLL
Julius B. Shuster aus Pennsylvania konnte 20 Baseballs in nur einer Hand halten!

OFFENE HAFTANSTALT
Die Bevölkerung von Anna Maria in Florida war so stolz darauf, dass es in dem Städtchen keine Kriminalität gab, dass sie damit prahlte, dass ihr Gefängnis weder Gitterstäbe oder Dach noch Türen und Fenster hatte.

DICKER BROCKEN
Dieses 3.050 kg schwere massive Kohlenstück aus Dawson, New Mexico, wurde bei einem Cowboytreffen am 4.7.1930 vorgeführt.

STAMMWANDLER

1955 lief Kenneth Lambert auf Skiern über den Androscoggin-Fluss, in dem Unmengen von Holzstämmen schwammen.

FAMILIENWAGEN

1938 fuhr die Familie Harriman auf einem Motorrad von Portland, Oregon, nach Toledo, Ohio. Das Gewicht der vier Personen samt Hund betrug insgesamt 268 kg.

BRUNNENTIEF

Dieser Brunnen in Ravenna, Kentucky, war im Boden versenkt worden und stieg von selbst wieder aus der Erde auf. 1932 befand er sich schon 2,40 m über dem Grund.

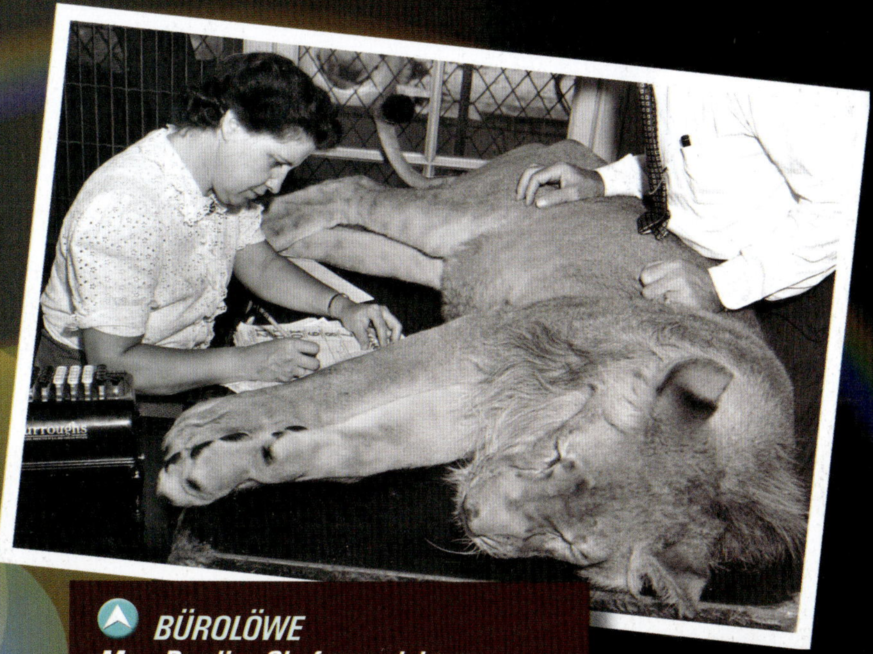

BÜROLÖWE

Mrs. Brodies Chef war nicht nur Autohändler, sondern auch begeisterter Jäger. Hier sieht man Mrs. Brodie 1941 mit einem zahmen Löwen, den ihr Chef als Junges gefangen hatte und den sie in ihrem Büro aufzog.

EIN BLICK ZURÜCK

Am 29.4.1927 starb Bobby Leach, der 1911 einen Sturz in die Niagarafälle in einem Fass überlebt hatte, an den Nachwirkungen eines Sturzes, bei dem er auf einer Bananenschale ausgerutscht war. Am 2.12.1927 sprang die kleine Marie Finster von einem Hausdach und landete wie durch ein Wunder in den Armen ihrer Mutter, die zufällig im selben Moment vorbeiging.

TOILETTENSCHLANGE
Alicia Bailey aus Jacksonville, Florida, wird nie wieder ohne Hintergedanken mit einem sicheren Gefühl auf die Toilette gehen können, denn sie wurde von einer Giftschlange gebissen, die sich in ihrer Toilettenschüssel versteckt hatte. Als sie den Klodeckel anhob, biss ihr eine Wassermokassinschlange ins Bein. Sie überlebte den Anschlag, gibt aber zu, dass sie, was Toiletten betrifft, etwas „schüchtern" geworden ist.

HOFFNUNGSLOS VERIRRT
2005 brauchten drei ältere Damen aus den USA 24 Stunden für ihren 32 km weiten Heimweg, nachdem sie sich verfahren hatten. Die kurze Fahrt nach Upson County, Florida, endete mit einem Rundruf besorgter Verwandter, nachdem die 72-jährige Alice Atwater mit Florence King und Ruthelle Outler einen unabsichtlichen Abstecher nach Birmingham, Alabama, und Atlanta und Macon in Georgia gemacht hatte.

SPÄTE MUTTER

Adriana Iliescu, 67, ist die wohl älteste leibliche Mutter der Welt. Die Professorin und Kinderbuchautorin aus dem rumänischen Bukarest brachte ihre Tochter zur Welt, nachdem Ärzte ihre Menopause unterbrochen und eine In-Vitro-Befruchtung durchgeführt hatten. Adriana wurde mit Sperma und Eiern von jüngeren Menschen befruchtet.

Adriana Iliescu am 16.1.2006 mit ihrer einjährigen Tochter Eliza Maria.

STOPPT DEN DIEB!
Nachdem ein Dieb sich 2005 durch den Sicherheitszaun eines Ladens in Durham, North Carolina, geschnitten hatte, stahl er 50 Stoppschilder im Wert von € 940. Er wurde festgenommen, nachdem man ihn dabei beobachtet hatte, wie er die Schilder in einem Einkaufswagen vor sich herschob und versuchte, 16 von ihnen für je $ 28 (€ 21) zu verkaufen.

ROSENGARTEN
Brenda Wilson aus Vienna, West Virginia, hegt und pflegt einen Rosenstrauch, der einfach nicht aufhört zu wachsen. Er wurde 1966 gepflanzt und ist über 4,90 m hoch - 4-mal so groß wie ein normaler Rosenbusch.

EXTRAZUNGE
Die Katze von Delores Whittington ist wirklich einzigartig. Sie wurde nicht nur mit fünf Zehen an jeder Pfote geboren, weswegen sie Five Toes, also „Fünf Zehen", heißt. Die schwarze Burmesen-Mischlingskatze hat auch zwei Zungen! Delores aus Dobson, North Carolina, hat die zweite Zunge im Dezember 2004 entdeckt.

SCHLANGENKINO
Eine Frau wurde von einem 1,20 m langen Python angegriffen, als sie in einem Kino in den Arabischen Emiraten im Juni 2005 einen Film ansah. Eine Freundin zog der hysterischen Frau die Schlange vom Bein und trug sie aus dem Kino. Danach sahen sich die beiden Frauen den Film seelenruhig zu Ende an.

MURMELTIER MIT METALL

Stormy, ein Murmeltier im Brookfield-Zoo von Chicago, bekam 2005 eine Zahnspange für seine Unterzähne verpasst, damit sie gerade wuchsen und er besser fressen konnte.

DER AUSSENSEITER
Debby Cantlon aus Seattle, Washington, staunte nicht schlecht, als sie bemerkte, dass einer der Welpen, die ihre Zwergspanielhündin Mademoiselle Giselle säugte, irgendwie anders war als die anderen. Bei dem fremden Welpen handelte es sich um ein verwaistes, neugeborenes Eichhörnchen, das sich zwischen seine Hundeschwestern und -brüder geschmuggelt hatte, um zu überleben.

STRICKMEISTERIN

Bis zum Frühling 2007 strickte Darlene Rouse einen über einen Kilometer langen Schal. Mit der Hilfe von Freunden und Familie aus Opelika, Alabama, arbeitete sie an ihrem „Hoffnungsschal", auf dem jeder Mitstricker seinen Namen und eine kurze, lebensbejahende Botschaft verewigte.

MUTTERLIEBE

Der Mantelpavian Reggie war 2005 der Star im englischen Paignton Zoo - aber leider aus den falschen Gründen. Er wurde mit normalem Kopfhaar geboren, hatte aber bald eine Glatze, weil seine überfürsorgliche Mutter ihm im wortwörtlichen Sinne die Haare ableckte.

RAUCHENDER SCHIMPANSE

Endlich hat Ai Ai, eine Schimpansin in einem chinesischen Zoo, es geschafft, mit dem Rauchen aufzuhören! Nach dem Tod ihres Männchens 1989 hatten Besucher ihr Zigaretten gegeben, und von da an war die 27-jährige Äffin aus dem Qinling Safari Park 16 Jahre lang nikotinsüchtig. Als 1997 auch ein zweiter Lebensgefährte starb und ihre Tochter in einen anderen Zoo kam, begann die einsame Ai Ai, Kette zu rauchen. Die Zoowächter machten sich Sorgen um ihren Gesundheitszustand und versuchten, ihr mit Musik aus einem eigenen Sony-Walkman das Rauchen abzugewöhnen. Anfangs bettelte Ai Ai noch um Zigaretten, aber schließlich fand sie ihr neues Hobby so interessant, dass sie das Rauchen vergaß.

EIN KINDERSPIEL!

Eines der ungewöhnlichsten Sportereignisse in Kanada ist die Schere-Stein-Papier-Weltmeisterschaft in Toronto. Auch wenn es sich eigentlich um ein Kinderspiel handelt, hat die Internationale Vereinigung für Schere-Stein-Papier über 2.200 Mitglieder, die sogar aus Oslo, Prag, Sydney, London und den ganzen USA nach Toronto reisen. Der Sieger erhält ein Preisgeld von $ 7.000 (€ 5.300).

HAMSTERKRAFT

Ein 16-Jähriger aus dem englischen Somerset hat ein hamsterbetriebenes Handy erfunden! Peter Ash brachte am Laufrad seines Hamsters Elvis einen Generator an und verband diesen mit seinem Handy-Ladegerät. Er erklärt: „Wenn Elvis zwei Minuten auf seinem Rad läuft, kann ich etwa 30 Minuten lang mit meinem Handy telefonieren."

SO EIN KÄSE!
Zimmer 114 im Washington Jefferson Hotel in New York City wurde im Mai 1999 von dem Künstler Cosimo Cavallaro mit 454 kg geschmolzenem Käse umdekoriert. Cavallaro erklärte, er wolle damit seine Lebensfreude ausdrücken. Seine Käsekunst wurde einen Monat lang ausgestellt.

JIM, DER GLÜCKSPILZ

Jim McClatchey starb am 20.11.2004 ganze 100-mal, lebte aber weiter! Die Ärzte im Piedmont-Krankenhaus in Atlanta, Georgia, waren verblüfft, als McClatchey mehrere Herzstillstände in Folge erlitt und mehrfach wiederbelebt werden musste. Allein in der ersten Stunde blieb sein Herz 50-mal stehen. Er musste so oft wiederbelebt werden, dass er Verbrennungen zweiten Grades an der Brust erlitt.

ALLES KÄSE!

Ein Jahr nachdem ein Käsehersteller einen 800 kg schweren Käse absichtlich im Wasser des Saguenay-Fjords im Norden von Quebec City, Kanada, versenkt hatte, um ihm ein einzigartiges Aroma zu verleihen, gab man die Hoffnung auf, ihn wiederzufinden. Der $ 50.000 (€ 37.800) teure Käse konnte in dem 50 m tiefen Wasser mit Tauchern und High-Tech-Ausrüstung nicht gefunden werden.

JACKPOT

Nachdem der Rumäne Stancu Ogica nach einem Gefängnisaufenthalt wegen Lotteriebetrugs freigekommen war, gewann er umgerechnet etwa € 25.000 in der Lotterie!

WEIHNACHTSBONUS

Im Dezember 2004 zahlten Richard und Donna Hamann die monatliche Stromrechnung für alle Anwohner von Anthon im Bundesstaat Iowa!

HERZSCHLÄGE

★ Ein menschliches Herz schlägt 100.000-mal am Tag und während eines durchschnittlich langen Lebens etwa 2,50 Milliarden Mal.

★ Das durch das Herz gepumpte Blut legt im Körper jeden Tag eine Strecke von 96.560 km zurück - also etwa den eineinhalbfachen Durchmesser von Europa!

★ Das menschliche Herz pumpt während eines durchschnittlich langen Lebens etwa 159 Millionen Liter Blut durch den Körper - damit könnte man drei Öltanker füllen!

KLEINER FILMEMACHER

Der 9-jährige Kishen Shrikant aus dem indischen Bangalore schrieb 2005 Geschichte, als er Regie bei einem Spielfilm führte. Der Film heißt *Care of Footpath* und handelt von Slumkindern. Kishen ist seit seinem vierten Lebensjahr Schauspieler und trat seitdem in 24 Filmen und über 1.000 TV-Produktionen auf.

GRABGEFLÜSTER

Der Deutsche Jürgen Bröther wünschte sich so sehr, mit seiner verstorbenen Mutter sprechen zu können, dass er für € 1.500 ein Handy nebst Lautsprecher entwickelte, das man neben dem Sarg vergraben kann. Mit dem Gerät will er bis zu einem Jahr lang mit den Toten sprechen können.

ZUHAUSE IST, WO DEIN AUTO IST

Nachdem ihre Wohnung in London geräumt wurde, lebte Ann Naysmith 26 Jahre lang in ihrem Auto. Als Gesundheitsinspektoren ihren alten Ford konfiszierten, kaufte ihr die Gemeinde einen Mercedes!

SKYLINE AUS METALL
Der chinesische Künstler Zhan Wang baute die Stadt London aus Küchenutensilien nach. Mit einer Trockeneismaschine sorgte er für den typischen Londoner Nebel.

NACHGEFRAGT
KANONENFUTTER

Der waghalsige David „Die Kugel" Smith, 28, aus Missouri nennt sich „Die menschliche Kanonenkugel" und wird jedes Jahr 500-mal auf der ganzen Welt aus seiner Kanone geschossen.

WIE WURDEN SIE ZUR MENSCHLICHEN KANONENKUGEL?
„Meine Eltern waren Zirkusartisten, und mein Vater David Smith senior wurde selbst vor 30 Jahren zur menschlichen Kanonenkugel. Alle meine neun Geschwister haben es ausprobiert, und als ich 17 war, sagte mein Vater, dass ich nun alt genug wäre. Ein Jahr später verletzte er sich den Rücken und bat mich, auszuhelfen. Und ich blieb dabei!"

WAS GESCHIEHT, WENN SIE ABGESCHOSSEN WERDEN?
„Ich kann Ihnen nicht verraten, wie die Kanone abgefeuert wird - das ist ein Familiengeheimnis! Aber auf meinem Körper lastet ein großer Druck - 10 G, das ist 10-mal so viel wie mein Körpergewicht und kann zur Ohnmacht führen. Ich werde aus dem Boden einer über 10 m langen Kanone abgeschossen und beschleunige in einer Fünftelsekunde von 0 auf 50 km/h. Der ganze Flug von etwa 46 m dauert weniger als vier Sekunden."

WIE LANDEN SIE?
„Ich fliege etwa 24 m hoch in der Luft und lande auf dem Rücken in einem Netz, das in der Regel 6 x 15 m groß ist."

WIE FÜHLEN SIE SICH IN DER LUFT?
„Sehr aufmerksam - wie in Zeitlupe. Ich überlege, aus welcher Richtung der Wind kommt, wo mein Netz ist, ob ich meine Flugbahn korrigieren muss und ob über oder unter mir Hindernisse liegen. Manchmal frage ich mich sogar, was es zum Abendessen gibt! Es geht sehr schnell, und mein Kopf ist die ganze Zeit beschäftigt."

ÜBER WAS FÜR UNGEWÖHNLICHEN ORTEN SIND SIE SCHON ABGESCHOSSEN WORDEN?
„Zum Beispiel über dem Grand Canyon, über Riesenräder und in ein Schlammbad für einen Weltrekord. In Tim Burtons Film *Big Fish* habe ich Ewan McGregor gedoubelt."

WER BAUT IHRE KANONEN?
„Mein Vater hat selbst sieben Stück gebaut. Ich lege gerade Hand an meine Erste. Unsere Kanonen sind zwischen 5,50 m und elf Metern lang."

TRITT IHR VATER NOCH AUF?
„Ja, er ist jetzt 63. Er wurde vor kurzem von Tijuana, Mexiko, in die USA geschossen - er ist der Erste, der auf diese Weise jemals über eine Staatsgrenze geflogen ist! Er hielt dabei seinen Ausweis in Händen. Wir sind auch Seite an Seite aufgetreten. Ich habe dabei den Distanzrekord meines Vaters gebrochen, aber er landete eine Sekunde nach mir und brach meinen. Er hält im Augenblick den Rekord mit 61,36 m."

TUT DAS FLIEGEN WEH, UND HABEN SIE SICH SCHON VERLETZT?
„Es schmerzt am ganzen Körper. Ich habe noch nie das Netz verpasst - dann wäre ich auch nicht mehr am Leben! Einmal habe ich ein Loch ins Netz gerissen. Ich bin acht Minuten später aufgewacht, umgeben von Sanitätern, aber wie durch ein Wunder hatte ich keine schweren Verletzungen."

GLAUBEN SIE, DASS IHRE TÖCHTER IN IHRE FUSSSTAPFEN TRETEN WERDEN?
„Meine 6-Jährige hat kein Interesse, aber meine Jüngste, die erst zwei ist, ist ein echter Draufgänger. Ihre Mutter würde mich erschießen - aber das tut sie sowieso schon: Sie bedient die Zündung der Kanone!"

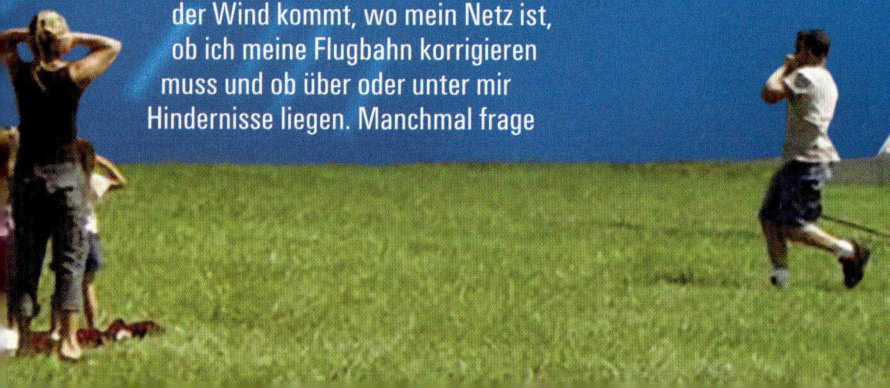

MUSEEN

Key West

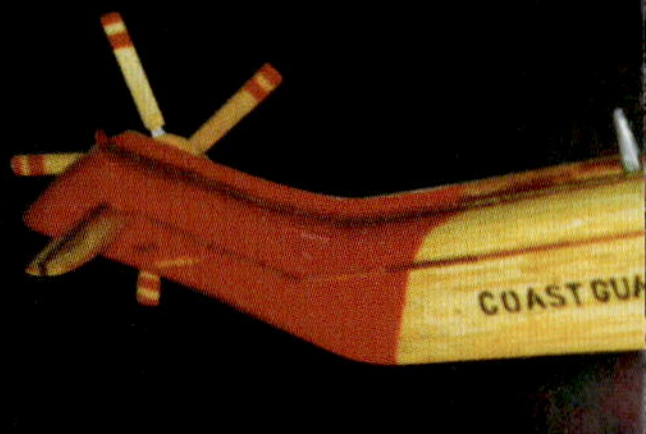

In Key West steht eines der neuesten Ripley's-Museen. Es eröffnete 2003, und zu den vielseitigen Ausstellungsstücken zählen auch der Schrumpfkörper eines Jivaro-Indianers, der einst Ernest Hemingway gehörte, und ein Porträt von Vincent van Gogh aus Schmetterlingsflügeln.

PHURBU-DOLCH
Tibetanische Mönche verwendeten diese Ritualdolche, um böse Dämonen auszutreiben.

NICHT VERPASSEN!

- Eine Sammlung vierblättriger Kleeblätter
- Ein riesiger baumkletternder Kokosnusskrebs
- Ein Folterstuhl mit Stacheln
- Ein Rosenkranz aus Menschenknochen
- Toastbrot-Kunst: Adam nach Michelangelo
- Ein Boleroumhang einer Frau aus Menschenhaaren
- Das goldene Laméhöschen mit Madonnas Autogramm
- Das dreibeinige Huhn

RAMA-STATUE
Statuen des Hindugottes wurden in Thailand in Reisfeldern aufgestellt, um für eine gute Ernte zu sorgen.

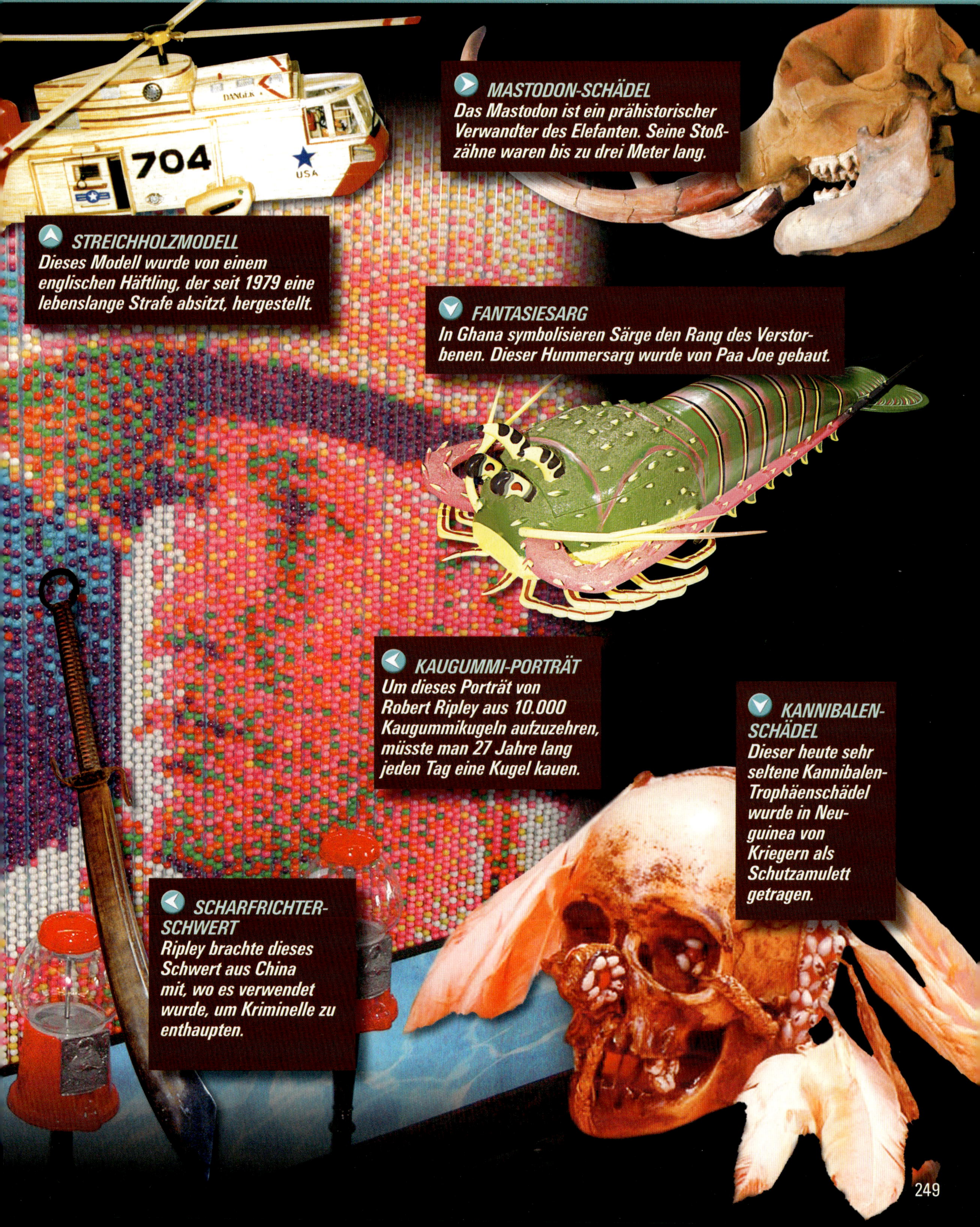

MASTODON-SCHÄDEL
Das Mastodon ist ein prähistorischer Verwandter des Elefanten. Seine Stoßzähne waren bis zu drei Meter lang.

STREICHHOLZMODELL
Dieses Modell wurde von einem englischen Häftling, der seit 1979 eine lebenslange Strafe absitzt, hergestellt.

FANTASIESARG
In Ghana symbolisieren Särge den Rang des Verstorbenen. Dieser Hummersarg wurde von Paa Joe gebaut.

KAUGUMMI-PORTRÄT
Um dieses Porträt von Robert Ripley aus 10.000 Kaugummikugeln aufzuzehren, müsste man 27 Jahre lang jeden Tag eine Kugel kauen.

KANNIBALEN-SCHÄDEL
Dieser heute sehr seltene Kannibalen-Trophäenschädel wurde in Neuguinea von Kriegern als Schutzamulett getragen.

SCHARFRICHTER-SCHWERT
Ripley brachte dieses Schwert aus China mit, wo es verwendet wurde, um Kriminelle zu enthaupten.

HÖLZERNER GESELLE

Die Bewohner von Venedig sind schon an den Anblick der Gondeln auf den Kanälen der Stadt gewöhnt, aber dass sich ein Ferrari unter sie gemischt hat, ist etwas Neues.

Aber es ist kein gewöhnliches Auto - denn es besteht von oben bis unten aus Holz, sogar das Steuerrad, die Polster und die Spiegel. Der Ferrari F50 ist eines von mehreren originalgroßen Holzautos, die der italienische Künstler Livio De Marchi erschaffen hat. Der Mann vereint in seinen lebensechten Holzskulpturen Handwerk, Witz und Stil.

Diese Fliegerjacke aus „weichem Leder" sieht zwar authentisch aus, besteht eigentlich aber aus demselben Material wie der Bügel: aus Holz.

In De Marchis Badezimmer hängt ein Holzkleid, „gewaschen und zum Trocknen aufgehängt".

De Marchi verwendet etwa hundert verschiedene Meißel und einen Holzhammer von 1964, um seine detaillierten und feingearbeiteten Kunstwerke so echt wie möglich aussehen zu lassen. Eines seiner ersten Stücke war ein enormer Holzhut, der von der japanischen Faltkunst Origami inspiriert war. Der Hut steht neben einem anderen Werk von De Marchi, einer hölzernen Friedenstaube, in einem Park im japanischen Himeji. Zu seinen Holzskulpturen zählen außerdem eine acht Meter hohe Vase mit Dutzenden von Blumen und das „Haus der Bücher", in dem Hunderte individuell geformter Bände in den Regalen stehen.

Alles in diesem Holzschrank besteht aus Holz - auch die Krawatte, der Hut, die Hosen und eine Jacke, komplett mit lebensechten Falten.

In Livio De Marchis „Haus der Bücher" stehen Hunderte individuell geformter Bücher in den Regalen.

Livio De Marchi fährt in seinem Holzferrari durch die Kanäle von Venedig. Zu seinen anderen Holzautos zählen ein 1937er Jaguar, ein Fiat Topolino, ein Mercedes und ein VW Käfer.

LÖWE AN DER LEINE
Wenn Jaroslav Kana sein Haus in der Tschechischen Republik verlässt, spaziert er hinaus in die Wildnis, denn an seiner Seite läuft sein Haustier Leon, ein 2-jähriger Löwe! Jaroslav hat das Tier vor zwei Jahren von einem Privatzüchter gekauft und Leon so trainiert, dass er im Fernsehen und in Werbesendungen auftreten kann.

ACHTERBAHN INS GLÜCK
Richard Dickson, ein 37-jähriger 5-facher Vater, gewann im Mai 2005 ein neues Auto, indem er fast 53 Stunden lang die „Twister Two"-Achterbahn in Denver, Colorado, fuhr und dabei insgesamt 1.218 km zurücklegte.

PARKWUNDER
Ein neuartiges japanisches Elektroauto macht das Einparken zu einem ganz neuen Vergnügen: Der Nissan Pivo hat eine um 180° rotierende Fahrerkabine, mit der man beim Einparken immer nach vorne schaut!

TIERISCHE WASCHANLAGE
In der Waschanlage einer Tankstelle im spanischen Madrid geht nicht nur Ihr Auto baden: In einer münzbetriebenen Haustier-Waschanlage können Haustiere ein Schaumbad inklusive Trocknung für € 3,50 nehmen.

SCHEIDUNGSTORTE
Der Bäcker Georgius Vasseliou aus Berlin hat in seinem Café etwas ganz Besonderes eingeführt: individuell gefertigte Scheidungstorten. Für eine angemessene Feier der Trennung kommen lachende Smileys oder ein zerrissenes Foto vom Expartner aus Zuckerguss auf die Kuchen. Mit über 10.000 Scheidungen im Jahr ist Berlin sicher ein guter Absatzmarkt für Vasselious Idee.

AUGEN ZU UND DURCH!
Als die 78-jährige Australierin Terry Horder im Januar 2005 nach ihren Augentropfen greifen wollte, erwischte sie aus Versehen den falschen Behälter und klebte sich die Augen zu. Ärzte konnten den Klebstoff entfernen, und Terrys Augen blieben unverletzt.

KATZENTHEATER
Yuri Kuklachev ist der Gründer des Moskauer Katzentheaters, in dem etwa 30 trainierte Hauskatzen auftreten. Zu ihren Kunststücken zählen Handstände auf den Vorderpfoten, „Hochseillaufen" auf einer Stange und sich im Klammergriff an der Unterseite der Stange entlangzuhangeln.

KÜNSTLERISCHE AFFEN
Im Tama Zoo Park im japanischen Tokio lebt ein neues Talent der Kunstszene. Gypsy, eine 50-jährige Orang-Utan-Dame, ist nur eine von drei Orang-Utans, die sich hier mit Malkreiden austoben. Gypsys Lieblingsfarben sind Gelb und Blau.

NACHGEFRAGT
FREUDENSPRÜNGE

Der österreichische B.A.S.E.-Jumper Felix Baumgartner, 40, hat sich von einigen der bemerkenswertesten Bauwerke der Menschheit gestürzt - und ist ein Meister der Flugkunst.

WAS BEDEUTET B.A.S.E.?
„Es steht für Building (Gebäude), Antennen, Span (Brücke) und Erde (im Sinne von Klippen). Um als B.A.S.E.-Jumper registriert zu werden, muss man von allen vier Objekten mit einem Fallschirm gesprungen sein."

WANN FINGEN SIE DAMIT AN?
„Als Kind lungerte ich immer am Flughafen herum und habe Leute beim Fallschirmspringen beobachtet. Mit 16 durfte ich meinen eigenen Schein machen und begann mit dem Fallschirmspringen. Zehn Jahre später habe ich meinen ersten B.A.S.E.-Jump von einer Brücke in West Virginia absolviert, und ein Jahr danach war ich der erste Europäer, der Weltmeister wurde."

WELCHES WAR IHR BISLANG HÖCHSTER SPRUNG?
„Die Petronastürme in Kuala Lumpur. Das war 1999. Damals waren sie die höchsten Gebäude der Welt, und es war schwer, reinzukommen. Ich habe mich zwei Monate lang vorbereiten müssen. Ich packte meinen Fallschirm und eine Handkamera in einen Aktenkoffer und schlich mich, als Geschäftsmann verkleidet, in den 88. Stock. Ich bin auf ein Fensterputzergerüst geklettert und aus 451 m Höhe herabgesprungen. Der Flug dauerte nur acht Sekunden im freien Fall mit 170 km/h, ehe ich den Fallschirm geöffnet habe."

UND WELCHES WAR IHR NIEDRIGSTER SPRUNG?
„Die Jesusstatue in Rio de Janeiro. Ich sah sie im Fernsehen und dachte, dass der rechte Arm weit genug vom Berg entfernt ist und dass sie viel höher ist. Tatsächlich waren es nur 19 m, und ich hatte nur 1 ½ Sekunden, um den Fallschirm zu öffnen. Ich wollte mich nicht durch die Treppen im Inneren schleichen, also habe ich mit einer Armbrust einen Pfeil, an dem ein Stahlseil hing, über den rechten Arm geschossen, und mich hochgezogen. Ich ließ mich von der 25 cm breiten Hand fallen, und das Bild ging um die ganze Welt."

WO UND WANN HABEN SIE GELERNT ZU FLIEGEN?
„2003 war ich der erste Mensch der Welt, der ohne Hilfe über den Ärmelkanal flog. Ich habe schon immer vom Fliegen geträumt. Ich habe mich jahrelang vorbereitet, und 40 Leute haben an verschiedenen Flügelarten gebastelt. Schließlich hatten wir die perfekten Flügel: 1,80 m breite Kohlefaserschwingen. Ich sprang über Dover in 9.000 m Höhe aus einem Flugzeug und flog 35 Kilometer weit mit einer Geschwindigkeit von bis zu 360 km/h bis zur anderen Seite."

HATTEN SIE ANGST, DASS SIE ES NICHT SCHAFFEN KÖNNTEN?
„Falls etwas mit dem Sauerstofftank, den ich trug, nicht in Ordnung gewesen wäre, hätte ich leicht sterben können. In dieser Höhe braucht man jeden Atemzug, und wenn kein Sauerstoff da ist, stirbt man innerhalb von einer Minute. Aber ich war gut vorbereitet - ich habe in einem Windtunnel geübt und mich auf das Dach eines Porsche schnallen lassen, der eine Flugzeuglandebahn entlangraste, um mich an die Geschwindigkeit zu gewöhnen."

WAR DAS IHR BEÄNGSTIGENDSTER SPRUNG?
„Nein. Das war mein Sprung in die Mamethöhle im kroatischen Velebit Nationalpark. Meistens sehe ich alles, wenn ich springe, aber dort war es vollkommen dunkel und ich musste auf einem MP3-Player einen Countdown laufen lassen, um zu wissen, wann ich nach 190 m Strecke und einer Geschwindigkeit von 170 km/h am Boden ankommen würde."

WARUM SPRINGEN SIE, UND WIE LANGE WOLLEN SIE NOCH WEITERMACHEN?
„Ich bin gerne in der Luft - sie ist mein zweites Zuhause. Ich bin über 2.600-mal Fallschirm gesprungen und habe 130 B.A.S.E.-Jumps hinter mir, und ich finde, das ist noch lange nicht genug!"

MEHR ALS NUR EIN AFFE
Der Schimpanse Charlie hat einen schwarzen Gürtel in Karate! Der 17-jährige Affe wiegt 90 kg und ist 1,40 m groß. Auf dem Bild übt er gerade mit seinem Besitzer Carmen Presti aus Niagara Falls, New York, einen Kick.

ZEITSPRUNG
Ein Tankstellenbesitzer in Lincoln, Nebraska, drehte im Oktober 2005 aus Versehen die Uhr um 50 Jahre zurück, als er Superkraftstoff für 32 Cent pro Gallone (ca. 3,78 l) anstelle der üblichen $ 3,20 (€ 2,40) verkaufte. Die Fahrer konnten ihr Glück kaum fassen, als sie bei Herrn Kabredlo vorfuhren. Der Fehler mit der Dezimalstelle wurde nach 30 Minuten korrigiert.

SATANISCHE SCHILDKRÖTE
Bryan und Marsha Dora halten Lucky, ihre Schildkröte, für einen gepanzerten Teufel. Als 2005 ihre Tierhandlung in Frankfort, Indiana, abbrannte, kamen alle 150 Tiere ums Leben - bis auf die Rotwangen-Schmuckschildkröte Lucky, die seit dem Feuer eine eingebrannte Teufelsfratze auf dem Panzer trägt, komplett mit Augen, Lippen, Ziegenbart und Teufelshörnern.

WINZIGER CHAUFFEUR
Ein 4-Jähriger aus Sand Lake, Michigan, fuhr mit dem Wagen seiner Mutter nachts in eine Videothek. Er war zwar zu klein, um ans Fußpedal zu kommen, und legte deswegen einfach den Gang ein und rollte im Leerlauf bis zu dem 370 m entfernten Laden. Leider hatte dieser geschlossen, und auf der Rückfahrt rammte der kleine Fahrer zwei parkende Autos und fuhr rückwärts in einen Polizeiwagen. Seine Mutter erklärte, dass er auf ihrem Schoß das Autofahren gelernt habe.

SPÜLFISCH
Einige der ältesten öffentlichen Bedürfnisanstalten in Paris glänzen heute mit modischem Schnickschnack: Man hat lebende Goldfische in Leitungen eingesetzt, die nur der Zierde dienen.

DIE WELT VON OBEN
Katya Davidson sieht die Welt anders als andere, denn die 15-Jährige läuft auf 80 cm hohen Stelzen durch ihr Haus in Roseville, Kalifornien, springt auf einem einen Meter hohen Springball Seil und fährt auf einem Einrad zum Supermarkt. Ihre Liebe zur Zirkusartistik entstand, als sie neun war und ihr erstes Einrad zu Weihnachten bekam.

STRASSENSKI
Der Olympia-Skimeister Jonny Moseley half im September 2005 dabei, eine der Straßen von San Francisco in den Austragungsort eines Skiwettbewerbs zu verwandeln. Angelieferter Schnee wurde zwei Blöcke weit auf der Fillmore Street verteilt, die so steil verläuft, dass am Straßenrand Treppen angebracht sind. Später sausten Skifahrer die 120 m lange Strecke hinab.

REUIGER DIEB
Am 25.11.2004 raubte ein Dieb etwa € 11.000 aus einer Bank im japanischen Fukuoka, hatte aber ein so schlechtes Gewissen, dass er das Geld in der nächsten Woche mit einem Entschuldigungsschreiben zurückschickte.

FALSCHE RENTNERIN
Nachdem eine Türkin 2003 verstarb, begrub ihr 47-jähriger Sohn Serafettin Gençel sie in seinem Keller und verkleidete sich die folgenden zwei Jahre lang mit ihrer Kleidung, um ihre Rente einzukassieren. Er besuchte regelmäßig ihre Bank in einem Frauenmantel, Kopftuch und Strümpfen, bis ein Angestellter aufgrund der Stimme misstrauisch wurde.

Serafettin Gençel sitzt in den Kleidern seiner verstorbenen Mutter in der Bank, um ihre Rente abzuholen.

SCHÖNE MÖPSE
In Naples, Florida, findet jedes Jahr ein Schönheitswettbewerb für Möpse statt. Der sogenannte Pug o'ween wurde im Jahr 1998 von der Mops-Besitzerin Karen Coplin für all die erfunden, die ihren Möpsen gerne lustige Kostüme anziehen.

QUICKLEBENDIG
Dona Ramona aus dem kolumbianischen Sampues war im Oktober 2005 noch immer quicklebendig, obwohl sie bereits 4-mal fälschlich für tot erklärt worden war. Die Ärzte rechtfertigten ihre Prognosen damit, dass die 97-Jährige immer wieder in ein Diabetik-Koma gefallen wäre.

ZYKLOP
Dieses Kätzchen namens Cy, kurz für Cyclops, wurde am 28.12.2005 in Redmond, Oregon, geboren. Es hatte nur ein Auge und keine Nase. Die kleine Ragdoll-Katze lebte leider nur wenige Stunden lang.

LANGE ANREISE
Paul Kramer hatte zu der Hochzeit seiner Nichte eine lange Anreise. Er stieg zu Hause in Südkalifornien am 12.4.2005 auf sein Fahrrad und kam 71 Tage und 6.840 km später vor dem Haus seines Bruders in North Olmsted, Ohio, an.

TRITTSICHER
Der 12-jährige Michael Hoffman aus Ann Arbour, Michigan, hat den schwarzen Gürtel im Taekwondo und kickte im Oktober 2005 in einer Stunde 2.377-mal ein Polsterkissen. Er wechselte minütlich rechtes und linkes Bein ab.

HONIGFALLE
2005 lebten in der St. Mark United Church of Christ in Knox, Pennsylvania, schätzungsweise eine Million Bienen. Das Problem wurde umso ernster, als der Honig aus den Wänden tropfte.

DER SCHLÜSSEL ZUM ERFOLG
Nach einem misslungenen Scherz verschluckte Arthur Richardson aus North Platte, Nebraska, den LKW-Schlüssel seines Freundes. Nachdem er geröntgt worden war, teilte der Arzt ihm mit, dass der Schlüssel kein Gesundheitsrisiko darstelle - aber sein Freund brauchte den Schlüssel! Also gingen sie mit der Röntgenaufnahme zu dem Schlüsselmacher John Somers, der anhand der Bilder einen neuen Schlüssel anfertigte, der tatsächlich funktionierte!

SANDGEMÄLDE
Im Oktober 2005 erschufen 70 Schulkinder im englischen Scarborough ein 26 x 18 m großes Sandportrait von Lord Nelson und der HMS *Victory*, um den 200. Jahrestag der Schlacht von Trafalgar zu feiern. Mit einer halben Tonne Farbstoff, einer Vierteltonne Sand und über 1,50 km Schnur entstand ein zehnfarbiges Sandgemälde. Die Kinder fingen morgens um 9 Uhr 30 mit ihrer Arbeit an und vollendeten das Bild um sieben Uhr abends.

UMGEPFLANZT
Die gesamte Stadt Kiruna in Schweden wurde für mehr als 1,80 Milliarden Euro umgesetzt, damit sie nicht in die darunterliegenden verlassenen Eisenminen abrutschte.

HYPNOTISCHER RÄUBER
Ein moldawischer Gauner entdeckte 2005 eine neue Methode, um Banken auszurauben: Er versetzte die Kassierer in Trance, ehe er ihnen das Geld abnahm. Solange der Hypnotiseur frei herumlief, wurden die Bankangestellten im Land dazu angehalten, keinen Augenkontakt mit den Kunden aufzunehmen.

HAT DER 'NEN VOGEL?
2005 entdeckte man, dass ein Mann aus Los Angeles, Kalifornien, sein Haus mit 300 lebenden, aber auch toten Vögeln teilte, darunter 120 tote Tauben. Er wurde oft dabei beobachtet, wie er mit seiner Lieblingstaube spazierenging.

VERKEHRTE FÜSSE
Wang Fang aus dem chinesischen Chongqing hat verdrehte Füße. Sie kann aber trotzdem laufen und leitet erfolgreich ihr eigenes Restaurant.

UNTERWASSER-JONGLEUR
Der amerikanische Artist Ashrita Furman jongliert in einem Aquarium in Kuala Lumpur zwischen Ammenhaien und 3.000 weiteren Meeresbewohnern. Sein persönlicher Rekord im Dauerjonglieren liegt bei 37 Minuten und 45 Sekunden in einer Tiefe von mehr als vier Metern.

ABBILDUNGSNACHWEIS RIPLEY'S EINFACH UNGLAUBLICH 2009

Cover/Titelseite Kevin Kolczynski/Universal Orlando/Reuters; 6/7 Picture Alliance; 8(o/l) Picture Alliance; 8 (m/r; u/r) Franz Müllner; 9 Franz Müllner; 10 (o, u) Picture Alliance; 11(o) Picture Alliance; 11(m/r) Adam Sello; 11(u/l) Yvonne Labedzki; 12(o/r, u) Picture Alliance; 13(o/r, m/r) Picture Alliance; 13(u/m) Red Bull Deutschland GmbH; 14(o, u) Picture Alliance; 15(o, u) Picture Alliance; 16/17 Picture Alliance; 18/19 John Gress/Reuters; 20/21 DPA/Empics; 20(u/l) 21(o/r, o/l, u/l) Crazy Horse memorial photos by Robb De Wall; 22 Hrywniak Bogdan/Empics; 23 Paul Pikel; 24(o, m/l, u) Masatochi Okauchi/Rex Features; (m/r) www.fuerrot.at/Rex Features; 25 David Lin/Reuters; 26 Norm Betts/Rex Features; 27(o) Norm Betts/Rex Features; (u/l) Australian Customs Service/Reuters; (u/r) Rex Features; 30 Gavin Hansford/Bild zur Verfügung gestellt von Charles Robb und der Dianne Tanzer Gallery, Melbourne; 31 Fredrik Schenholm/Ultimate Freedom Photography; 32 George Whiteside; 33(o) Yuriko Nakao/Reuters; (u) Phil Noble/Empics; 34/35 David Giles/Camera Press; 36 Randy Finch/Derek Maxfield/iceguru.com; 37(o) Luray Caverns; (u) John Paul Brooke/Rex Features; 40 Solent News/Rex Features; 41 Skip Snow, The United States National Parks Service; 42 Dani Cardona/Reuters; 43(o) Scott Wishart/Rex Features; (u) Camera Press; 44(o) Paul Pikel; (u) Pacific Press Service/Rex Features; 45 Action Press/Rex Features; 46(o) Simon Jones/ Rex Features; (u/l, u/r) Lars Stroschen/Rex Features; 47 Sean Dempsey/Empics; 48/49 Sukree Suplang/Reuters; 50(m/l) Chaiwat Subprasom/Reuters; (r) Leon Schadeberg/Rex Features; 51(l) Leon Schadeberg/Rex Features; (r) Chaiwat Subprasom/Reuters; 52(o) Ben Philipps/Barcroft Media; (u) Craig Barritt/Barcroft Media; 53(o) Malissa Kusiek/Empics; (u) Mark Mirko/Rex Features; 55 Moses Lanham; 56(o) Indranil Mukherjee/AFP/Getty Images; 57 Will Burgess/Reuters; 60(o) Barcroft Media; (u) John Gress/Reuters; 61 Natasha Veruschka; 62(o) Camera Press; (u) Kimimasa Mayama/Reuters; 63(o) Francois Lenoir; (u) Alexander Demianchuk/Reuters; 64/65 Jim McNitt; 65(u/r) CLY Creation; 66(o) Ma Qibing/Camera Press; (u) Stuart Clarke/Rex Features; 67 Kai Pfaffenbach/Reuters; 70(o) Chinafotopress/Camera Press; (u) Gary Roberts/Rex Features; 71 Simon Burt/Rex Features; 72 Incredible Features/Barcroft Media; 73 Doug Hall/Rex Features; 74(o) Chip East/Reuters; (u) Claro Cortes IV/Reuters; 75 JulianCash.com; 76 Ben Philipps/Barcroft Media; 77(o/l, o/r) Heather Insogna; (u) Toby Melville/Reuters; 78/79 Camera Press; 80/81 Norm Betts/Rex Features; 82 James Bodington/Reuters; 83(o, m/r) John Gress/Reuters; (u/l) Arko Datta/Getty Images; 84(o) Reuters; (u) Konstantin Postnikov/Camera Press; 85 Deborah Ann Duschl; 86/87 Ando Art; 86(o/r) Aamir Qureshi/AFP/Getty Images; (m) Ando Art; 87(o/r) Rex Features; (m/r) Ando Art; 88(o) Historical Photo Archive Collection/Niagara Falls Public Library; 90(m/l, u/l) Caricato/Rex Features; (r) Vano Shlamov/Getty Images; 91(o/r) Laure A. Leber; (u/l) Dale Rio; 92(o) Dibyangshu Sarkar/AFP/Getty Images; (u) J.P. Moczulski/Reuters; 94(u/l, r) China Photos/Reuters; 95 Sipa Press/Rex Features; 96 East News/Getty Images; 97(o, m) Shannon Stapleton/Reuters; (u) Alessia Pierdomenico/Reuters; 100(o) China Newsphoto/Reuters; (m/r, u) Tobias Schwarz/Reuters; 101 Seth Wenig/Reuters; 102 China Newsphoto/Reuters; 103(o) Michael Fresco/Rex Features; (u) Anthony Devlin/Rex Features; 104 Bobby Hunt; 105 Jim Mouth; 106 Rex Features; 107(u/l) Emily Baron/Barcroft Media; (o/r) Tim Winborne/Reuters; 108/109 Mary Schwalm/Empics; 110/111 Paul Pikel; 112(o) China Newsphoto/Reuters; (u) Anna Kelly; 113(o) Romeo Ranoco/Reuters; (u) Rex Features; 114(u) Stephen Hird/ Reuters; 115 Rex Features; 116/117 M. Usher/Rex Features; 116(o/l) Reuters; (o/r) Stringer/Reuters; 117(o) Sam Barcroft/Barcroft Media; 120(o) Sukree Sukplang/Reuters; (u) Incredible Features/Barcroft Media; 121 aCaseofCuriosities.com; 122 The United States National Parks Service; 123(u) Gary Roberts/Rex Features; 124/125 Eliana Aponte/Reuters; 126(o) Masatoshi Okauchi/Rex Features; (u) Christian Charisius/Reuters; 127 David Gray/Reuters; 130(o) Rex Features; (u) Stewart Cook/Rex Features; 131 Claro Cortes IV/ Reuters; 132 Thierry Roge/Reuters; 133(o) Erik S. Lesser; (u) Fernando Cavalcanti/Reuters; 134/135 Claro Cortes IV/Reuters; 136(o) China Newsphoto/Reuters; (u) Camera Press; 137 Henry Lizardlover; 138/139 Azulai/Rex Features; 140/141 www.robosaurus.com; 142 Joe Klamar/AFP/Getty Images; 143(o) Iberpress/Barcroft Media; (u) Owen Humphreys/Empics; 144 Steve Holland/Empics; 145 Sam Barcroft/Barcroft Media; 146(o) Maike Segar/Reuters; (u) Owen Humphreys/Empics; 147 Jason Kronenwald; 150 Toby Melville/Reuters; 151 seanwhite.net; 152(o) Sam Barcroft/Barcroft Media; (u) Toru Yamanaka/Getty Images; 154/155 Nino Fernando Campagna; 156 Paul Ortiz; 157(o) Barcroft Media; (u) Sam Barcroft/Barcroft Media; 159(m/l) Paul Pikel; 160(o) Bill Graham/Empics; (u) Fabrizio Bensch/Reuters; 161 Matt Slocum/Empics; 162 Thorsten Persson/Barcroft Media; 163(o) Sebastian Derungs/Reuters; (u) Chris Ison/Empics; 165 Octane Creative; 166(o) Tom Pringle/Cardiff SF; (u) Sena Vidanagama/AFP/Getty Images; 167 David Gray/ Reuters; 168/169 Erik Aeder/Empics; 170/171 Terje Eggum/Camera Press; 172(o) Joe Bowen; (u) Camera Press; 173 Michaela Rehle/ Reuters; 174 China Newsphoto/Reuters; 176/177 Deutsche Press-Agentur/Empics; 177(o) Camera Press; 180 Vince Bucci/AFP/ Getty Images; 181(o) Georges Christen; (u) Mirgain&Huberty and Georges Christen; 182(o) Cheng Jiang/Camera Press; (u) Chris Ison/ Empics; 183 China Newsphoto/Reuters; 185/186 China Newsphoto/Reuters; 186(o) China Newsphoto/Reuters; 177 Dennis Rogers; 190 Michaele Rehle/Reuters; 191 Stevie Starr/Mike Malley; 192(o) Bob Child/Empics; (u, hg) Sergio Moraes/Reuters; 193(o/l, o/r) Randy and Mary Ellen Davisson; 194 James Keivom/Getty Images; 195(o) Christine Shing-Kelly; (u) Tim Barnsley/Armidale Express; 197 Emiliano D'Andrea/Empics; 198/199 Sukree Sukplang/Reuters; 200(l) Jerilyn Tabor; (r) Alison Slon; 201 Doug Levere; 202 Paul Carpenter; 203(o/l) Chris Radburn/Empics; (u/r) Dougie Hendry/Rex Features; 204 Joe Jennings/Barcroft Media; 205 Troy Waters; 206(o) Drahoslav Ramik/Camera Press; (u) China Newsphoto/Reuters; 207 Chie Morifuji/Reuters; 210(o) Sutton-Hibbert/Rex Features; (u) Noah Berger/Empics; 211(o) Scott Stewart; (u) Ken "Spear" Flick and Steve Santini; 212(o) Deutsche Press-Agentur/Empics; (u) Andy Reed/Barcroft Media; 213 R. Clayton Brough and Eisenhower JHS; 214 Steve Bunn; 215 Dick Jones; 216(o) Camera Press; (u) Canadian Press/Empics; 220 Poseidon Resort/Rex Features; 221 Allistair Mitchell/Reuters; 222(o) Courtesy Patie Ventre/WCFO, Inc.; (u) Ben Phillips/Barcroft Media; 223 David Bebber/Reuters; 224 Feature China/Barcroft Media; 225 www.voltini.com; 226 Gopal Chitrakar/Reuters; 227(o) Barry Batchelor/Empics; (u) Thomas Peter/Reuters; 228/229 Eric Gaillard/Reuters; 230/231(o/l, o/r, u/r) www.24thecid.com; 231(u/l) Camera Press; 232(o) Czech News Agency/Empics; (u) Richard Crease/Rex Features; 233 Israel Sun/ Rex Features; 234 Jean-Christophe Verhaegen/Reuters; 235(o) Rex Features; (u) Tao-Chuan Yeh/AFP/Getty Images; 236(l) Jorge Silva/Reuters; (r) Norman Kent/Jump für the Cause/Reuters; 237 Jeff J Mitchell/Reuters; 238 Ognen Teofilovski/Reuters; 239(o) Jay Cheng/Reuters; (u) National Taiwan University/Reuters; 240(o) Marsha Ruff; (u/l, u/r) John Gomes/The Alaska Zoo; 241 David Gray/Reuters; 244(o) Bogdan Cristel/Reuters; 245 Mark Lennihan/Reuters; 246 Alastair Grant/Empics; 247 www.humancannonball. us; 250(o, hg) Livio De Marchi; (u/l) Barcroft Media; 241 (o/r, m/r) Barcroft Media; 252(o) Czech News Agency/Empics; (u) Noboru Hashimoto/Reuters; 253 Reuters; 254(o/l, o/r) Christie Presti/The Karate Chimps (sm); 255(o/l, o/r) Xavier Lhospice/Reuters; (u) IHLAS News Agency/Reuters; 256(o) Traci Allen/Empics; (u)Chinaphotopress/Camera Press; 257 Vincent Thian/Empics.

Alle weiteren Abbildungen stammen von MKP Archives, PhotoDisc und Ripley's Entertainment Inc.

Die Inhaber der Urheberrechte wurden auf jedem möglichen Wege zu kontaktieren versucht. Wir entschuldigen uns im Voraus für ungewollte Auslassungen und Fehler.

ISBN 978-3-455-80002-9

INTERNATIONALE AUSGABE
Developed and produced by Miles Kelly Publishing in association with Ripley Publishing

RIPLEY PUBLISHING:

EXECUTIVE VICE PRESIDENT	Norm Deska
VICE PRESIDENT; ARCHIVES AND EXHIBITS	Edward Meyer
ARCHIVES ASSISTANT	Viviana Ray
RESEARCHER	Lucas Stram

MILES KELLY PUBLISHING:

PUBLISHING DIRECTOR	Anne Marshall
MANAGING EDITOR	Rebecca Miles
TEXT	Geoff Tibballs
INTERVIEWS	Jo Wiltshire
EDITORS	Judy Barratt, Sally McFall
EDITORIAL ASSISTANT	Philippa Geering
INDEXER	Hilary Bird
ART DIRECTOR	Jo Brewer
PROJECT DESIGNER	James Marks
COVER DESIGNER	Warris Kidway
REPROGRAPHICS	Stephan Davis, Ian Paulyn, Mike Coupe
PICTURE RESEARCHERS	Philippa Geering, Laura Faulder
PRODUCTION MANAGER	Sally Knowles
SALES AND MARKETING	Morty Mint

DEUTSCHE AUSGABE

PRINTED IN GERMANY

REDAKTIONS- UND OBJEKTLEITUNG	Arrowsmith Agency, Hamburg
GESTALTUNG	Franziska Rust Design, Hamburg
ÜBERSETZUNG	Sarah Heidelberger
KORREKTORAT	Christine Oschmann
REDAKTIONELLE UND TEXTLICHE MITARBEIT	Oliver Alegiani, Sarah Heidelberger, Barbara Krause
HERSTELLUNG	Stephan Born
REPRODUKTIONEN	Repro Technik Fromme, Hamburg
DRUCK UND VERARBEITUNG	Mohn Media Mohndruck GmbH, Gütersloh

VERLAGSANSCHRIFT
Hoffmann und Campe Verlag GmbH
Harvestehuder Weg 42
20149 Hamburg
www.hoca.de
www.ripleys.de

HOFFMANN UND CAMPE

Ein Unternehmen der
GANSKE VERLAGSGRUPPE

HINWEIS
Trotz sorgfältiger inhaltlicher Kontrolle übernehmen weder Ripley Publishing, noch Miles Kelly Publishing, noch der Hoffmann und Campe Verlag Haftung für die Inhalte dieses Buches. Wir freuen uns jedoch über Hinweise von Lesern.